# 中国行会史

曲彦斌 ｜ 著

九 州 出 版 社

JIUZHOUPRESS

图书在版编目（CIP）数据

中国行会史／曲彦斌著. -- 北京：九州出版社，
2023. 11

ISBN 978-7-5225-2319-4

Ⅰ. ①中… Ⅱ. ①曲… Ⅲ. ①行会-史料-中国
Ⅳ. ①D691. 9

中国国家版本馆 CIP 数据核字（2023）第 201198 号

## 中国行会史

| | | |
|---|---|---|
| 作　　者 | 曲彦斌　著 | |
| 责任编辑 | 邓金艳 | |
| 出版发行 | 九州出版社 | |
| 地　　址 | 北京市西城区阜外大街甲 35 号（100037） | |
| 发行电话 | （010）68992190/3/5/6 | |
| 网　　址 | www.jiuzhoupress.com | |
| 印　　刷 | 北京盛通印刷股份有限公司 | |
| 开　　本 | 880 毫米 × 1230 毫米　32 开 | |
| 印　　张 | 9. 125　彩插 8P | |
| 字　　数 | 210 千字 | |
| 版　　次 | 2023 年 12 月第 1 版 | |
| 印　　次 | 2023 年 12 月第 1 次印刷 | |
| 书　　号 | ISBN 978-7-5225-2319-4 | |
| 定　　价 | 66. 00 元 | |

五行八作皆立行，
三教九流各有帮。
行商坐贾遍天下，
诡谲言语各自详。
周礼地官载肆长，
行头行首见隋唐。
长安市语行各异，
临安入市必投行。
规范发达南北宋，
医卜工役各着装。
明季晋商建会馆，
清代会所遍城乡。
行祖行规不可辱，
会馆会所若祠堂。
五花八门多名目，
社作宫阁会与商。
同道携手谋生计，
江湖险恶有阳光。

曲彦斌撰

▲ 中国行会史歌诀

▲ 全汉升《中国行会制度史》

▲ 曲彦斌著《行会史》1999年初版封面

▲ 清代佚名《苏州市井图册》中的市井诸行百业（选辑）

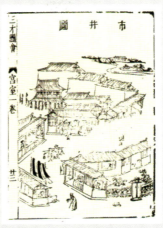

▲ 先秦典籍中所言"祝融作市"
之神农氏祝融像

▲ 明代王圻《三才图绘·宫室》
中的《市井图》

▲ 明人绘《越相国事范蠡》图（范蠡是中国早期商业理论家、诸行百
业商人共同崇奉的行业祖师。）

▲ 油漆行业招幌及其行业祖师吴道子

▲ 宋代张择端《清明上河图》中的市肆店铺（局部）

▲ 仁井田陞《北京工商基尔特资料集》所载北平
东岳庙马王殿

▲《明宪宗元宵行乐图》之
"货郎担子"

▲ 清代苏州籍宫廷画家徐扬《姑苏繁华图》中的药材市场

▲ 明仇英摹本《清明上河图》药材铺与毗邻的古玩铺

▲ 清代广东外销画《医士及各种药摊·卖虎皮膏药和熊油膏的街头药摊》

# 目　录

# 小　序

在本人持续关注的研究领域，无论民俗语言文化还是社会生活史，行会与行会史都是必涉内容。一如《中国镖行》《中国招幌》《中国典当史》等研究，当初，《行会史》的研究路径，同样是从民俗语言和民间隐语行话语料切入的。

台湾"中央研究院"历史语言研究所研究员何汉威先生在《重印本〈中国行会制度史〉导读》开列的"延伸读物"中的"入门基本书刊，可先读"的第一种，即本人于1999年出版的这部十多万字的《行会史》小书。当年看到，一时间汗颜不已。老实讲，当初应约急就章似的撰写这部小书，竟然不知道前贤全汉升先生这部名著一时的《中国行会制度史》，何谈拜读耶？旧时镖行走镖途经沧州，按江湖规矩例行不得"喊镖号"。鄙人未读过全先生这部大作，就出版了同一题目著作，孤陋寡闻，岂不汗颜不已！

如今，这部《中国行会史》小书再版付梓在即，却远无精力和时间在读过《中国行会制度史》的前提下加以修订了，且让它继续接受检验，留待一总修订就是。

这次再版，增加些许图片和附录而已。谨此说明。

曲彦斌

2021年6月18日记于沈阳北郊邰雅堂

# 前　言

在考察研究世界史时，欧洲行会制度一向是颇引人注意的一个社会经济现象。遗憾的是，在考察介绍中国历史的时候，对于世界上历史最为悠久而自成传统特色的中国行会制度却未引起足够的注意。在鸦片战争之后的中国早期现代化进程中，中国传统行会制度借鉴了西方行会制度的优点，一定程度上适应了社会和经济进步的变革要求。而今，面对当代经济体制乃至政治体制改革的社会现代化新阶段，有一项课题已经受到国家决策行政机关和有关社会科学学者的关注，这就是中国传统行会制度与现代化行业管理。具体言之，是通过考察、研究、分析国际上行业管理经验得失和中国传统行会制度发展史，科学地认识和决定解决在市场经济条件下政府主管部门职能的调整与转变后，如何对经济等行业组织及其活动行为的调控监管。

首先，略说中外行会史上的行会制度。

在世界史上，见诸文献较早的是中古时代拜占庭（东罗马帝国）的行会组织。一部《市政录》，汇编了公元9世纪末10世纪初（886—912）君士坦丁公证人、金银首饰匠、银行、丝绸服装商、麻布商、生丝匠、肥皂商、屠夫、猪肉商、鱼商、饮食店主及承包商等二十种行业行会的规章和政府有关法令。英国等其他西欧国家的行会，大都始创于公元 12 世纪之后，主要经历了商人行会、手工业行会和公会三个主要的更替式发展阶段。

中国的行会制度，是在从周至隋千余年市场管理制度基础上形成的，至唐初始见于历史文献记载，迄今已有一千三百多年历史。唐代以来历代行会的名称因时代、地域及行业群体而异，多达二十多种，如行、团（团行）、作、市、会、堂、庙、殿、宫、阁、庵、社、院、馆、帮、门、祀、公，以及行会、同业公会、协会、公所、会馆等。其中，以唐代所称的"行"为最早。

英国等一些西欧国家中世纪行会的产生，是各行同业出于抵制、反抗城市封建领主掠夺，维护从业者自身利益的需要；相反，拜占庭的行会主要是行业主的组织，是国家用以控制税收、维护国家财政收入的一种组织形式。这一点，同比其早约两个世纪的中国唐代行会产生的社会背景很相近。唐初，以政府行为建立行会制度，主旨在于通过诸"行"行首贯彻法令，协办向业户征缴赋税、科买、和雇以及定价等事务。例如，唐德宗贞元九年（793）二月二十六日敕令称，"自今以后，有因交关用欠陌钱者，宜但令本行头及居停主人、牙人等，检校送官，如有容隐，兼许卖物领钱人纠告。其行头、主人、牙人，重加科罪"。因此，当时行会的行首大都由官府指定，即或是本行业推举产生者，也必须获得官方的认可。中国行会制度的这一传统，一直延续至清末民初。也就是说，中国行会从其形成开始，便兼含协办或代行政府某些行业监管职能的性质。直至明清以来，中国行会制度方才开始增加或逐渐突出了协调内外竞争、维护会员利益的互助功能。

14世纪末15世纪初，随着英国封建制度经济的解体和资本主义制度经济的形成，在社会制度和经济体制变革的背景下，行会制度为公会制度所取代，既顺应了市场经济活动的需要也促进了市场经济的发展。英国从行会到公会制度的更替，不是名称的随意改变，而是在市场经济活动中商人支配生产的生产关系的变革，是市场经济机制作用下的必然结果。有趣的是，中国行会制度的产生早于西欧约两个世纪，而其变革比英国公会的形成反而迟后了大约两个世纪。什么原因呢？根本在于中国的封建制度经济崩溃得晚，资本主义经济制度在中国登陆较迟。直至鸦片战争之后清末民初，中国的行会方才开始随着早期的现代化进程，在西方商会、在华洋商商会发展的影响下，出现了行业性、区域性的全国性各个层面的整合，开始向现代行业公会、商会方向迈进。清光绪二十九年十一月二十四日（1904年1月11日），清政府商部奏准仿照欧美及日本等资本主义国家设商会组织办法，颁行了《商会简明章程》二十六条，开始改革传统行会为资本主义经济社团组织。当时商部奏称："纵览东西诸国交商互市，殆莫不以商战角胜，驯至富强，而揆厥由来，实皆得力于商会。商会者，所以通商性、保商利，有联络而无倾轧，有信义而无诈虞。各国之能孜孜讲求者，其商务之兴，如操左券。中国历来商务，素未讲求。不特官与商隔阂，即商与商亦不相闻问；不特此业与彼业隔阂，即同业之商，亦不相闻问。计近数十年间，开辟商埠至三十余处，各国群趋争利，而华商势涣力微，相形见绌，坐使利权旁落，寝成绝大漏卮。"因此，奏请颁行建立商会法规以"振兴商政"。当时统治者对行会制度改革的认识尚属浅薄难及实质，但已属时代推动下的难得举措。进入民国之后，相继制定颁行了一系列有关法规，如《商事公断处章程》（1913），《商会法》（1915），《商会法施行细则》（1916），《工商同业公会规则》（1918），《修正工商同业公会规则》（1923），《工艺同业公会规则》（1927）等。凡此，虽说受封建或半封建半殖民地社会制度条件的制约而难以实行中国行会的本质性变革，尽管比西方迟滞了约两个世纪，仍不失为历史性的进步。

下面，讨论关于政府主管部门职能转变后经济等行业组织及活动的调控与监管问题。

20世纪40年代末之后的三十余年，中国实行社会主义制度下的国家计划经济体制。在此社会背景条件下，传统的行会制度已不符合现行社会经济体制，因而很快就废除了。少数名为行业协会、商会的组织，多属政治性社团或因特定需要而设，基本上不具有行业协会的本来意义。

80年代以来，随着经济体制改革的发展，相继出现了一些地区性、全国性的行业协会或跨行业的经济协作组织，主要活动是沟通信息、协调经济活动、产品评奖等，但大都尚未切实发挥行业管理功能。

90年代中期以来，随着市场经济运行机制的确立与逐渐规范化，政府尤其是经济主管部门职能的转化，已经成为时下社会经济体制改革的当务之急。政府原有职能转化之后，政府职能主要是依法行政，按照国家大政方针和市场经济规律进行监管、调控。那么，对于几乎完全进入市场进行独立自主经营的各类经济实体该如何管理呢？简言之，广泛建立并充分发挥各类行业协会组织的行业管理功能，将政府转变职能后的某些精简下来的原有部分职能转化进入行业协会的职能范围。为此，中国现代化进程发展至当今阶段，亟待在传统行会制度基础上，借鉴国际上一些发达国家经验，建立中国现代行业协会制度和实行科学、严格的行业管理体制。

从一定意义上说，不实行现代行业协会制度和行业管理体制，政府职能转变、精简政府机构设置乃至反腐败等改革举措都将难以落实，尤其会阻滞培育、完善科学的市场经济运行机制。因而，建立、实行现代行业协会制度和行业管理体制，是社会改革发展的现实需要，是当今时代的呼唤。

如何建立中国现代行业协会制度科学的行业管理体制呢？

首先，是借鉴古今中外的成功经验。中国是世界上实行行会制度最早的国家之一，有历史悠久的行业管理传统和经验。发掘、总结历史经验，借鉴欧、美、日本等国家和我国香港、台湾地区的成功经验，切实结合国情实际，从现代化战略出发，完全可以建立起适应社会要求的中国现代行业协会制度和科学的行业管理制度。可以说，早在唐代就已实行的政府通过诸行行会管理工商业市场的制度本身，在今天仍然会给我们许多有益的启示，颇值得发掘研究。有的发达国家政府的经济部门通过数千个行业协会来监督，调控多个市场的经营活动，其涵纳的经济实体类别相当于我国政府机构改革前十多个部门分管的范围。类似的成功经验，很值得我们借鉴。

其次，健全、细化相关法规，确保行业协会制度和行业管理体制的实施。实行行业协会制度和行业管理体制，直接关系国家及各地区的政治、经济秩序，涉及范围广泛，影响深远，有其特殊性，因而有必要在现行有关社团管理法规和工商等行政法规的基础上，制定实施有别于政治、学术或一般社会团体的相应专项统一法规和地方法规。通过专项法规明确行业协会的性质、注册、组织办法、经政府审核认定的协会章程和规约的法律地位，各级政府管理行业协会的权限、方法及形式等。在有关法规中要明确各类各级行业协会的义务，以及政府依法赋予的固有职责、义务和有关协办或代行职权。

再次，全国建立各级、各类行业协会管理体系网络。根据国家制定的有关法规，将全部经营性经济实体一律纳入相应的行会组织管理之中。每审核注册一个新的经营性经济实体的同时，即依法强制其成为相应具体行业协会的会员单位。对于某些特殊的经营实体，采取特殊管理办法，不便或暂不具备条件组建特殊行业协会者，其管理可依法个案处理。行业协会制度，原则上以实体所在地方分业管理为本，分为省（直辖市、特别市）、市、县（区）三级管理系统。某些特殊、特大实体，依法由国家或省（市）有关组织机构进行组织管理。协会办公、活动经费，以会员缴纳的会费或协会本身的其他经营收入为主，政府给以适当的必要财政补贴。

最后，关于行业协会的基本性质、职能。现代行业协会，应是除政治、学术等社会团体而外的，具有经济法人资格的经营性经济实体的同业（有的为相近、相关联行业）组织；既是社团法人单位，亦属经济组织法人单位；是会员单位生产、购销等经营活动的协调、自律和管理组织，也是协助政府有关部门依法行政的机构。政府有关部门依法向协会派驻联络员之类人员，对协会重大事务进行原则性指导、协调，沟通信息。行业协会依法协助政府管理经营性经济实体，建议、参与或协助立法机关和政府制定、修订有关法规，反映行业经营情况和会员的要求；政府联系经营性经济实体及其法人代表的主渠道，也是政府宏观调控市场经济、依法规范市场活动的主要协助机构。

学术研究要基于历史，更应着眼于现实和未来，科学理论研究要有实践性和前瞻性。在进行关于中国行会史的研究中，从传统制度联系到现实社会发展实践，借此进行一点粗浅讨论，提出一得之见，即根据市场经济的需要在政府职能转变的条件下建立现代行业协会制度、实行行业管理的粗浅思路构想，且供讨论研究和有关方面决策参考。

1998 年 7 月 12 日

# 第一章
# 中国行会制度简论

# 第一节 小引：从"夜总会"说起

时下，所谓"夜总会"是指都市中供人们夜间餐饮娱乐的场所，即夜间俱乐部。俱乐部，是英语 club 的翻译，意思是"总会"，本指社会团体或其活动场所。细究起来，俱乐部是外来语，但"总会"却是道地的汉语固有名词。隋唐以前，当"总会"还是作动词用时，便取聚集会合之意，如汉张衡《西京赋》所言"总会仙倡，戏豹舞罴"，又如南朝梁简文帝《移市教》亦云"日中总会，交贸迁迹"。至清季，则用作俱乐部的别称了，如《二十年目睹之怪现状》小说五十一回语例："幸得分头去寻的人多，一会儿在外国总会里把船主找来了。"或言之，夜总会一定程度上有着外来文化影响的因素，但也并非纯系舶来品。而且，这种"总会"形式的发生，同中国行会制度及其行事，有着十分密切的关联。

徐珂《清稗类钞》注意到"上海以总会为博场"："上海商业各帮，皆有总会之设，名为总会，实则博场也。惟欲设总会，须向租界之自治局领取执照。"也就是说，当时沪上租界内的商业行帮聚会议事的公所——总会，事实上成了会首和商贾们的娱乐场所，即俱乐部。这种状况，不仅租界内是这样，租界外也如此。南市区同豫园紧邻的城隍庙，历来是沪上著名的"杂巴地"娱乐区，同时也是许多同业行会公所密集之地。据清同治七年（1868）十月立于城隍庙萃秀堂的《上海县为庙园基地归各业公所各自承粮告示》碑所载，当时这里已设有豆业公所萃秀堂、鞋业公所凝辉阁、旧花业公所清芬堂、帽业公所飞丹阁、布业公所得月楼、酒馆业公所映水楼、丐帮公所花神楼、花糖行公所点春堂，游廊为银楼、铜锡业公所，以及"钱粮厅总房、船舫厅船厂、龙船厅行口"等，凡二十一家，计共占"基地三十六亩八分九里二毫"。早于乾隆年间，城隍庙东园（后划属豫园，改称内园）即归钱业公所使用，并因此而得以保留完整的园景。显然，其时这里虽非上海总商会驻地，事实也是众多行会会首及成员议事兼聚会娱乐的"总会"所在，夜间聚会娱乐则为"夜总会"矣。

　　唐宋以来，各都市城镇诸行百业的行会组织，每逢行业祖师诞日或传统民间节庆的聚会，除演戏酬神、聚饮，还间以赌博等娱乐活动。其公所、会馆，既是定期聚会议事、祭祀之地，也是同业进行宴饮娱乐和社会活动的场所。因而，公所、会馆是集公务与娱乐休闲两种功能为一体的设施。

　　中外学者关于中国行会制度的考察研究，迄今只有百余年的历史。无论从社会史、文化史，还是从经济史、社团史来讲，这都是一个很有研究价值的学术领域。如今的商会、行业协会，是传统行会适应社会发展要求的持续。因而，研究行会制度及其历史，其意义非但在于科学地认识过去，更在于把握现在和将来，发挥其应有的社会功能。

## 第二节　中国行会制度的形成及其性质

应该说，较早进行中国行会制度研究的，是外国学者。首先，当是美国浸礼会传教士玛高温（D. J. Macocwan，1814—1893）1883年和1886年发表的《中国的行会及其行规》和《中国的行会》两篇研究报告;①以及后改入英籍的美国人马士（H. B. Morse，1855—1934）初版于1909年的《中国行会考》专著。

在1928年用中、俄、英三种文字出版于哈尔滨的《中国工商同业公会》这部书中，编者阿维那里乌斯写道："原来中国同业公会之发生，与欧洲同业公会发生之原因相同。盖当太古经济问题发生后，由自然经济时代，而进为货物交易时代，乃所谓同业公会者，遂应运而生焉。……中国同业公会，创始较欧洲之早，至为显然。其在欧洲第一同业公会，迄今尚存有文书证据者，仅有一蜡匠公会也。此项文书系1061年书于巴黎，时则中国宋仁宗朝，最古中国之同业公会组织于宁波。在章程内，曾言此会成立之年，创始于周朝。"其所说行会产生的社会条件比较笼统，而认为中国行会较欧洲出现为早却是事实。只是，他同马士的《中国行会考》一样，都是将玛高温《中国的行会》这篇研究报告有关宁波钱业行会章程中关于钱业起源于周朝的货币交换，误解为宁波钱业行的始创时代，从而错误地把中国行会发生的年代从公元7或8世纪推前至公元11世纪，提前了十几个世

---

①　前文刊于《中国评论》杂志，后文刊于《亚洲文会杂志》，均在上海出版。中文译本收入彭泽益主编的《中国工商行会史料集》上册，中华书局1995年版。

纪。比较确切的历史事实是，有关中国行会的明确文献记载，始见于唐初约 7 世纪前后；有关欧洲行会（基尔特）的最早的史料，据认为是拜占庭利奥六世时代（886—912）颁布的《市政录或贤人利奥皇帝关于君士坦丁堡行会的法令》。

在史籍文献中，已明确记载隋代即已形成了市肆诸行，但还没有关于其"行"即为行会组织的史证。至唐初，始有确切显证。唐贾公彦在高宗永徽年间（650—655）所著《周礼义疏》中，曾将《周礼·地官》中的"肆长"比"若今行头者也"；无行会组织，何谈"行头"。此际距唐代开国的时间（618），仅三十多年。此后，《唐会要》卷八九所载唐德宗贞元九年（793）二月二十六日的敕令中，也写有"本行头""其行头"之说，《旧唐书·食货志》所录此敕令，与之相同，即："自今以后，有因交关用欠陌钱者，宜但令本行头及居停主人、牙人等，检校送官，如有容隐，兼许卖物领钱人纠告。其行头、主人、牙人，重加科罪。府县所由祗承人等，并不须干扰。"唐天宝、贞元、元和年间的房山石经《大般若波罗蜜多经》题记中，可见有白米行、绢行、生铁行、炭行、布行、肉行、幞头行、屠行、五熟行、果子行、磨行、靴行、杂货行、油行等数十行礼佛活动的记载。唐宣宗大中（847—859）年初李玫所著《纂异记》，也记载"乙丑（845？）春，有金银行首纠合其徒"至吴泰伯庙祀神祈福的事。而且，"每春秋季，市肆皆率其党"至此庙"祈福于三让王"。唐季诸行礼佛祀神活动，实际上正是明清诸行奉祀行业祖师活动的先声。宋曾慥《类说》卷四引唐佚名氏《秦京杂记》所谓"长安市人语各不同，有葫芦语、锁子语、纽语、练语、三摺语，通名市"。说明此间不止有了同业行会组织，也产生了多种同业内部使用的隐语行话。又如《两京新记》所记唐长安西市大衣行"记言反说，不可解识"，亦即当时大衣行的隐语行话。

至宋季，随着两宋都市城镇经济、文化的发达，行会组织也空前活跃。据《西湖老人繁胜录·诸行市》记载，南宋都城临安（今杭州）"有四百十四行"之众。两宋时，行会组织的名目也有多种，如行、团、团行、作、社、会等。而且，除工商诸行之外，娼、赌、杂技等市井娱乐乃至如乞丐之类江湖社会，也都形成了同业行帮组织。其后，除元代近百年间由于社会制度、政策的调整，行会组织的活动一度渐衰外，明清两季则在两宋的基础上再度繁荣。

那么，中国的行会制度是在什么样的社会背景条件下产生的呢？这是个直接关系其组织性质的问题。

在《德意志意识形态》中，马克思、恩格斯认为，中世纪西欧行会的出现，在于"联合起来反对勾结在一起的掠夺性的贵族的必要性，在实业家同时又是商人时期对共同市场的需要，流入当时繁华城市的逃亡农奴的竞争的加剧，全国的封建结构——所有这一切产生了行会"①。也就是说，中世纪西欧的行会组织的产生，是出于抵制和反抗城市封建领主掠夺的需要。据分析，同处欧洲的拜占庭工商行会与西欧行会，由于社会经济条件的不同而有所区别："第一，拜占庭行会不是为其成员的利益，而是为国库的利益服务的。国家通过行会来控制工商业以征集税款，因为它是政府收入中的主要来源。第二，拜占庭行会组织的内部结构，包括作坊主、奴隶、雇工、学徒四种人员。这是因为当时拜

---

① 《马克思恩格斯全集》第三卷，人民出版社1960年版，第28页。

占庭手工业中除了雇工外，奴隶劳动还起很大的作用。奴隶在其主人的担保下，甚至可以开设店铺。而西欧行会，照例只是行东的组织，并由帮工和学徒构成。"① 鉴此，中国行会制度的产生及其性质，完全有别于中世纪西欧城市行会，但同拜占庭行会存在一定的相近之处。

首先，中国同业行会制度是城市经济发展到一定阶段，为适应政府对市场工商诸行统一实行分门别类管理的需要而由政府行为产生的。其主要的功能，首先在于贯彻执行政府有关法令，协助政府进行征缴赋税、科买、定价以及平抑市价等管理工作，具体则由各行行首办理，行首对政府负责。所以，行首通常由政府指派，即或是同业推举产生者也必须获官方认可才行。前所引述贞元九年三月二十六日敕令中，要求行头等督缴陌内欠钱不得容隐，即属此类。《唐会要》卷八六所载景龙元年（707）十一月敕令，"两京市诸行，自有正铺者，不得于铺前更造偏铺，各听用寻常一样偏厢。诸行以滥物交易者，没官"，是利用行会维持市场秩序，禁止违法交易。《唐会要》卷八八载建中元年（780）七月敕令，"自今以后，忽米价贵时，宜量出官米十万石，麦十万石，每日量付市行人，下价粜货"，是平抑米价。在此制度规范下，凡于市肆经营交易者，都必须"投行"亦即加入相应的行会，接受行头的监管。唐《关市令》所称"诸市，每肆立标，题行名，依令每月旬别三等估"，② 可见这种制度下的市场秩序。

唐宋以后至明清，历代工商、市井及江湖行会，始终均未摆

---

① 彭泽益《中国工商业行会史研究的几个问题》，《中国工商行会史料集》上册，中华书局1995年版，第4页。

② ［日］仁井田陞《唐令拾遗》，长春出版社1989年版，第644页。

脱这种由政府控管的性质。宋耐得翁《都城纪胜·诸行》载："市肆谓之行者，因官府科索而得此名，不以其物大小，但合充用者，皆置为行，虽医卜亦有职医赳择之差占，则与市肆当行同也。"吴自牧《梦粱录·团行》亦称："市肆谓之团行者，盖因官府回买而立此名，不以物之大小，皆置为团行，虽医卜工役，亦有差使，则与当行同也。"当时政府明令规定，"各自诣官投充行人，纳免行钱，方得在市卖易，不赴官自投行者有罪，告者有赏"。于是"京师如街市提瓶者，必投充茶行，负水担粥以至麻鞋头发之属，无敢不投行者"。①据明沈榜《宛署杂记》卷一三所录万历十年（1582）顺天府尹和户部尚书奏议说，当时"宛、大二县，原编一百三十二行，除本多利重如典当等项一百行，仍行照旧纳银，如遇逃故消乏，许其告首查实豁免外"，将其余网边行等"共三十二行，仰祈皇上特赐宽恤，断自本年六月初一日，以后免其纳银。其他如卖饼、卖菜、肩挑、背负、贩易杂货等项，看守九门各官。不许勒索抽分"。至于明清各地建造行会公所、会馆，均例需官府审批方为合法设置。明清各地民间秘密结社纷起，促使政府对行会的控管外加一重政治因素，更为敏感。雍正十三年（1735）秋，朝廷收到有关山东、河南等地车户纷纷成立车会（盘手会）的密奏后，即行下旨调查并要求奏议对策。

其次，明清以来的中国行会逐渐突出了协调内外竞争关系和维护成员利益的互助功能。这样一来，便使之从元初的单一突出贯彻政府有关法令、协助行使管理市场职能，向其作为民间同业社团组织的属性方面前进了一步。这期间，尽管并未脱离政府的

---

① 马端临《文献通考·市籴考》引郑侠奏议。

控管，但由于其加强了对内对外的规范性协调功能和成员间的互助互济作用，从而强化了行会的民间性和一定程度的民主性。主要的标志，便是经过成员公议制定或修订重整规约，以及在同业成员或同业公众利益受到侵扰损害时协调与官府的关系乃至付之诉讼。

作为行会的制度民俗，行业规约主要是从行会宗旨、组织办法、从业行事规范和行业道德规范，团体的信仰、活动方式、财产管理，以及成员的权利义务、惩办违规办法等方面加以统一规范。必要时，甚至连收徒、交易方式及时价之类，也十分具体地写进规约。如今所见，基本都是明代清代的行业规约条文，这些也从文献实证方面反映着这一时期中国行会制度的上述特点。

湖南长沙戥秤行业的同业行会轩辕会，因奉轩辕皇帝为行业祖师而得名。清乾隆五十八年（1793），该会"重申旧规"，内容主要是防止同业的不正当竞争和违规处罚细则；至光绪二十七年（1901），相去百余年之后其重整行规，主题、内容依旧，仍然在于突出行会的协调和规范同业经营中内外正常竞争的功能。且看其乾隆年间所重申的"旧规"：

> 盖酌法度贵乎维新，章程宜于守旧，故凡各行技艺，无不议定规章，以垂永远。我等戥秤一行，贸易楚南，历有成规，彰明较著，犹恐日久弊生，章程多变。兹故复集同人，重申旧规，各宜恪守，毋轻此议。倘有故违，照议公罚。计开：
>
> 一新开店者，入会银二十两，演戏一台，备席请同行，先交入会之银，然后开张，违者倍罚。
>
> 一新带徒弟入会银五钱，如徒弟未满三年，恐有人诱出

者，查出引诱之人，罚银二两四钱入会，其徒仍归本店。

一未经星沙学习，来此帮琢者，入会银二两，违
者议罚。

一往来挑担上街，只贸易三日；要在此长贸者，入会钱
扣银二两四钱，入会之后，仍只上街，毋许开店。

一带外路人为徒者，罚戏一部，徒弟仍然毋许留学，违
者倍罚。

一与外处同行来此合伙开店者，罚银五两，戏一台，仍
然毋许开店。

一新开店者，要隔十家之外，方许开设，违者公罚。

一每年九月十六恭逢祖师瑞诞之期，值年首士上街捐
资，演戏庆祝。

清末由上海时中书局代印为单行本的上海《振华堂洋布公所
规则》中，总规定有命名、宗旨、责任、选举、入公所、集会、
议事、改章及图章凡十则三十五条，内容详细，皆在于协调和规
定会内事务，但也于第三十三条明确写道，"凡议决之件，如未
经宣布以前，不得泄漏"，显然是为了防止不正当的同业竞争。

在维护同行业公众利益方面，主要是抵制外来的滋扰，以及
协调外部关系。今存光绪三十四年（1908）《上海县为京帮珠玉
业借用苏帮公所贸易告示碑》和宣统元年（1909）《上海道为苏
州珠玉帮新建市场禁止滋扰告示碑》等文献所反映的内容，均属
此类。为了关照救助遇病或亡故的贫困同业人员，明清许多行会
则集资设立专项基金或义冢，甚至专门成立"同仁会"之类的同
业慈善互济组织。清末上海《药业同会会碑》所言"伙友素称勤

慎，忽遇沉疴，身后无以为家，不伤劳勚者之感情乎"，捐资立
会乃使"老羸者冻馁无虞，幼稚者生成有望；惠泽既丰，幽明共
感"，这宗旨也展示了此间行会组织的互助功能和性质。因而，各
地行会组织除业缘关系外，有很多是以同业乡缘为基础组成，同是
客居一地的外乡客商，往往因乡缘关系而成立各自的帮会组织。有
的虽为同业，也根据从业身份地位之别而各自成立店主和员工的独
立行会。在清末汉口的二百余个行会组织中，既存在居仁坊文帮泥
水店东公会、武汉木红坊店东公会，也有梳篦帮店户师友公会、鞭
炮师友公所，还有金箔店东师友公会，等等，皆缘所要维护的群体
利益而建立。清夏仁虎《旧京琐记·市肆》载："京师瓦木工人，
多京东之深、蓟州人，其规颇严。凡属徒工，皆有会馆，其总会曰
九皇。九皇诞日，例行休假，名曰关工。"所记也属此类。

## 第三节　中国行会组织名称考（上）

中国的行会名称，由于时代、地区和行业的不同而有分歧，
甚至即或在一个地区或同一行业，其组织名称也不尽一样。诸如
行、团、作、会、堂、庙、殿、宫、阁、庵、社、院、馆、帮、
门、祀、公等，仅有历史文献可证者已多达二十多种。凡此，既
属中国行会史的缩影，也透视着传统行会文化的民族性，是行会
制度民俗的一个有机构成方面。

**行**　"行"作为行会名称初见于唐代，是迄今所知中国行会
的最早的名称之一，源自市肆行业种类分别之称。"唐代的工商
业既已有了很大的发展，各行业的从业人数又相当众多，则涉及
全行业的一些共同问题和应有的一些共同的活动，实势所难免，

因而不得不有某种形式的联合或组织。最初可能是一些临时的集合，形成某种松弛的团体活动，久之，便会逐渐发展成一种形式。行既是工商各业的总称，而工商业者的组织不论是临时的还是常设的，事实上又只能按照共同行业来形成，所以行又很自然地成为工商业者的组织名称。"①此说对于唐代采用"行"作为工商业同业行会组织名称的阐说，是符合事实、逻辑的。不过也应指出，其关于当时行会产生的社会条件，只强调了诸行从业者的单方面因素，而此仅为次要条件，最重要的条件当是出自政府控制、管理和科索的需要而设立行会。"行"作为最初的工商行会组织名称，宋元仍沿用，但已不是唯一的名称，而是多种名称并存，至明清则一般不再使用。会首称"行头""行首""长行"，成员为"行人"。个别也有例外者，如江湖丐帮有所谓"穷家行"的组织。

**行会**　"行会"是近现代对于诸行同业组织的总称或泛称。古代与之相近的名称为"行院"，如宋车若水《脚气集》卷上所载："刘漫塘云：'向在金陵，亲见小民有行院之说。且如有卖炊饼者自别处来，未有其地与资，而一城卖饼诸家便与借市，某送炊具，某贷面料，百需皆裕，谓之护引行院，无一忌心。'"历代径以此名同业组织者颇为少见，如清嘉庆、道光年间，北京种菜业行会即径名"青韭园行会"，至光绪三十年（1904）分为南（樊家村）、北（岳各庄）两派。

**团**　以"团"名行会，始于宋。耐得翁《都城纪胜·诸行》："又有名为团者，如城南之花团，泥路之青果团，江干之鲞团，

---

① 傅筑夫《中国经济史论丛》下册，生活·读书·新知三联书店1980年版，第402页。

后市街之柑子团是也。"《梦粱录·团行》也载:"有名团者,如城西花团,泥路青果团,后市街柑子团,浑水闸鲞团。"团有聚集、组织之意,古代曾作为军队编制及地方行政单位名称。《新唐书·兵志》:"士以三百人为团,团有校尉。"《资治通鉴·后周世宗显德五年》:"诏诸州并乡村,率以百户为团,团置耆长三人。"以"团"名行会,或由此借用而来。宋以后不见再沿行此称。

**团行**　宋代行会的泛称,为当时"团"与"行"的合称。宋吴自牧《梦粱录·团行》:"市肆谓之团行者,盖因官府回买而立此名,不以物之大小,皆置为团行,虽医卜工役,亦有差使,则与当行同也。"一般用作泛称,具体则分别称之"团"或"行"。

**市**　在汉语中,"市"本指定期或不定期地在某地进行贸易活动。《周易·系辞下》:"日中为市,致天下之民,聚天下之货,交易而退,各得其所。"以"市"作为同业组织,当系因诸市经营分工而言。仅见于南宋都城临安,即《梦粱录·团行》所载:"更有名为'市'者,如炭桥药市、官巷花市、融和市、南坊珠子市、修义坊肉市、城北米市。且如桔园亭书房、盐桥生帛、五间楼泉福糖蜜,及荔枝圆眼汤等物。"

**作**　旧时手工业工场称"作",即"作坊",所谓"五行八作"也用此"作",宋代借以作为诸手工业行当的同业组织名称。耐得翁《都城纪胜·诸行》:"其他工伎之人,或名为作,如篦刀作、腰带作、金银镀作、钑作是也。"《梦粱录·团行》也载:"其他工役之人,或名为'作分'者,如碾玉作、钻卷作、篦刀作、腰带作、金银打钑作、裹贴作、铺翠作、裱褙作、装銮作、油作、木作、砖瓦作、泥水作、石作、竹作、漆作、钉铰作、箍桶作、裁缝作、修香浇烛作、打纸作、冥器等作分。又有异名'行'者，如买卖七宝者谓之骨董行，钻珠子者名曰散儿行，做靴鞋者名双线行，开浴堂者名香水行。"

**会**　远在周代，"会"已有了"盟会"之意，如《礼记·檀弓下》："周人作会而民始疑。"对此，汉郑玄笺云："会，谓盟也。"《孟子·告子下》也载："葵丘之会，诸侯束牲载书而不歃血。"后则由此而作为行会组织名称。宋代以来说书艺人及为之编写话本作者的行会，名为书会，《武林旧事·诸色伎艺人》中，记有"书会"中人李霜涯等六人。明张翰《松窗梦语》卷一载，北京盲丐结有"茶会"。清乾隆五十二年（1787），长沙衬铺业的"雷祖会"重整行规。乾隆五十八年（1793），长沙戥秤业"轩辕会"重申行规。光绪十七年（1891），重庆龙隐镇材枋帮的"萱花会"重整行规。次年，长沙绸布庄业的"锦云会"（又称"文质会"）整规。光绪三十年（1904），湖南安化的成衣业会请五帮客总建立"轩辕会"公议行规。道光五年（1825）九月二十一日，浙江巡抚程含章给朝廷的奏折中称，粮船水手"嘉白帮钱安六支，翁安一支，总名为老安，每安立会首一名，为'七老会'"。旧时江湖社会有"长春会"，"这种江湖人组织的长春会，各县的乡镇全都存在"。① 凡此可见，以"会"为名者，广泛用于工商、市井及江湖的多种行会组织。

**公会**　"公会"本谓因公事集会或会晤。《韩非子·八经》："事至而结智，一听而公会。"陈奇猷集释云："公会，谓公开会

---

① 云游客《江湖丛谈》，北平时言报社 1936 年版。此据中国曲艺出版社 1988 年排印本，第 10 页。

合以辩难。"又《三国志·吴书·诸葛瑾传》："建安二十年，权遣瑾使蜀通好刘备，与其弟亮俱公会相见，退无私面。"清季始用作行会名称。清乾隆年间，北京帽业公会在东晓市药王庙成立，汉口制袜业成立了袜业公会。光绪三年（1877），汉口成立皮货零剪公会。光绪三十年（1904），湖南湘乡成立于咸丰年间的杂货店业永正堂公会重整行规，并改名为"永镇堂公会"。成立于乾隆年以前的北京猪行公会，今见其最早的行规为道光二十九年（1849）所议定。

**会馆** 中国的会馆虽然都是聚会或寄寓设施，但分两种类型，一是单纯多缘社会公用的，再即工商行会组织的会所。前者，如明代《帝京景物略》卷四所云，"用建会馆，士绅是主"，使之"凡出入都门者，籍有稽，游有业，困有归也"。后者乃行会议事活动之所，则如京师广货商帮的《仙城会馆简章》所云，"本馆名称虽曰会馆，其实与各省公立之会馆性质不同"；"本馆自重修后，初拟改用堂名，不欲用'会馆'二字，免与各省公立之会馆相同。盖本馆为私人合资所成立，与各省会馆由公众筹捐而成立，性质迥殊，名称应别。后由同人议定，以既在仙城原址建立，仍以保留旧名为宜。况查康熙五十四年创立会馆之碑文，首句即云：'称会馆者，何为也？为贸迁有事，祠祀燕集之所也。'可见前人命名'会馆'之意，已表明与公立之会馆性质不同。惟应将'会馆'二字之意，于章程中详细说明，俾免后人误会。"① 有认为："北京会馆兴起于明嘉靖（1522—1567）年间，

---

① 仙城会馆创立于康熙五十一年（1712），咸丰十一年（1861）、同治九年（1870）修复，并订立简章。载仁井田陞《北京工商基尔特资料集》（五），此转引自彭泽益《中国工商行会史料集》第616页，中华书局1995年版。

由于明都北移京师，南商纷至沓来，商业竞争在京展开。明嘉靖三十二年（1553），明外城建成，南墙由元时的长安街一线，拓至今前三门（崇文门、正阳门、宣武门）一线。……外省行帮云集正阳门、崇文门、宣武门外，开拓商市，进行商业竞争，以图垄断市场。为了维护同行业商业利益及堆聚货物，解决商贸洽谈场所，工商会馆率先在京兴起，成为南城最早的居民及建筑。工商会馆由正阳门向崇文门东南部发展，形成以河沿为基础的商业市场及商业会馆的街区。至清代在崇文门设税关，商业性会馆多聚居至崇文门东珠市口大街至花市一带，形成工商会馆区域。"①明代中叶，山西颜料、桐油商在京创建平遥会馆，后改称颜料会馆，清末民初改名为颜料行同业公会。明代浙东药材商在京创建鄞县会馆，后改称四明会馆，为鄞县旅京药材商同业会所。除京师外，各地行会也不乏名为会馆者。据民国十五年（1926）刊本《佛山忠义乡志》卷六《实业志》记载，雍正十一年（1733），福建旅佛山纸行商人在汾水铺长兴街创建莲峰会馆；光绪二十九年（1903年）重修的铸造家既济堂会馆在凿石大街；此外，尚有汾水铺东宁街银行业的如意会馆，杉行的安顺堂会馆，绸缎行的阐义会馆，纱纸颜料行的源顺会馆，等等。在苏州，有乾隆二十三年（1758）由浙杭绸商建的钱江会馆，乾隆二十七年（1762）由常州府猪商建的毗陵会馆（别称猪行会馆）。咸丰二年（1852），旅居江苏江都仙女庙镇的湖北木商建湖北会馆（又称木商公所）。咸丰八年（1858），上海木船户禀准设木商公所，光绪二十四年（1898）改名木商会馆。有清以来，作为行会组织及其会所的会馆、

---

① 汤锦程《北京的会馆》，中国轻工业出版社 1994 年版，第 25—26 页。

公所，往往互用或于文献中并称为"会馆公所"，实质为一。

**公所**　称行会组织及其会所为"公所"，据清顾震涛《吴门表隐》的记述，当初见于元代。其卷五载："吴郡机业公所，一在园妙观内，元元贞元年建。一在花桥阁上，乾隆八年里绅蒋文源等建。一在田基巷，一在顾亭桥南，一在吴山岭。"如非是书泛用当时以"公所"名行会会所的习称的话，那么"公所"用作此称则始于元成宗铁穆耳元贞元年（1295），距今已七百余年之久了。不过，除此例之外，元及明均未见以"公所"名行会者，至清则颇为普遍。仅《吴门表隐》所记诸行公所，如剞劂公所、膳业公所、粮船公所、庖人公所、茶礼公所、嘉凝公所、承善公所等，即多达十余个，其余多以"庙"名之。清初公所，如康熙元年（1662）江浙绸缎商行帮在汉口创建的江浙公所（三元殿），康熙二十八年（1689）北京的皮箱公所，康熙四十八年（1709）北京糖饼行公所，康熙年间建的汉口豆芽公所、上海布业公所（得月楼）等，此后则名为"公所"的同业行会日渐普遍。清末徐寿卿编《金陵杂志》所记，除《会馆志》外，另有《公所志》，辑有"钱业公所，在绒庄"等十四个行业公所及所址位置。

**帮**　以"帮"名同业行帮、行会，主要是因乡缘和业缘而言。《清稗类钞·农商类·客帮》："客商之携货远行者，咸以同乡或同业之关系，结成团体，俗称客帮，有京帮、陕帮、山东帮、山西帮、宁帮、绍帮、广帮、川帮等称。"或者乡缘、业缘混称。清末傅崇矩《成都通览·成都之各商帮》云："现经商会提倡，各帮组织各分会，不似从前之漫无团体也。"项下所列，皆以行业区别，如茶帮、金号帮、布帮、当铺帮、票号帮、京货帮、湖绉帮等，凡七十九帮，也即七十九个行会，统属于商会。无独有偶，重庆也有径以"帮"名会的"烟帮"，于道光二十七年（1847）公议章程，前后公议行规章的，还有"广扣帮""永生帮"顾绣老板师友、"青带棉线帮""毛葛巾帮"以及"纸帮"等帮口。对于帮中人来说，"帮""会"并称，或以"会"言"帮"间以"帮"言"会"，甚至称其行规章程为"帮规"。在《粘具渝毛葛巾帮阖议章程帮规》中，每见这类字样用语。且摘录若干语例：

> 百行工艺商业，八省买卖各帮，均有议定帮规章程。
>
> 殊今日久，未立庄会，未定帮规，散漫无从整顿，弊端百出。……为此，齐集阖帮协议整顿，以期维持，兴设庄会，妥定帮规章程。
>
> 一议帮会底金分为两等：机头拾架以外者，议上庄银贰拾两整；机头拾架以内者，上庄银拾两整。
>
> 一议本帮入会上庄之后，盛衰难料，向帮众首事言明准其下会，退还庄银一半，以后不得入会赴席。
>
> 学徒出师之后，或自贸，或邀伙贸，无分内行外行，一律入会上庄，恪守帮规，违者凭帮众公议罚款。

凡此，可知其"帮"即"会"，"帮众"亦即会员。此与《成都通览》所记互为佐证，且属更为具体的实证。

## 第四节　中国行会组织名称考（下）

**堂**　汉代，"堂"是议论政事之所，如王充《论衡·物势》："一堂之上，必有论者；一乡之中，必有讼者。"后也用为厅室斋名，如南朝梁任昉《静思堂秋竹赋》："静思堂，连洞房，临曲沼，夹修篁。"再后则又用作商店名称，如医药、古董等行业，继而引用为同业行会名称，乃就其会所建筑设施而言。《佛山忠义乡志》卷六《实业志》中，名为会馆、公所者，行文中往往也通说"堂名××会馆""堂名××公所"。个中，也不乏径称之为"堂者"，如"漆盒行，汾阳街、承龙街等处，有数家。东家同志堂，西家彩联堂"；"盘桶行，约三十家，堂名同胜"；"蜡笺行，堂名胜宝"；"按押行，共三十六家，堂名振业"；"熟药行称寿世祖安堂"等，皆为其行会名称。其他地方也有名"堂"者，但不十分普遍，主要如：道光初上海花糖洋货行的"点春堂"，上海米业"嘉谷堂"，道光年间湖南宁乡摊店鱼行的"广盈堂、有嘉堂"，湖南安化、长宝两府靛帮的"同仁堂"于光绪间公议行规，长沙笔店业西帮的管城会与南帮的翰业堂合一为"正业堂"，湘乡纸业有"同庆堂"，湘潭客栈业有"集庆堂"等。广东习以"堂"名行会，光绪间其在梧州各行的行会多名之为"堂"，如经纪人和代理商的"永安堂"，软木业的"安顺堂"，棉纱布匹业的"协和堂"，银号钱庄业的"昭信堂"，纸张书籍及爆竹业的"至宝堂"，土产鸦片业的"协成堂"，液体蓝靛业的"光裕堂"，药材业的"寿世堂"，屠宰业的"成义堂"等。

**庙** 汉语之"庙"，本为祀祖之所，如《诗经·大雅·思齐》："雍雍在宫，肃肃在庙。"同时，完整成套的大屋也称庙，如《尔雅·释宫》："室有东西厢曰庙。"郭璞注云："夹室前堂。"行会以庙名，多因该处既为奉祀行业祖师之所，也兼为议事活动的会所。再者，设庙处往往伴随庙会而形成庙市，适可进行商贸活动。清乾隆四十年（1775），杭州丝织业建机神庙。乾隆年间，长沙糟坊业建杜康庙，光绪三十四年（1908）仍在此公议行规；湖南益阳制烟业建吕祖庙。嘉庆年间，苏州金箔业建金祖师庙。光绪四年（1878），长沙金线业建西陵宫庙并重整行规。清顾震涛《吴门表隐》卷五至九，记有多种以"庙"为名的同业组织，如机业的机圣庙，机杼财帛局神机匠的照应庙，磨坊业的马牛王庙，酿酒业的酒仙庙，小木匠行的鲁班庙，金箔业的金祖师庙，琢玉业的玉祖师庙，药材业的药王庙，水木工的张鲁二仙师庙等。

**庵** 古称圆顶草屋为"庵"，如《释名·释宫室》："草圆屋曰蒲。蒲，敷也；总其上而敷下也。又谓之庵。"后多用称寺院。行会以"庵"名者稀见。清同治元年（1862），汉口镇软篾篓帮在仁居巷中路建地藏庵为会所，以区别于"别样篾货"。

**阁** 阁为楼阁，《淮南子·主术训》："高台层榭，接屋连阁，非不丽也。"以"阁"为行会名，往往因其兼为奉祀祖师之所，性质类似庙堂。清康熙年间，黄陂、孝感、夏口、汉阳、汉口的大木、小木、寿木、箱木及雕木五种木业在大郭家巷创建鲁班阁，作为会所。乾隆年间汉口鞋业在六度桥堤街建孙祖阁，后于民国二年（1913）改称鞋业公所。《吴门表隐》卷四载，清季苏州娄郊老土地堂西，灰窑业建有窑神阁。

**祠** 祠为供奉祭祀之所，以"祠"名会则与祭神灵或祖师相关。明代山西临汾旅京的纸张、颜料、干果、烟行及杂货五行商人联合创建临汾乡祠，清乾隆三十二年（1767）重修。

**殿** 殿本高大房屋，如《初学记》卷二四引《苍颉篇》云："殿，大堂也。"祀神佛之所亦称殿，如北周庾信《麦积崖佛龛铭》："雕轮月殿，刻镜花堂。"以"殿"名会，系因其为祭祀行业祖师兼会聚议事之所。清顺治十二年（1655），汉口药材行帮建三皇殿作为会所。乾隆四年（1739），长沙砻坊碓户（碾米业）建神农殿，议订行规，又于光绪二十四年（1898）再议其规。乾隆年间，长沙成衣业建轩辕殿，光绪二十一年（1895）重整行规。光绪八年（1882）九月，上海石作业鲁班殿重整行规。光绪十三年（1887），南京缎业重建云机殿并整顿行规。

**祀** 古称对神鬼、祖先的祭礼为"祀"。《国语·鲁语上》："夫祀，国之大节也。"供奉祭祀之所也叫祀或祠祀。《礼记·檀弓下》："吴侵陈，斩祀杀厉，师还出竟。"汉郑玄注："祀，神位有屋树者。"显然，以"祀"名会乃缘于奉祀行业祖师并以该处兼为会所。湖南武冈成衣业会称轩辕祀，其于光绪十五年（1889）公议整规，二十九年（1903）续议行规。光绪三十二年（1906）湖南武冈染纸作坊业组建梅葛祀，公议行规。《梅葛祀条规》序云："近来人众心杂，工不精造，商无远谋，兼之洋纸洋料，充塞海内，若不谨顿规模，将来行商为之缠足。是以邀约同行，玉成一祀，曰梅葛祀，幸诸君慷慨乐从，集腋成裘，捐资存储，以权子母，勿分工商，是为一体……工商团成，一体同心，共济生理之畅，定必蒸蒸日上。"以"祀"名会，除武冈外，他处尚少见之。

**宫** 本为房舍通称，即宫室，如《周易·困》："入于其宫，不见其妻，不祥也。"后也用来泛称神堂庙宇。以"宫"名会，系因其兼为奉祀行业祖师及聚会之所。清乾隆五十六年（1791），四川大竹染坊业建二仙宫，祀梅葛仙翁。嘉庆十七年（1812），四川大竹丝织业建玄女宫，又称机神庙，并于民国三年（1914）补修。嘉庆年间，湖南长沙制香业建葛仙宫。道光二十九年（1849），四川大竹屠宰业建桓侯宫，并于宣统年间加以改建。同治元年（1862），汉口包席赁碗业东伙同业建玉枢宫。光绪十七年

（1891），长沙染坊业的乾元宫重整行规。有些宫名虽未径表行业祖师，仍不失为奉祀祖师之所。益阳《糟坊条规》序称："乾隆年间，公议于福星宫内，同人永庆，庆祝先师。"光绪长沙《染坊条规》首款即载："岁每九月九日，恭逢先师毕诞之辰，届期首士于乾元宫演戏一部庆祝。"其宫所奉祀的即序中所云"先师葛公"。

**公** 以"公"名会者，为清季湖南长沙书业。光绪间，名"书业公"，即光绪三十四年（1908）公议的《书业条规》首款所云，"本会颜之曰书业公"。宣统元年（1909），改称"文林公"，乃是年所定条规首款所记，"本会颜曰文林公"。"公"本指公平、公共，作为称谓，除一般亲属称谓和某些职事从业者的称谓外，多用于敬称。以此名会，当是取同业在共同的行业祖师文昌帝君荫庇之下公平竞争共同发展的寓意，兼以自重。即如两订条规之序所言："启者书业一行，系古圣之所重，凡属工艺一切规则，必须厘订妥协，方可范围同行。""工商百业，贵乎其章，方可范围同行。书业乃百行之冠，岂无纪律，自坏行规？近年日就衰颓，皆由众志不齐，未能立规，以致工价不归划一，故生意日见式微。"又于款内云："同人敬祀文曰帝君，以崇主义，每年瑞诞之期，凡我同人，理宜诚洁，先日齐集公所，共同庆祝。"也如武冈光绪三十年（1904）《书业条规》序所称："惟我书纸一行，乃先圣之遗业，乃世之师表，自天子以至于庶民，莫不遵崇圣贤之道业。故耳阇城同行，乐文昌先圣之盛德，至后启者，赖其造化，成一行之事业，生生不息，源源长流。协同醵金，设祀立章，上酬圣德，以昭诚敬，下立章程，庶免后启勿乱规矩，以自为序。"云云。

**书院** 唐代为中书省修书或侍讲机构，如玄宗时的丽正修书院、集贤殿书院；宋元明清时，则为官府或私人设立的读书、讲学之所，如宋代的白鹿、石鼓（一说嵩阳）、应天、岳麓四大著名书院。一般性商业会馆名"书院"者，有清康熙三十三年（1694），旅居汉口的安徽新安商人创建的紫阳书院；康熙四十二年（1703）新安盐商在杭州建的紫阳书院（初名紫阳别墅）；乾隆四十五年（1780），江西抚州商人在汉口建的昭武书院等。作为具体行会而名"书院"者，如同治年间汉口内河上埠粮食行帮，在清远巷正街的凌霄书院；光绪十五年（1889），汉口命理业在安乐巷河街建的三才书院，以及三皇殿琴溪书院等。以"书院"名会，显然意在避俗趋雅以自重，寓取"雅聚"之意。

**社**　社，本为土地神，后也用为地区单位，如《管子·乘马》："方六里，名之曰社。"又用指团体，即结社而成的社会。晋佚名《莲社高贤传·慧远法师》："既而谨律息心之士，绝尘清信之宾，不期而至者……结社念佛，世号十八贤。"又《金瓶梅词话》三八回："观境内所属州郡，各立社会，行结枭俵余之法。"宋代以"社"名会者，主要为市井娱乐行业。《都城纪胜社会》："谜法、习诗之流，萃而为斋。又有蹴鞠打球社、川弩射弓社。……锦体社、八仙社、渔父习闲社、神鬼社、小女童像生叫声社、遏云社、奇巧饮食社、花果社、七宝考古社，皆中外奇珍异货。马社，豪贵绯绿。清乐社，此社风流最胜。"《梦粱录·社会》："武士有射弓踏弩社，皆能攀弓射弩，武艺精熟，射放娴习，方可入此社耳。更有蹴鞠、打球、射水弩社，则非仕宦者为之，盖一等富室郎君，风流子弟，与闲人所习也。……每遇神圣诞日，诸行市户，俱有社会迎献不一。如府第内官，以马为社。七宝行献七宝玩具为社。又有锦体社、台阁社、穷富赌钱社、遏云社、女童清音社、苏家巷傀儡社、青果行献时果社、东西马塍献异松怪松奇花社。鱼儿活行以异样龟鱼呈献豪富。子弟绯绿清音社、十闲社等。"《武林旧事·社会》也载："二月八日为桐川张王生辰，震山行宫朝拜极盛，百戏竞集，如绯绿社（杂剧）、齐云社（蹴球）、遏云社（唱赚）、同文社（耍词）、角抵社（相扑）、清音社（清乐）、锦标社（射弩）、锦体社（花绣）、英略社（使棒）、雄辩社（小说）、翠锦社（行院）、绘革社（影戏）、净发社（梳剃）、律华社（吟叫）、云机社（撮弄）。"在《武林旧事·诸色伎艺人》中，分别开列有上述多数"社"中从业的著名"技艺人"名。宋代蹴鞠行的"圆社"，至明代仍沿用其名。

至清，诸会名"社"者极为稀见。清初，归绥有一些行会是称为"社"。雍正四年（1726），归绥有磨面业的福虎社，又名六合社；雍正十年（1732），该城最古老的行会之一——银行社尚存在；是年，油画行的吴真社与金炉社共同修建行业祖师庙。在当时归绥，诸行同业行会组织多以"社"为名。

**门**　旧时江湖丐帮"穷家行"又称"穷家门"。其以"门"名，由来已久，系因所奉祖师而就"师门"得名，乃古来传统。《孟子·告子下》："愿留而受业于门。"奉祀祖师，古也有"门"之说。《礼记·祭法》："大夫立三祀，曰族厉，曰门，曰行。"明徐复《一文钱》剧中，写城中依四门而分四个丐帮，各有丐首。旧时河北正定丐帮分为四门，奉祀范丹为祖师的，名范家门；奉祀江南康花子为祖师的，名康家门；奉祀宋仁宗母李后娘娘为祖师的，名李家门；奉祀后康穷秀才高文举为祖师的，名高家门。[①]

---

① 李乔《中国行业神崇拜》，中国华侨出版公司1990年版，第454—455页。

乞丐社会地位卑贱，江湖社会关于"三教九流"向有"九儒十丐"之说，即其不入流。世人也以丐为耻，如宋《袁氏世范子弟当习儒业》所云，"子弟之流荡，至于为乞丐、盗窃，此最辱先之甚"。乞丐者流于是托祖师以自重，故以"门"称其团体，不外出自避贱趋贵心理使然。

**派**　派，本谓江河支流，也引申借指宗族分支。《北史·魏诸宗室传论》："上谷公等分枝若木，疏派天潢。"又用指派系、团体，如《文心雕龙·诠赋》："赋自诗出，分歧异派。"历代工商、市井诸行同业行会鲜有以"派"为名的，江湖社会中今所知者，也仅晚清于广东曾很活跃的迷信诈财职业集团"江相派"。①

**工会**　《佛山忠义乡志》卷六《实业志》的杂工类记载："剪发行，有数十家，工人七百余。现设理发工会。店号分甲乙丙三等，近日工价增加各有差。"人类中的道巫、肩舆、鼓乐三行同业行会组织，皆述"会馆"建于清季某年及馆址位置所在，而独言剪发行"现设理发工会"。鉴此，佛山忠义乡剪发同业行会名为"工会"，时间当系该志刊行之民国十五年（1926）稍前，即民初。在此之前，美国传教士玛高温所撰《中国的行会》中曾认为："在华的外国人用'基尔特'（Guild）这个名词指称中国人所谓的'会馆''公所'（公共会所）这两类机构。把会馆比拟于商会，也许是恰当的；而公所简直相当于工会（Trades Unions）。"②因而，他在文中分作"商人行会"和"工会"两类分别讨论。在本文中译本的编者说明中也注意到这一现象："Union 一词现意多

---

①　于城《"江相派"——一个迷信诈财的集团》，《文史资料选辑》第 47 辑，文史资料出版社 1964 年版。

②　彭泽益主编《中国工商行会史料集》，中华书局 1995 年版，第 3 页。

指工会（工联），而作者用此词指手工业中的行会组织，在翻译过程中曾加区别对待。（如指帮工行会，则有译作'工会'；而难译作'工会'者，则用一通用名词'行会'。）"尽管玛高温文中记述所述有清末宁波鱼贩工会，以及温州的铁匠、木匠、铜丝匠、丝织匠、理发匠工会（并将面粉厂主公会和邮传公所也纳归工会类），只是他的单方理解，当时当地诸行之会名均非名之"工会"。中国行会以"工会"名者，如佛山"理发工会"之类，清末民初之际也不多见。

通过上述对二十五种行会名称的考索，可以略见其流行使用年代、地区、行业，乃至名称的基本特点。凡此，也可谓一部中国行会制度小史，从中不难略窥其发生及发展流变历史轨迹之一斑。鉴此，编列简表如下：

| 序号 | 名称 | 年代 | 地区 | 行业 | 名称特点 |
|---|---|---|---|---|---|
| 1 | 行 | 唐、宋、近代 | 各地 | 诸行 | 源于市肆分工及管理 |
| 2 | 团 | 宋 | 首都临安（杭州）等 | 诸行 | 借用于军队、行政单位 |
| 3 | 团行 | 宋 | 首都临安（杭州）等 | 诸行 | 团与行之合称 |
| 4 | 市 | 宋 | 首都临安（杭州）等 | 工商诸行 | 源于市肆分工及管理 |
| 5 | 作 | 宋 | 首都临安（杭州）等 | 手工业诸行 | 源于市肆分工及管理 |
| 6 | 社 | 宋、明 | 首都临安（杭州）等 | 市井娱乐业 | 结社 |
| 7 | 会 | 宋以来 | 各地 | 诸行 | 结会 |

| 序号 | 名称 | 年代 | 地区 | 行业 | 名称特点 |
|---|---|---|---|---|---|
| 8 | 公所 | 元、清 | 元代苏州，清代各地 | 工商市井诸行 | 聚会议事之所 |
| 9 | 祠 | 明 | 北京 | 商业 | 奉祀祖师兼聚会之所 |
| 10 | 公会 | 清、民国 | 各地 | 诸行 | 共同聚会公议事务 |
| 11 | 会馆 | 明、清 | 各地 | 工商市井诸行 | 存贷、客寓、聚会之所 |
| 12 | 帮 | 清 | 各地 | 诸行 | 就群体聚合而言 |
| 13 | 堂 | 清 | 各地 | 诸行 | 奉祀祖师兼聚会之所 |
| 14 | 庙 | 清 | 各地 | 诸行 | 奉祀祖师兼聚会之所 |
| 15 | 庵 | 清 | 汉口 | 手工业 | 奉祀祖师兼聚会之所 |
| 16 | 阁 | 清 | 汉口，苏州 | 手工业 | 奉祀祖师兼聚会之所 |
| 17 | 殿 | 清 | 汉口，长沙，南京 | 手工业 | 奉祀祖师兼聚会之所 |
| 18 | 祀 | 清 | 湖南武冈 | 成衣、染纸作坊 | 奉祀祖师兼聚会之所 |
| 19 | 宫 | 清 | 大竹，长沙，益阳 | 手工业，包席凭碗业 | 奉祀祖师兼聚会之所 |
| 20 | 公 | 清 | 长沙 | 书业 | 奉祀祖师 |
| 21 | 书馆 | 清 | 汉口，杭州 | 命理、盐、粮业 | 避俗趋雅 |
| 22 | 行会 | 清 | 北京 | 种菜业 | 取义行业会社 |
| 23 | 门 | 清、民初 | 各地 | 江湖丐帮等行 | 师门，避贱趋贵 |
| 24 | 派 | 清、民初 | 广东等 | 星命业（江相派） | 派系分支 |
| 25 | 工会 | 民初 | 佛山忠义乡 | 理发业 | 工人、工匠组织 |

## 第五节　中国传统行会的类型

历史发展的轨迹表明，中国行会制度首先发生于工商行业的分工与管理，随即扩展至社会分工的多种职事行当。当然，主要是非主流社会阶层的各类职事或说生计群体。

通常讨论行会问题，多是指工商行会。如果划分职事类型的话，则往往大体分别为手工业和商业两大类。其实工、商两大业类的本身，在传统社会经济中也很难截然区别开来。"前店铺，后作坊"，即如今所谓"前店后厂"，只能相对纯粹的商铺而言将之视为手工作坊，事实上是兼而有之、两合为一的经营形式。至于所谓商业行当之中，往往又将单纯的市井服务消费和娱乐消费行业统而归属进去了，其实还是有所分别的。此外，所谓江湖社会的许多职事行当也有其行会性质的组织，也系因业缘、乡缘乃至宗教等缘而形成的同业组织，则很难将之统归工商业或市井诸行之中。因而，有必要从历史和事实出发，将中国行会具体分别为工商、市井及江湖社会三种类型，合而则为符合事实的完整的中国行会。

首先，关于工商业行会。

中国行会制度，发端于工商业。而且，从始至终，中国工商行会组织都是由政府控管或参与其事。唐宋工商行会的产生，虽有同业协调互助及维护行业自身利益的动因，更主要是政府行为使然，是赋役科索和市场管理的一种手段和组织形式。其组建行会的群体，主要是手工业作坊和各类商业店铺及中间商的业主与从业人员。其中，唐宋元除名之为"作"专指手工业行会外，其他称"行""团""公所"者，也兼纳了商业而外的一些行业组织，如市井服务、娱乐业的浴室、理发、娼妓等，乃至属江湖社会的丐帮。但是，明清以来，随着社会的发展和社会职事分工日趋细致分明，则很难再将市井及江湖社会这些行业统属商业范畴。以牟利为事属商业行为，但未必尽属商业行会。手工业作坊自然脱离不开销售交易等商业性活动，但其以生产加工制作为本，所以没有划属商业范畴。商业，当指以贩卖经营活动为本的行业。晋郭璞《江赋》所谓"沂洄沿流，或渔或商"，乃将工商划分十分明了。

其次，关于市井行会。

市井行会，主要是服务业和娱乐业行会。

市井行业，是指除工商业而外的为市井生活消费服务的行业，诸如餐饮、旅馆、租赁、修理、交通、浴池、理发、照相、卫生以及各种娱乐行业。按现代经济学理论的划分，主要为"第三产业"。

《梦粱录·团行》所记南宋临安（杭州）城里的"香水行""裁缝作""骨董行""花团""酒行""食饭行""药市"等，均属市井服务业行会；其《社会》所言"遏云社""清音社""傀儡社""穷富赌钱社""蹴鞠、打球、射水弩社"等，则为市井娱乐业行会。宋元明代诸如"永嘉书会""九山书会""古杭书会""武林书会"等，也属此类行会。元代著名剧曲作家关汉卿，曾任"玉京书会"首领，"驱梨园领袖，总编修师道，捻杂剧班头"。即或妓业，也有行会。《武林旧事·社会》所记"翠锦社（行院）"，乃南宋临安（杭州）都城中的妓业行会组织。宋元间人赵素《为政九要》第八项，也明言"妓馆"等业"各立行老"。明代南京的"盒子会",可视为当时该地妓业的准行会性同业结会活动。明沈周《盒子会辞》云:"南京旧院有色业俱优者,或二十、三十姓结为手帕姊妹;每上元节,以春絮巧具殽核相赛,名盒子会。凡得奇品为胜,输者罚酒酌胜者。中有所私,亦来挟金助会,厌厌而饮,弥月而止。"至于《新刻江湖切要》附载之《金陵六院市语》,《鼎镌徽池雅调南北官腔乐府点板曲响大明春》卷一载录之《六院汇选江湖方语》,则是明季南京六院妓业行中隐语行话的实录。

第三,关于江湖行会。

中国江湖社会本就纷杂。由于仗义行侠是江湖社会所崇尚的基本道德精神,而侠文化意识又是传统非主流文化的一种主要思想取向,因而以江湖中人自诩的社会群体颇多且杂,往往鱼目混珠。谋生江湖者,除匪盗而外,总以某项技艺、生意作为谋生职业。有的说,"江湖诸技,总分四行,曰巾、皮、李、瓜",[①] 也多有"江湖八大门"之类说法。但具体到底有多少种江湖职事行当,向无定数。比较典型的江湖职业行会,主要有江湖郎中、镖行(武行)、乞丐(丐帮)、巫卜星相(命相)等,以及一些具有浓厚宗教或秘密结社性质的行会组织。

丐帮是江湖社会的缩影,如其成分芜杂、行事无序而多有反主流社会乃至违法活动。宋代京城及各地已多有乞丐的行帮组织"团行",头领谓团头、行头之类。《梦粱录》《武林旧事》等文献均有相关记载。游民、游手之类,往往即结成游丐行帮,职业

① 清佚名《江湖通用切口摘要》,载《鹅幻汇编》卷二二,清光绪苏州桃花仙馆石印本。

丐帮除行乞外往往不择手段谋生，成为滋扰社会秩序的犯罪群体。明代北京盲丐的"茶会"以及许多城市的"保生会"，皆属这类行会团体。

清雍正年间山东等地推车运输业的"车会"之所以一度引起地方官府乃至朝廷的注意关注，即在于其行事活动具有江湖秘密结社也即帮会色彩。且看雍正十三年（1735）秋某地方官给朝廷的密奏①：

> 谨奏为密奏事。窃见山东高唐州民间作会，有称盘手者，询其根由，乃彼地推车之人所立会名。每年各于寺庙处所约会几次，每会纳钱数百，届期车户齐集，多者百十余辆。演戏剧饮，会毕而散。其所推之车，各会各有暗号，或于车上标插雉尾，或悬碎铃，或挂小磁瓶，或刊木为傀儡，或结绳穿缀琉璃，或涂染车轮黄黑各半，种种不一。惟其同会者相望而识，往往结伴在路，动辄恃众争殴，睢盱道左，莫敢谁何！今臣闻此会较前更盛，每一会处，车至数百余辆，渐有地方衿监为作会首，代其经纪。市井无业之徒，招致入会，给以车辆资本，民间遂有"投了盘手不雇家"之谚。至其会中人等，如有在外生事犯法，拘执到官，即以所积会钱，资其缠用，奔走营办。以故相藉肆横，略无忌惮。臣思此辈作会，虽非白莲邪教，烧香聚众之比，原可不禁。但齐东风气强悍，而推车小民，又皆粗鄙椎鲁，不明大义。平日既以伙党为亲密，心志齐一，不难共出死力。倘有奸猾

---

①　见彭泽益《中国工商行会史料集》，中华书局 1995 年版，第 940 页。

不轨之徒，从而煽诱滋事，最易摇惑，此诚关乎地方。再，推车悉穷民，锱铢所入，皆其汗血。每年数次纳钱，拮据耗费，仍恐非其本愿，当必有豪强为首者。严立规条禁罚，以相绳束，是盘手一会，即不至有他虑，在民累亦所宜除。山东、河南、直隶三省联界地方，所在皆有。可否仰请圣鉴谕饬各该督抚密为确访，务将会首设法查禁，俾其党类日散，声气自孤，庶皆为安业之良民矣。臣愚鳏鳏过计，未审有当，伏乞皇上睿鉴施行。谨奏。

近代有些具有宗教、政治色彩或为之所利用的江湖帮会组织，往往始自同业行会，或在其初始阶段属于同业行会兼江湖秘密结社的帮会。例如所谓"青（清）帮"，即始于漕运粮帮水手行会，至漕运结束其生计职业无着后便彻底转化为江湖帮会了。

将中国行会划分为工商业、市井服务娱乐业及江湖社会职业三种类型，其原则在于以业为本，即依社会职事分工的行业及其行业属性为划分类型的依据。如此划分，有助于科学、准确地认识评价各类行会的性质、功能和行事，同时亦有利于从行会制度的视点透析社会发展历史，把握行业民俗制度。例如，就总体而言，中国历代行会均在政府及社会制度控制管理的范围之内；但具体而论，江湖社会职业行会则相对难于控管乃至往往失去控管、不服从控管。这是因为，江湖社会职业行会往往兼具反主流社会的秘密结社性质，或介于二者之间，甚至转化为反政府的帮会组织。清末民初的清帮、洪帮，均曾为政治力量所用。

中国有着漫长的封建社会历史。中国行会生成、兴盛于封建社会，是封建社会制度下经济文化的产物。因而，其组织上的乡缘关系、师徒关系或宗族式制度，其信仰文化中的祖师崇拜，其行规的惩罚制度等，无不具有封建制度的烙印。中国行会制度是封建行会制度，这便决定了中国行会总体的封建性质。

一百多年前，马克思在分析"资本主义生产关系产生的历史过程"时曾谈道："当行会解体的时候，有个别的行会师傅转化为工业资本家，这种事实并非不可能；但这样的情形按事物的本性来说是很少的。整个来说，凡是资本家和工厂出现的地方，行会制度、师傅和帮工都消失了。"① 马克思说的是当时欧洲和西方国家的一般情况。本篇前面已略有论及，中国传统行会同欧洲"基尔特"并不完全一样，尤其与西欧的情况差别较大。中国行会并未随着中国社会的资本主义因素的出现而增长，乃至社会封建制度的结束而随之消亡。这种情形，也如马克思已注意到的："例如意大利的各城市中，手工工场曾经同行会并存。"② 清末民初，传统行会开始逐渐适应现实社会的发展变化而继续存在。此间，政府也制定了相应的行会制度。清光绪二十九年十一月二十四日，清政府商部奏准颁行了《奏定商会简明章程二十六条》，要求"各省、各埠设立商会，以为众商之脉络也"，取消前"各行众商"设立的"公会""公所"等名目。民国四年（1915）十二月，民国政府颁行《商会法》，凡九章四十六条。民国七年（1918）四月，农商部颁行《工商同业公会规则》十条及《施行办法》六条。清政府条令取消的同业公会，在民国得以恢复，隶

---

① 《经济学手稿（1857—1858）》，《马克思恩格斯全集》卷四六上册，人民出版社 1979 年版，第 508—509 页。

② 《经济学手稿（1857—1858）》，《马克思恩格斯全集》卷四六上册，人民出版社 1979 年版，第 508—509 页。

归总商会统管。据《京师总商会己未年众号一览表》①所载，北京总商会民国八年（1919）时，下属有四十三个同业商会，会员商号四千一百三十三家，以及采育镇、房山县商会。

社会的现代化、法治化，逐渐淘汰了江湖社会的行会，使之完全非法化，彻底排除在社会制度允许之外。民初，市井行会中的妓业行会，江湖社会的巫卜星相业行会和乞丐组织曾一度存在。50年代后，诸如此类的行会均随其职业的明令取缔而消失，即或存在也处于非法的秘密状态。近年随着社会经济的发展和市场活动的需要，依法陆续组建了多种行业协会，但已同传统的封建性质的同业行会完全不一样了。中国的传统同业行会制度业已成为历史。

---

① 刘娟等选编《北京经济史资料》（近代北京商业部分），北京燕山出版社1990年版，第618页。

第二章
中国行会源流史

中国行会产生于唐代，这是许多历史文献业已证明了的史实。

一千多年来，中国行会经历了唐以后的全部封建社会和民初的半封建半殖民地社会阶段。其发生与兴盛或存在，有着相应的社会历史背景条件；没有社会的需要，行会也就不会应运而生并存在下去。因而，了解、研究中国的行会，首先应从其名称的来源和发生与流变的历史入手。在考释"行会"名称之后，则依次对唐、宋、金、元、明、清及民国七代行会状况，逐一进行探讨。

## 第一节 "行会"考略

"行会"，或说"同业行会"，原非汉语的固有语汇，是个外来用语。然而，借用外来语概念表述的事物，未必就是一种在本土存在历史很短的新生事物。相反，倒是恰恰说明了汉语的灵活性和吸纳包容能力，说明了汉语文化在世界文化中的开放、活跃。

由于语言、文化、民族、历史等要素的制约，世界各国很难用同一语汇来表达一种事物；即或是比较相近的用语，也无不印有各自民族与国情的痕迹，或说出自某种语言文化的"胎记"。

据了解，各国关于"行会"概念的用语是各种各样的。"据西方学者研究的意见，在英格兰把基尔特（gild）享有的职业独占称为行会，在法兰西则称为同业公会或手工业公会（Zunftzwang，Innung）。因此，同业行会在全世界各种语言中，有不同的名称。法语为 Metier Jurande；意大利语为 arte；尼德兰为 ambacht；neering；德语为 ant，Innung Zunft，Handwerk；英语为 Chaftguild，mistery。在亚洲各国，日本称行会组织为座，株仲间（商人行会）；印度称行会为阇提；朝鲜称手工业行会为工匠契，商人行会为六矣廛。中国因各地习俗不同，对行会机构设置之处，通常用会馆公所称呼，这种称谓不仅民间习用，且见于法律条文，为官方文书所确认。同业行会这个借词（外来语）的广泛流行和存在，说明它在文明各国是一种带有普遍性的社会产物，也是各国间的文化交流相互影响的表现。"①

毫无疑问，中国历史上曾长期存在有这种"同业行会"组织，并且现在借用外来语关于这种事物的概念意义写作"行会"。在此需要指出的是，用"行会"这个词来表述这种事物，不仅是汉语构词规范使然，也有其"行"与"会"这两个词素所固有的历史作为构成这一语汇的实在基础。或言之，探寻构成"行会"两个词素的词源，要旨在于从词源学视角展示中国国行会发生、发展的历史轨迹。

在汉语中，"行"（háng，胡郎切）的本义指行列，古代多用于军队事物。如下例：

---

① 彭泽益《中国工商业行会史研究的几个问题》第 8—9 页，载《中国工商行会史料集》上册，中华书局 1995 年版。

《诗经·大雅·常武》："左右陈行，戒我师旅。"

《左传·襄公三年》："晋侯之弟扬干乱行于曲梁，魏绛戮其仆。"

《楚辞·九歌·国殇》："凌余阵兮躐余行，左骖殪兮右刃伤。"

同时，也用指市场上同业商铺比较集中的市街区域（或云路段）。如《周礼·地官·司市》："以次叙分地而经市，以陈肆辨物而平市。"汉郑玄注云："次，谓吏所治所；思次，介次也，若今市亭然，叙肆行列也，径界也。"又云："陈，犹列也；辨物，物异肆也，肆异则市平。"显然，当时的"行"，是同业有序集中的市街。汉班固《西都赋》中所谓"九市开场，货别隧分"，即描述了这样的市场行业秩序。这样，既便于消费活动，也利于商家获利，还方便官府的市场管理，如平抑物价之类。《庄子·外物》所谓"曾不如早索我于枯鱼之肆"之"枯鱼之肆"（卖鱼干的市肆），《左传·襄公三十年》所言"伯有死于羊肆"之"羊肆"，均属"货别隧分"之"行"。

同业为行，是自古以来就形成的一种传统市场秩序规范。即或是现代社会，仍沿袭着这种习俗惯制。否则，必然造成市场秩序的混乱。《史记·循吏传》在记述楚相孙叔敖事迹时，记述了下面这样因"更币"而致使"行不定"的事例：

> 孙叔敖者，楚之处士也。虞丘相进之于楚庄王以自代也。三月为楚相，施教于民，上下和合，世俗盛美，政缓禁止，吏无奸邪，盗贼不起。秋冬则劝民山采，春夏以水，各得其所便，民皆乐其生。

　　　　庄王以为币轻，更以小为大，百姓不便，皆去其业。市
　　令言之相曰："市乱，民莫安其处，次行不定。"相曰："如
　　此几何顷乎?"市令曰："三三月。"相曰："罢，吾今令之复
　　矣。"后五日，朝，相言之王曰："前日更币，以为轻。今市
　　令来言曰'市乱，民莫安其处，次行之不定'。臣请遂令复
　　如故。"王许之，下令三日而市复如故。

　　这里的"行"，已是因市肆诸同业分别而泛为市场秩序。

　　《史记·刺客列传》记刺客聂政事迹，聂政刺杀韩相侠累未
遂，自杀身亡，被暴尸于市。当其姊前往认尸并大哭时，"市行
者诸众人皆曰：'此人暴虐吾国相，王悬购其名姓千金，夫人不
闻与? 何敢来识之也?'"。个中，所云"市行"之"行"。

　　按照同业的"行"规范市场，自古已然。《周礼·地官·肆
长》载："肆长各掌其肆之政令，陈其货贿，名相近者相远也，
实相近者相尔也，以平正之。敛其总布，掌其戒近。"其"肆"
即"行"。一如唐贾公彦疏称："此肆长，谓一肆立一长，使之检
校一肆之事，若今行头者也。"当时通称"肆"者，隋唐时则通
谓"行"，"肆"反为"行"之别称。[①]

　　隋朝前后历经文、炀二帝，凡三十八年。此间，中国的
"行"已颇具规模。隋炀帝时，定洛阳为东都，王侯世族及富商
大贾一时云集。至运河开通，洛阳便形成了三大商贸中心，东市
（丰都市）、南市（大同市）和北市（通远市）。据《大业杂记》
记载，丰都市"周八里，通十二门。其内一百二十行三千余肆，

────────────
　　① 　敦煌本《俗务要名林》载："肆，行之别名也。"

薨宇齐平，遥望如一。榆柳交荫，通渠相注。市四壁有四百余店，重楼延阁，互相临映，招致商旅，珍奇山积"；"通远市，二十门，分路入市，市东合漕渠。市周六里，其内郡国舟船、舳舻万计"。元代的《河南志》记述隋代洛阳大同市称："本曰植业，隋大业六年（610），徙大同市于此，凡周四里，开四门，邸一百四十一区，资货六十六行。"《太平御览》卷一九一引录《西京记》云："东都丰都市，东西南北，居二坊之地，四面各开三门，邸凡三百一十二区，资货一百货。"又云："大业六年，诸夷来朝，请入市交易，炀帝许之。于是修饰诸行，葺理邸店，皆使薨宇齐正，卑高如一，瑰货充积，人物华盛。"凡此，足见洛阳当时市行之盛。

从上述考证可见，中国"行"的制度，至少可以追溯至《周礼》所记述的典章制度的春秋战国时期。如日本著名的中国经济史专家加藤繁先生所认为的："市的制度和行的制度，在很古的时候，就已经发生。市这个字见于《诗经》，又见于吉（古？）金文，由此可知它的历史很古。行的存在，也可以追踪到春秋战国时。这种市和行的制度——即同业商店集而成行，行集而成市的制度——的必然结果，就是商店至少在原则上应该设于市的内部。"①

至隋，关于"行"的记载明晰确切，但由于朝代历时短暂仅数十年，尚未发现可资确证其具有同业行会性质的文献根据。因而，从先秦至隋之"行"，在探讨中国行会史的时候，还只能认定是市场管理制度中的一种规范，一种同业汇集于市的市场形式。

至于现代汉语称同业组织为"行会"之"会"，与同业行会

---

① 《中国经济史考证》卷一，台湾华世出版社1981年版，第314页。

之"行"的联系，发生较晚。考其初意，是合、聚。如《说文解字》与《尔雅·释诂》均释曰："会，合也。"《广雅·释诂三》曰："会，聚也。"进而，引申出盟会的意义，如《礼记·檀弓下》"周人作会而民始疑"汉郑玄笺云："会，谓盟也。"又如《孟子·告子下》语例："葵丘之会，诸侯束牲载书而不歃血。"直至明季，当"会馆"之语出现之际，它才同行会直接发生了联系。明刘侗、于奕正《帝京景物略·稽山会馆唐大士像》："尝考会馆之设于都中，古未有也，始嘉、隆间……用建会馆，士绅是主。凡出入都门者，籍有稽，游有业，困有归也。"当时的会馆，有同乡会馆，也有同业会馆。同业会馆，则是行会机构设施了。明季嘉靖年间（1522—1566）迁都北京，南方商贾随之北上云集京门，各省工商行帮纷纷在京设立会馆，从正阳门至崇文门东南部，形成了以河沿为基础的商业市场及商业会馆街区。① 至清季，"会"这个词方出现作为团体、结社组织名称的意义。如《醒世姻缘传》五八回："咱这绣江县里有几个惧内的人，要随一道会，算计要足十个人，已是有了九个，只少一个。"又如《儒林外史》一九回："正在各书店里约了一个会。"以此语意为基础，"会"方作为一种词素得以同"行"合成为"行会"一词。显然，在构成"行会"的两个词素中，"行"所负载语意信息居主，"会"则次之。

　　在唐代，以"行"指工商诸行业或商家，进一步明确和通用。如《汉书·食货志上》"商贾大者积贮信息，小者坐列贩卖"，唐颜师古注云："列者，若今市中卖物行也。"就颜注可知，

--------

　　① 汤锦程《北京的会馆》，中国轻工业出版社 1994 年版，第 25—26 页。

《汉书》此处之"列"，与"行业""商行"之"行"等义。又汉贾谊《新书·春秋连语》"屠者罢列而归"之"列"，亦然。其所谓"罢列"，亦即"散行"，犹如今北方口语所称"散市下行"之说。径以"行市"泛称诸行所在的市肆，如五代王定保《唐摭言·散序》："曲江之宴，行市罗列，长安几于半空。"

由于"行"有了"行业""行市""商行"之类意义，从而进一步生成同业行会的意义。

## 第二节　唐代工商诸行

唐代的许多历史文献，都明确地记载着当时社会已形成了众多的工商行业。

汪辟疆校录的《唐人小说》中，有篇署杜光庭撰的《虬髯客传》述及了当时太原（今山西省太原市西南晋源镇）的马行。篇中，虬髯客对人说道："某日午时，访我于马行东酒楼，下有此驴及瘦驴，即我与道兄俱在其上矣。"[1]

唐段成式《酉阳杂俎》续集卷三《支诺皋记》下，述及扬州扬子县有鱼行。篇中记成式某三从房叔父梦一女子向他拜称："妾姓郑名琼罗，本居丹徒，父母早亡，依于婿嫂，嫂不幸又殁，遂来扬子寻姨。夜至逆旅，市吏子王惟举，乘醉将逼辱，妾知不免，因以领巾绞项自杀，市吏子乃潜埋妾于鱼行西渠中。"

唐初代宗时成书的戴孚《广异记》中，有篇"张李二公"传奇，言及当时扬州的药铺、药行。篇称，"唐开元中，有张李二

---

① 上海古籍出版社 1978 年版，第 216 页。是篇又署"唐张说撰"。

公"；"天宝末，李仕至大理丞，属安禄山之乱，携其家累，自武关出而归襄阳寓居，寻奉使至扬州，途覯张子"。"张有故席帽，谓李曰，可持此诣药铺"；"李问张是何人，王云：'是五十年前来茯苓主顾，今有二千余贯钱在药行中。'李领钱而回。"[①]

北宋初宋敏求所撰《长安志》卷八记载，唐时长安东市"街市内货财二百二十行，四面立邸，四方珍奇，皆所积集"。唐康骈《剧谈录》言及长安"东市肉行"；《大慈恩寺三藏法师传》言及唐高宗李治麟德元年（664），"东市绢行用缯彩三千匹，结作泥洹舆……请安法师灵柩，门徒等恐亏师素志，因止之"；唐温庭筠《乾巽子》言及"唐东市铁行有范生，卜举人，连中成败，每卦一缣"[②]。长安西市，又有太衣、绢、秤、鰍䰾，如唐韦述《两京新记》载，长安西市"市署前有太衣行"；《乾巽子》载，"今日在西市绢行举钱"，又"西市秤行之南，有十余亩坳下潜污之地，目曰小海池"；唐卢肇《逸史》载有"可西市鰍䰾行头坐"语[③]。此外，唐段成式《酉阳杂俎》前集卷一五《诺皋记》下又载，唐文宗开成年间，长安南市有"麸行"。

在龙门奉先寺南石窟门上题刻中，记有"北市丝行琢龛"字样；龙门西山南一石窟前室后壁门上题刻，又有"北市彩帛行净土堂"字样，可为唐代洛阳北市有丝行、彩帛行之证。[④]

在房山石经题记中，可见有关于唐代涿州（今河北涿州市）

---

① 《太平广记》卷二三，中华书局1961年版，第158页。
② 《太平广记》卷二六一，同上，第2043页。
③ 《太平广记》卷一五七，同上，第1130页。
④ 详见王仲荦《隋唐五代史》上册，上海人民出版社1988年版，第457—458页，注20、22、23、24。

有肉行、椒芽行、果子行、靴行、新货行、杂货行、染行等的记载。①

在大谷吐鲁番文书中，可见有关于唐代西州（今新疆吐鲁番东南）米面行、菜子行、果子行、彩帛行、帛练行及镴釜行的记载。②

在房山石经题记中，还可见有关于唐代幽州范阳郡（今北京市）白米行、米行、大米行、粳米行、油行、肉行、五熟行、屠行、绢行、大绢行、丝绢彩帛行、总绢彩帛行、丝帛行、市绢行、小彩行、丝绵行、布行、幞头行、磨行、生铁行、炭行之类的记载。③

在元代编纂的《河南志》中，记述了唐代洛阳南市有一百二十行之多："唐之南市，隋曰丰都市，东西南北，居二坊之地，其内一百二十行，三千余肆，四壁有四百余店，货贿山积。"

据日本出版的《西域文化研究》第三《敦煌吐鲁番社会经济资料》一书统计，当时西域各地市上有各种各样的行，除果子行、彩帛行、镴釜行、米面行、菜子行、帛练行等外，还有赎卖人口的"口马行"，或称"口马行头"。④

凡此可见，中国唐代社会业已普遍形成了各类工商行业。分布于各地城市的"行"，是当时手工业、商业市场经济贸易活动

①　详见王仲荦《隋唐五代史》上册，上海人民出版社1988年版，第457—458页，注20、22、23、24。

②　详见王仲荦《隋唐五代史》上册，上海人民出版社1988年版，第457—458页，注20、22、23、24。

③　详见王仲荦《隋唐五代史》上册，上海人民出版社1988年版，第457—458页，注20、22、23、24。

④　详见高国藩《敦煌民俗学》，上海文艺出版社1989年版，第38页。

的主要组织形式。而且，唐代的"行"，业已具有了工商行会的性质。或言之，唐代业已形成了遍布各地城市的工商诸行同业行会。对此，还可从以下几个方面的考据、论证中得以确认。

首先，此间的"行"，已非专指具体某一商家店铺，而主要是指同行业诸家商铺的组织形式。如《河南志》所记洛阳南市有一百二十行、三千余肆，也即平均每行有二十五肆。依当时人口、经济条件而言，在同一城市的同一市场，平均每一行业组织联系有二十多户商铺，已是十分可观的规模。又如日本学问僧圆仁《入唐求法巡礼行记》记载，唐武宗李炎"会昌三年（843）六月廿七日夜三更"时，长安"东市失火，烧东市曹门已西十二行四千余家"。这一事例说明，当时的大都市长安东市平均每行包括有三百三十余家店肆作坊。尤其值得注意的是，同业行会已纳入了当时政府对市肆的行政管理规范，如日本仁井田陞辑《唐令拾遗》中，所载《关市令》明确规定，"诸市，每肆立标，题行名，依令每月旬别三等估"。而且，通过"行人"来平易市价。《旧唐书·食货志》载，唐德宗李适建中元年（780）七月敕令，"自今以后，忽米价贵时，宜量出官米十万石，每石量付两市行人，下价籴货"。就是说，如京城出现米价上涨的势头时，官府可出十万石官米，用来贴补长安东西两市米行的米商，以使价格平稳。个中所谓"行人"，据范文澜、蔡美彪等著《中国通史》第四编第五章第二节认为，"参加同业商行的商人称为'行人'"。

其次，此间的"行"，是由"行头"领导的同业行会。作为一种社会团体，产生相应的领导人，是最基本的组织形式和特征。这一点，可有大量文献为据。《周礼·地官·肆长》"各掌其肆之政令"唐贾公彦疏云："此肆长，谓一肆立一长，使之检校一肆之事，若今行头者也。"贾氏著成《周礼义疏》于唐高宗李治永徽（650—655）年间，距唐开国（618）相去三十余年，可知唐初已经形成行会并有了"行头"之职。在当时，行又别名为"肆"，也资佐证。如敦煌本《俗务要名林》称："肆，行之别名也。"① 其他如唐李玫《纂异记》所及金银行"行首"，王建《织锦曲》"长头起样呈作官"之宫锦行"长头"，均为"行头"之别称。唐代诸行行头，不仅要对本行商户负责，还需对官府负责，遇到事情，则有可能受到官府咎处。例如，《旧唐书·食货志》所载唐德宗李适贞元九年（793）的一道敕令："陌内欠钱，法当禁断，虑因捉搦，或亦生奸，使人易从，切于不扰。自今已后，有因交关用欠陌钱者，宜但令本行头及居停主人、牙人等，检校送官；如有容隐，兼许卖物领钱人纠告。其行头，主人、牙人，重加科罪。府县所由祗承人等，并不须干扰。"可知当时行头尚有协助官府催缴陌钱之责。

再次，同业行会的活动。行会组织若无活动，则无存在的必要，也难以印证其存在。除上述已言及的协助官府平抑市价、催缴陌钱等外，还办理"举钱"（亦即借贷）、组织同业商户进行礼佛、祭祀等项社会活动。唐温庭筠《乾𦠆子·王恝》中，两处言及行会举钱，一为"今日在西市绢行举钱，共四人长行"；一为"今选事不成，又于某月日西市举钱，共四人长行"，从其记述的语气看，后次亦当是至西市绢行举钱。关于行业组织礼佛之事，《大慈恩寺三藏法师传》载，唐高宗元年长安东市绢行曾用缯彩三千匹结价泥洹舆以请安法师灵柩，被法师门徒制止；至于房山

---

① 转引自高国藩《敦煌民俗学》，上海文艺出版社 1989 年版，第 38 页。

石经题记、龙门石窟题辞所记市肆诸行名称，也均为以行为单位参与礼佛活动的记载。在唐李玫《纂异记·刘景复》中，则记述了苏州金银行率诸业户祭祀吴泰伯庙的事。书中写道："吴泰伯庙，在东阊门之西。每春秋季，市肆皆率其党，合牢醴祈福于三让王，多图善马、彩舆、女子以献之，非其月亦无虚日。乙丑春，有金银行首纠合其徒，以绡画美人捧胡琴以从，其貌出于旧绘者。名美人为胜儿，盖户牖墙壁会前后所献者，无以匹也。"又如唐《灵鬼志》也载："吴太伯祠，在苏阊门西，人多献牲牢以祈福时乙丑春，有金银行首，画美人以献。"[①] 可为互证。其"吴太伯祠"，显然即《纂异记》所言"吴泰伯庙"，时间、地点、人事、事状皆合。

唐代的"行"，是迄今历史文献所见中国历史上最早、也是十分成熟的工商同业行会。唐代工商行会的形成，是当时社会经济发达、市场繁荣的重要标志之一。

唐代工商行会状况显示了两个值得注意的特点，一是它在市场诸行普遍性，二是其以商为主而工附属其间。

据各类文献所见，唐代各地工商诸行的名目繁多，如马行、鱼行、药行、绢行、大衣行、鰍鳝行、丝行、彩帛行、肉行、椒笋行、果子行、靴行、新货行、杂货行、染行、米面行、菜子行、帛练行、铛釜行、白米行、米行、大米行、粳米行、油行、五熟行、屠行、大绢行、丝帛行、市绢行、小绢行、小彩行、丝绵行、布行、幞头行、磨行、秤行、生铁行、炭行、口马行，等

---

① 转引自尚秉和《历代社会风俗事物考》，长沙：商务印书馆 1939 年版，第 194 页。

等。尤以长安东市为最多，已达二百二十行。举凡衣、食、用乃至贩卖人口者，各种市肆贸易行业，几乎无不设置当行行会。因而，当时出现了"行人""行户""行家"等通用称谓。而且，欲加入行会从业，还需具备相应的从业资格或是否需要。《太平广记》卷二五七所录《卢氏杂说》中的《织锦人》故事，可为其例。

> 唐卢氏子不中第，徒步及都城门东。其日风寒甚，且投逆旅。俄有一人续至，附火良久，忽吟诗曰："学织缭绫功未多，乱投机杼错抛梭。莫教官锦行家见，把此文章笑杀他。"又云："如今不重文章事，莫把文章夸向人。"卢愕然，忆是白居易诗，因问姓名。曰："姓李，世织绫锦，离乱前，属东都官锦坊织宫锦巧儿。以薄艺投本行，皆云，如今花样，与前不同，不谓伎俩儿以文采求售者，不重于世，且归去。"

这位世代以织锦为业且曾在东都官锦坊从业的织宫锦巧儿李某，被织锦行以今昔花样不同为由拒之行外。或系市场供需行市使然，或有其他缘故，不得而知。不过，此例说明当时的行会在诸行中发挥作用。

《织锦人》之例同时也表明，唐代行会以商为主，工匠为辅。尽管商家出售的商品是工匠、作坊生产制造的，但行是以商为主的同业组织。所以，织锦工匠李某虽技艺在身，若想入行从业，也必须由行会组织认可接纳才行。关于这一点，范文澜《中国通史简编》修订本第三编第一册也曾谈道："行是商店的组织，自然也是商人的组织。为商人制造物品的工匠，附属于商人，本身并不组织成行。如果工匠自己制造物品，由自己直接出售，那末，他加入本行是因为有商人身份。唐时手工业工人没有行，凡是行都是以商人为主、工匠为从的商业组织。隋、唐以前，行的意义仅仅是同类的货物须在市上同一地点出售，唐朝的行，又有拒绝非本行人任意加入本行的权利，……显然，行有行会的性质，工匠不得行中人同意，便不得入行。"[①] 王仲荦《隋唐五代史》上册第三章《唐代的经济》，也注意到了这一点："手工业作坊，通称为坊，亦称作铺，如铜坊、染坊、纸坊、糖坊、糕坊、油作铺、彩缬铺之类。他们既是手工业的作坊，同时又是铺肆，出售手工业制成品，且被组织在商业性质的行会里。关于行这一组织，不仅在长安东市有二百二十行，洛阳丰都市有一百二十行，大同市有六十六行，就是地方州县，也有行的组织。……行的出现，一方面说明唐代的手工业商业确比以前有了很大的发展，但由于封建社会内部商品生产发展不充分，如海外贸易受到限制，国内市场比较狭小等等，因而小商品生产者之间的竞争激烈。他们不得不利用行这一组织来保护自己，防止同行的竞争，并排斥外来的竞争。"[②] 中国民族手工业"前店后坊"式的亦作亦商经营形式，至今仍可见其遗风。唐代行会以商为主、以工为从的状况，同时也说明中国工商行会首先是商业同业组织，肇始于商业贸易活动的社会需要。

① 人民出版社 1965 年版，第 266 页。
② 上海人民出版社 1988 年版，第 412—413 页。

## 第三节　宋代诸行

在中国历史上，北宋、南宋共历十八帝三百二十年，是除夏、商和汉朝之外统治时间最长的一个朝代。这三百余年，是中国都市经济和文化空前繁荣的时期。都市经济的繁荣，使之以城市市场为依托的工商诸行，在前朝的基础之上，获得充分的发育和进一步发展兴盛。

在宋孟元老所著《东京梦华录》中，记述有北宋京师汴梁（今开封）的果子行、姜行、纱行、牛行、马行、大小货行、肉行、鱼行，以及师姑绣作等诸行、作。详可见下录诸例：

> 西宫南皆御廊枚子，至州桥投西大街，乃果子行。（卷二"宣德楼前省府宫宇"）

> 自宣德去东角楼，乃皇城东南角也。十字街南去姜行。高头街北去，从纱行至东华门街，晨晖门、宝篆宫，直至旧酸枣门，最是铺席要闹。（卷二"东角楼街巷"）

> 以东牛行街，下马刘家药铺、看牛楼酒店，亦有妓馆，一直抵新城。……土市北去，乃马行街也，人烟浩闹。（卷二"潘楼东街巷"）

> 北去杨楼，以北穿马行街，东西两巷，谓之大、小货行，皆工作伎巧所居。小货行通鸡儿巷妓馆，大货行通棒纸店白矾楼，后改为丰乐楼，宣和间，更修三层相高。（卷二"酒楼"）

> 马行北去，乃小货行，时楼大骨传药铺，直抵正系旧封

丘门，两行金紫医官药铺，……（卷三"马行街北诸医铺"）

相国寺每月五次开放万姓交易，……近佛殿，孟家道院王道人蜜煎，赵文秀笔，及潘谷墨；占定两廊，皆诸寺师姑卖绣作，领抹、花朵、珠翠头面、生色销金花样幞头帽子、特髻冠子、绦线之类。（卷三"相国寺万姓交易"）

绣巷，皆师姑绣作居居。……以东街南高阳正店，向北入马行。（卷三"寺东门街巷"）

马行北去，旧封丘门外袄庙斜街，州北瓦子。（卷三"马行街铺席"）

其杀猪羊作坊，每人担猪羊及车子上市，动即百数。如果木亦集于朱省门外及州桥之西，谓之果子行。（卷三"天晓诸人入市"）

坊巷桥市，皆有肉案，列三五人操刀，生熟肉从便索唤，阔切、片批、细抹、顿刀之类。（卷四"肉行"）

卖生鱼则用浅抱桶，以柳叶间串清水中浸，或循街出卖。（卷四"鱼行"）

京师是一国政治文化中心，也是经贸中心之地，工商诸行云集之所。诸行繁杂，却不混乱，各行自有行规和习俗惯制约束，使之井然有序。即如《东京梦华录》卷五"民俗"所记："凡百所卖饮食之人，装鲜净盘合器皿，车檐动使奇巧，可爱食味和羹，不敢草略。其卖药卖卦，皆具冠带。至于乞丐者，亦有规格。稍似懈怠，众所不容。其士农工商诸行百户衣装，各有本色，不敢越外。谓如香铺裹香人，即顶帽披背；质库掌事，即着皂衫角带不顶帽之类；街市行人，便认得是何色目。"显然，行会在个中发挥着组织管理作用。甚至，"凡雇觅人力，干当人、酒食、作匠之类"，也"各有行老供雇"①，诸行均有"行老"管理本行内外事务。

依照当时律令，举凡五行八作从业者，必须加入相应的行会，加入行会则需要先纳免行钱。马端临《文献通考·市籴考》载，北宋神宗赵顼熙宁六年（1073）郑侠奏议跋云："京城诸行，以计利者上言云：官中每所需索，或非民间用物；或虽民间用物，间或少缺；率皆数倍其价，收买供官。今立法：每年计官中合用之物，令行人众出钱，官为预收买，准备急时之用。如岁终不用，即出卖，不过收二分之息，特与免行……才立法随有指挥：元不系行之人，不得在街市卖易与纳免行钱人争利，仰各自诣官投充行人，纳免行钱，方得在市卖易。不赴官自投行者有罪，告者有赏。此指挥行凡十余日之间，京师如街市提瓶者必投充茶行，负水、担粥以至麻鞋、头髲（bì，假发）之属，无敢不投者。"所谓"免行钱"，是宋初实行的通过行会向工商业户征缴的一种赋税。其起因是当时诸行按律均需向政府供给本行经营的物品，虽然给付一定的价钱但甚低，而且颇多运输等其他费用麻烦，于是肉行的徐中正等议请以纳免行钱代之，获得采纳。此事见于《续资治通鉴长编》卷二四四："初，京师供百物有行，虽与外州军等，而官司上下须索，无虑十倍以上。凡诸行陪纳猥多，而赍操输送之费，复不在是。下逮稗贩贫民，亦多以故失职。肉行徐中正等以为言，因乞出免行役钱，更不以肉供诸处。"

--------

① 《东京梦华录》卷三"雇觅人力"。

又据卷三五九载，宋神宗赵项元丰八年（1085）九月，"按在京诸色行户，总六千四百有奇，免轮差官中祗应，一年共出缗钱四万三千三百有奇"。按律，各户的纳免行钱多寡数额，依铺户资本多少而定。若据当时纳免行钱的六千四百余户平均计算，每户则纳六千八百文钱，按当时物价，可于冬季购买从黄河等远处贩来京师的"车鱼"六十八斤。①

　　官府利用行会管理行户，行会也代表行户向官府争取利益。官府强行让诸行从业人员投入行会是为了加强对市肆诸行的管理，包括收缴赋税；行会议请以纳免行钱代行直接供给所经营物品的方法，立意也在于维护行户利益。尽管此法未行多久，于北宋末、南宋初废止，仍不失为一种行会作用的体现。甚至，关于货币流通中的以不足百钱的钱数当百钱的"短陌钱"，也因诸行市而不同而有规约。《东京梦华录》卷三"都市钱陌"中说的，"都市钱陌，官用七十七，街市通用七十五，鱼肉菜七十二陌，金银七十四，珠珍、雇婢妮、买虫蚁六十八，文字五十六陌，行市各有长短使用"，便属这类情形。

　　南宋建都临安（杭州）后，在偏安江南的一百多年里，一时也促进以京城为中心的一些都市经济的繁荣。南宋理宗赵昀端平二年（1235）元日，耐得翁在《都城纪胜序》中称："圣朝祖宗开国，就都于汴，而风俗典礼，四方仰之为师，自高宗皇帝驻跸于杭，而杭山水明秀，民物康阜，视京师其过十倍矣。虽市肆与京师相侔，然中兴已百余年，列圣相承，太平日久，前后经营至

--------

① 《东京梦华录》卷四"鱼行"："冬月即黄河诸远处客鱼来，谓之'车鱼'，每斤不上一百文。"

矣，辐辏集矣，其与中兴时又过十数倍也。"耐得翁撰《都城纪胜》时，距建都临安（1138），相去近百年，正值京城发达时期。尽管其序对南宋小朝廷颇多过誉之辞，但仍可从书中略窥其间作为都城的杭州市肆诸行概况。

据《都城纪胜·诸行》载：

> 市肆谓之行者，因官府科索而得此名，不以其物小大，但合充用者，皆置为行，虽医卜亦有职。医克择之差，占则与市肆当行同也。内亦有不当行而借名之者，如酒行、食饭行是也。又有名为团者，如城南之花团，泥路之青果团，江干之鲞团，后市街之柑子团是也。其他工伎之人，或名为作，如篦刀作、腰带作、金银镀作、钑作是也。又有异名者，如七宝谓之骨董行，浴堂谓之香水行是也。大抵都下万物所聚，如官巷之花行，所聚花朵、冠梳、钗环、领抹，极其工巧，古所无也。

由此可知，南宋临安时，工商诸行同业组织、商业、服务业的多名为行、团，工匠作坊行业多的则称为作。那么，当时临安究竟有多少行呢？对此，据认为成书略早于《都城纪胜》的《西湖老人繁胜录·诸行市》记述得尤为详细。据载：

> 川广生药市、象牙玳瑁市、金银市、珍珠市、丝锦市、生帛市、枕冠市、故衣市、衣绢市、花朵市、肉市、米市、卦市、银朱彩色行、金漆卓凳行、南北猪行、青器行、处布行、麻布行、青果行、海鲜行、纸扇行、麻线行、蟹行、鱼行、木行、竹行、果行、笋行，京都有四百十四行。略而言

之：闹慢道业、履历班朝、风筝药线、胶矾斗药、五色箭翎、银朱印色、茶坊吊挂、琉璃泛子、粘顶胶纸、染红牙梳、诸般缠令、修飞禽笼、修采恩骨、成套筛儿、接象牙梳、诸般耍曲、札烫斗、丁看窗、修砧头、照路遣、扫金银……

历数各种行有一百七十余种。按其记述可以看到，"市"也为"行"之别称。对此，当时钱塘（杭州）人吴自牧所著《梦粱录》，以及周密所著的《武林旧事》中的有关记载，均可为参证。

且看《梦粱录》卷一三"团行"所记：

> 市肆谓之"团行"者，盖因官府回买而立此名，不以物之大小，皆置为团行，虽医卜工役，亦有差使，则与当行同也。然虽差役，如官司和雇支给钱米，反胜于民间雇倩工钱，而工役之辈，则欢乐而往也。其中亦有不当行者，如酒行、食饭行，而借此名。有名为"团"者，如城西花团、泥路青果团、后市街柑子团、浑水闸鲞团。又有名为"行"者，如官巷方梳行、销金行、冠子行、城北鱼行、城东蟹行、姜行、菱行、北猪行、候潮门外南猪行、南土北土门菜行、坝子桥鲜鱼行、横河头布行、鸡鹅行。更有名为"市"者，如炭桥药市、官巷花市、融和市南坊珠子市、修义坊肉市、城北米市。……其他工役之人，或名为"作分"者，如碾玉作、钻卷作、篦刀作、腰带作、金银打钑作、裹贴作、铺翠作、裱褙作、装銮作、油作、木作、砖瓦作、泥水作、石作、竹作、漆作、钉铰作、箍桶作、裁缝作、修香浇烛作、打纸作、冥器等作分。又有异名"行"者，如买卖七宝

者谓之骨董行，钻珠子者名曰散儿行，做靴鞋者名双线行，开浴堂者名曰香水行。大抵杭城是行都之处，万物所聚，诸行百市，自和宁门杈子外至观桥下，无一家不买卖者，行分最多，且言其一二。

《武林旧事》卷六"诸市"所载，有炭桥药市、官巷花市、候潮门外鲜鱼行、后市街柑子团、便门外浑水闸鲞团等，名称、地址均与上述相合，不过颇不详细，仅略为十七种而已。

在行业服饰等习俗惯制及行规方面，南宋临安行市仍沿袭北宋京师旧制。一如《梦粱录》卷一八"民俗"所记："杭城风俗，凡百货卖饮食之人，多是装饰车盖担儿，盘盒器皿新洁精巧，以炫耀人耳目，盖效学汴京气象，及因高宗南渡后，常宣唤买市，所以不敢苟简，食味亦不敢草率也。且如士农工商诸行百户衣巾装着，皆有等差。香铺人顶帽披背子；质库掌事，裹巾着皂衫角带。街市买卖人，各有服色头巾，各可辨认是何名目人。"又卷一九"顾觅人力"载："凡顾倩人力及干当人……俱各有行老引领。如有逃闪，将带东西，有元地脚保识人前去跟寻。"甚至，"官员士夫等人，欲出路、还乡、上官、赴任、游学，亦有出陆行老顾倩脚夫脚从，承揽在途服役，无有失节"，云云。

在中国行会史上，宋代是都市行会的鼎盛时期。除分工细致的众多工商行会而外，还出现了"乞儿行""圆社"等市井行会组织，足见行会组织一时在社会生活中的调控作用。

《东京梦华录·民俗》在记述北宋京师诸行服饰民俗时，述及"至于乞丐者，亦有规格"，已经透视了关于当时存在"乞儿行"的信息。无独有偶，宋元话本《金玉奴棒打薄情郎》，描述的便是南宋高宗赵构时都城临安乞丐行团头之女的恋爱故事。

圆社，是宋代蹴鞠行的行业组织之一，宋汪云程编的《蹴鞠谱》中录有《圆社锦语》，皆当行行话。《武林旧事》卷三"社会"所记述的"齐云社"即属临安蹴鞠行的一个行会组织，同时也记录了当时临安其他一些市井娱乐业的行会组织名目："二月八日为桐川张王生辰，霍山行宫朝拜极盛，百戏竞集，如绯绿社（杂剧）、齐云社（蹴球）、遏云社（唱赚）、同文社（耍词）、角抵社（相扑）、清音社（清乐）、锦标社（射弩）、锦体社（花绣）、英略社（使棒）、雄辩社（小说）、翠锦社（行院）、绘革社（影戏）、净发社（梳剃）、律华社（吟叫）、云机社（摄弄）"等。《都城纪胜·三教外地》言及的"书会"，据胡士莹考证认为，是当时"专门替说话人、戏剧演员编写话本和脚本的文人"的"行会组织"。[①] 由此，可知宋代行会遍布极广，极为发达，除行、团、市、作而外，市井又有社、会等同业行会组织名目。

## 第四节　金元诸行

由女真族完颜部领袖阿骨打创立的金朝，于公元 1125 年攻灭了历时达二百一十八年之久的辽，又于 1127 年攻破开封，灭了历时一百六十七年的北宋，此后与南宋对峙达一百余年，统治着秦岭、淮河以北的中国北部地区。

金朝的许多城镇商业同业行会组织，见诸文献记载的有布行、银行、油面行等，大体沿行宋制，行中商家谓"行人"，行

---

会首领称作"行头"或"引领"。《中国通史》在记述这一时期的商业行会状况时写道：行头和引领往往由大商人兼任，垄断本行的商业和控制小商人。一般行人除受行老和引领的压榨外，还要受皇室、贵族和官僚的盘剥。金朝宫廷所需货物，往往在商行中"强市"。金朝接待宋朝使臣的接伴副使，都把宋朝私赠的礼品在南京出卖，"物有定价，责付行人，尽取见钱"。各地权贵也经常纵使家奴侵渔商铺，"名为和市，其实胁取"。① 这种情形同两宋颇为近似。

据《金史·太宗纪》载，金政府在努力繁荣市场的同时，也注意加强管理，在中都（北京）、东京（辽阳）、南京（开封）及太原等地设置"市令司"，以"掌平物价，察度量权衡之违式，百货之估直"。一方面像宋朝那样利用同业行会的市场管理协调作用，对有些影响较大的行业还专设管理机构，颁发专项管理条例，甚至加以垄断。例如，为了完全垄断利丰而又直接关系国计民生的典质行业，金世宗大定二十八年（1188），在京府、节度州添设流泉务凡二十八所，置专员直接管理典质事业。期间，颁行了中国历史上第一部典质管理规则。据《金史·百官志》载，规则如下：

> 凡典质物，使、副亲评价直，许典七分，月利一分，不及一月者以日计之。经二周年外，又逾月不赎，即听下架出卖。出帖子时，写质物人姓名，物之名色，金银等第分两，及所典年月日钱贯，下架年月之类。若亡失者，收赎日勒合

---

① 蔡美彪等《中国通史》第六册，人民出版社1979年版，第336页。

千人，验元典官本，并合该利息，赔偿入官外，更勒库子，
验典物日上等时估偿之，物虽故旧，依新价偿。仍委运司佐
贰幕官识汉字者一员提控。若有违犯则究治。每月具数，申
报上司。

如此直接、具体、严格的行业经营管理，自然淡化或削弱当
时典质行会的作用。迄今未见有关金代典质业行会的文献记载，
可想而知。

元朝从元世祖忽必烈至元十六年（1279）统一中国，到至正
二十八年（1368）朱元璋率军攻陷大都（北京），前后历时不足
百年。在当时还是经济、文化均十分落后的游牧民族统治下，中
国的经济、文化遭受了空前的劫难，连年战乱，极少稳定。在此
历史条件下，工商业从两宋时代的繁荣一落千丈。童书业《中国
手工业商业发展史》中写道："在元代，唐宋以来的旧式行会制
度仍旧存在着，当时有所谓'一百二十行'，甚至妓女也有行会。
不过旧式行会的全盛，还是在宋代，旧式行会制度到了元代，由
于商业的复杂性，起的作用似乎已比宋代为小。"① 所谓"一百二
十行"，是元代对于行业的一种泛指，如关汉卿《金线池》剧第
一折中的"我想一百二十行，门门都好着衣吃饭"；又如乔孟符
《杜牧之诗酒扬州梦》剧第一折中的"列一百二十行经商财货，
润八万四千户人物风流"，即是。至于说当时"妓女也有行会"，
这也是很可能的。当时行院（妓院）的妓女首领谓"行首"。关
汉卿《谢天香》剧楔子写道："如今新除来的大尹姓钱，一应接

---

① 　齐鲁书社 1981 年版，第 208 页。

官的都去了，止有妓女每不曾去。此处有个行首是谢天香，他便管着这班门户人，须索和他说一声去。"此实为上等妓女，以其姿色居首而论，官妓行首谓"上厅行首"。当时妓院的同业行会，未必是妓女直接参与的团体，而应是诸行院的同业联合组织，保护的并非各院妓女的利益。翔实资料，有待进一步发现认定。

傅筑夫《中国工商业者的"行"及其特点》在论及元代的"行"时谈道："在工商各业衰减的情况下，行的组织当然也不会有什么新的发展和变化，所以元代工商业诸行完全与宋代相同，是为了'当行''祗应'，即为了应付官府而不得不组织起来的。"① "他们虽仍有行的组织，但是工商业者的社会地位既已远逊于过去，业务亦衰微不振，其组织亦必然失去固有的力量和作用，而成为若有若无，只是为了当差服役，为了应付官府的和雇和买，以及为了按行业送纳实物或钱钞时，才不得不以行业名义来共同负担罢了。"②

南宋临安（杭州）一度多达四百十二行，元代情况如何，不得而知。不过，元代统治的政治、经济中心在北方，虽总体上经济凋敝、工商业已不如前朝繁荣，杭州仍较北方稍好。意大利旅行家马可·波罗（1254—1324）的游记记述当时的所见说，"此城有十二种职业，各业有一万二千户，每户至少有十人，中有若干户多至二十人四十人不等。其人非尽主人，然亦有仆役不少，以供主人指使之用。诸人皆勤于作业，盖其地有不少城市，皆依

---

① 《中国经济史论丛》（下册），生活·读书·新知三联书店 1980 年版，第 445 页。

② 《中国经济史论丛》（下册），生活·读书·新知三联书店 1980 年版。第 453 页。

此城供给也。"① 那么，当时杭州有多少居民呢？据游记说，"马可·波罗住在杭州城的时候，刚好碰上那里正在向大汗的钦差大臣，报告该城的税收和人口数，因而得到一种机会，了解到杭州人口的数目，当时登记的有一百六十个托曼的炉灶。炉灶指的是共住一家的家庭。一个托曼为一万，所以全城共有一百六十万家"。② 也就是说，在有居民一百六十万户的杭州城里，从事十二种行业的业户即达一千二百户，约十多万人。事实上，当时杭州城中的各种行业并非十二种，只是"有十二种高于其他行业，因为它们的用途比较广泛和普遍。每一种工艺都有成千个铺子，每个铺子雇用十个、十五个或二十个工人工作。在少数情况下，能容纳四十个工人，由各自的老板支配"③。马可·波罗走马观花式的游览所见，可见一斑。他未谈道"行"，也可理解。在这样的旅行中，不可能像社会学家进行社会调查那样深入、细致。

从金石文献中，我们可以清楚地了解到，与杭州同在浙江的元代长兴州（今长兴县），至少存在五熟行、香烛行、银行、玉麈行、度生行、浇烛打纸印马行、篙师行、净发行、裁缝行、锦鳞行、碧缘行、糖饼行、曹行、五色行、正冠行、双线行、果行、彩帛行、厨行、饭食行、酒行等二十一种同业行会组织。这些，均见于清代阮元所辑《两浙金石志》卷一五所录的元仁宗延祐元年（1314）长兴州修建东岳行宫碑碑阴刻辞，在行宫各神殿

---

① 冯承钧译《马可·波罗游记》中册，商务印书馆版，第570—571页。转引自傅筑夫《中国经济史论丛》下册，生活·读书·新知三联书店1980年版，第444页。

② 陈开俊等译《马可·波罗游记》，福建科学技术出版社1981年版，第186页。

③ 陈开俊等译《马可·波罗游记》，福建科学技术出版社1981年版，第178—179页。案：此段当是前转引冯译本一段同一内容的别译。

名下，分别刻着诸行及其施主的姓名，二十一个神殿分别由分属二十一行的近百位施主出资建造。抄示如下：

子孙司：五熟行，因元贵、徐富、周敬；

都城隍司：香烛行，宋文政、钱思诚、邹文贵、姚源、姚福、徐全祖、宋荣祖；

龙王司：银行，吴永祥、杨新；

速报司：玉麈行，陈荣、周二秀、倪成、因通、王德、姚胜、倪子龙、许明；

李王祠：度生行，陈安、钱通、周元、俞厚、卞良；

土地司：浇烛打纸印马行，陈聪、沈应、雷章辉；

水府司：篙师行，俞庆、沈林、周庆、毛富；

照证司：净发行，姚珍、桑琇、费荣、钱大亨、俞庆；

积财司：裁缝行，陈元、金赟、菅琳、莫继祖；

放生司：锦鳞行，杨富、包源、费政；

轮回司：碧缘行，陈富、沈进；

斋僧司：糖饼行，陆进、陈良、朱文彬、邹宗荣、潘宜、朱择善；

曹职司：曹行，钱旺、唐桂、徐胜、谈成等；

张太尉司：五色行，冯晟、沈琳、高元、王荣；

皮场王司：正冠行，姚松、因垢、姚奉真、沈德荣、王椿、盛茂、陆程；

执政司：双线行，吴巖、马元、费椿、陈成、黄成、姚楠、张旺；

功德司：果行，厨宣、因贵、王应森、施元亨；

　　注福司：彩帛行，金润、张君垢、王泾、钱文彪、钱德秀；

　　掌命司：厨行，赵兴祖、汤胜、蔡烨、蔡荣；

　　掠剩司：饭食行，俞厚、卞良、沈敬；

　　千圣小王楼：酒行，高天瑞、金林、徐荣祖、姚荣、朱垫、徐政尹。

　　同业行会掌握本行市价，是行会维护行户利益的例行手段。元代的行会依然如此。如《通制条格》卷一八《关市·牙行》所载，皇庆元年（1312）三月，中书省御史台呈："近年都下诸物价腾，盖因各处所设船行步头，刁蹬客旅，把柄船户，以致舟船涩滞，货物不通。"货物阻塞，则"诸物价腾"。为平抑市价，官府便通过诸行申报价格的办法进行控制，如《大元圣政国朝典章》卷二六《户部·物价》引《至元新格》所载，"诸街市货物，皆令行人每月一平其直，其比前申有甚增减者，各须称说增减缘由，自司县申府州，由本路申户部，并要体度事实，保结申报"。

　　在中国历史上，由北方游牧民族建立的金、元王朝时期，社会动荡，经济委顿，工商业发展较为缓慢，虽均沿前朝行会制度，但并不发达。唐宋以来，工商行会的发达与否，从一定意义上说可谓社会经济发展水平的晴雨表。

## 第五节　明代诸行与会馆

　　俗语道，"三百六十行，行行出状元"。考察起来，此语源于明代。不过，有趣的是，今所见文献之中，"三百六十行"与"行行出状元"在明代尚未联为一语。如明田汝成《西湖游览志余》卷二五《委巷丛谈》云："乃今三百六十行各有市语，不相通用，仓猝聆之，竟不知为何等语也。"明无名氏《白兔记·投军》："左右的，与我扯起招军旗，叫街坊上民庶，三百六十行做买卖的，愿投军者，旗下报名。"明凌濛初《初刻拍案惊奇》卷八："三百六十行中人尽有狼心狗行，狠似强盗之人。"又明冯惟敏《玉抱肚·赠赵金燕》曲："琵琶轻扫动人怜，须信行行出状元。"

始见于明季的"三百六十行"之说，当是泛言诸行而非精确数目。清翟灏《通俗编》谓，"元人但云一百二十，增多为三百六十，乃明人言耳"。俗语泛言诸行概数之别，也透视了市肆发展变化的信息。又近人徐珂《清稗类钞·农商类·三十六行》也持是说："三十六行者，种种职业也。就其分工而约计之，曰三十六行，倍之，则为七十二行；十之，则为三百六十行；皆就成数而言。俗为之一一指定分配者，罔也。"言皆如此。

明代世情小说《金瓶梅词话》第四六回，西门庆笑骂道："怪不的你这狗材，行记中人，只护行记中人，又知这当差的甘苦。"何为"行记"？一说"犹言同行业"；① 一说谓"行业；行帮"，② 于此则指"行院"③。确切说，"行记"于此当指"同行"。"记"者，登记、记录也。加入同业行会组织，需要登录于册。尤其是明季开始实行当行制度，对于行户的管理尤为严格，每一行户均需在政府审编的册簿上登记注册，而且数年进行一次审编，市井乃有"行记"之语。

明万历十八年（1590）升任顺天府宛平县知县的沈榜，在所

---

① 《汉语大词典》，汉语大词典出版社 1989 年版，卷三第 905 页。
② 白维国《金瓶梅词典》，中华书局 1991 年版，第 207 页。
③ 白维国《金瓶梅词典》，中华书局 1991 年版，第 207 页。

著《宛署杂记》卷一三《铺行》中写道：

> 铺行之起，不知所始。盖铺居之民，各行不同，因以名之。国初悉城内外居民，因其里巷多少，编为排甲，而以其所业所货注之籍。遇各衙门有大典礼，则按籍给值役使，而互易之，其名曰行户。或一排之中，一行之物，总以一人答应，岁终践更，其名曰当行，然实未有征银之例。后因各行不便，乃议征行银。其法计生理丰约，征银在官。每遇有事，官中召商径自买办。……行之既久，上下间隔。官府不时之需，取办仓猝而求之不至，且行银不敷，多至误事。当事者或以贾祸，不得已复稍稍诿之行户，渐至不论事大小，俱概及之。于是行户始群然告匮云。

显然，当行制度在于管理征用行户的徭役、行银。期间，诸行同业行会组织，则是有责任协助官府办理有关事务的机构。《宛署杂记》卷一三所录万历十年（1582）顺天府尹张国彦和户部尚书张学颜条奏称：

> 今查得宛、大二县，原编一百三十二行，除本多利重如典当等项一百行，仍行照旧纳银，如遇逃故消乏，许其告首查实豁免外，将网边行、针篦杂粮行、碾子行、炒锅行、蒸作行、土碱行、豆粉行、杂菜行、豆腐行、抄报行、卖笔行、荆筐行、柴草行、烧煤行、等秤行、泥罐行、裁缝行、刊字行、图书行、打碑行、鼓吹行、抿刷行、骨簪笿圈行、毛绳行、淘洗行、箍桶行、泥塑行、媒人行、竹筛行、土工行，共三十二行，仰祈皇上特赐宽恤，断自本年六月初一

日，以后免其纳银。其他如卖饼、肩挑、背负、贩易杂货等
项，看守九门各官，不许勒索抽分。本部仍劄行顺天府，备
行宛、大二县，及移咨都察院，转行五城兵马司，遇监库各
衙门有行取用货物，务要两平交易，当时全给丝银，不许迟
延短少，如差出番皂，不持印票，或指一取十，或将铺行该
日者买脱，不该日者妄索，及将殷富铺户人等假以人命、盗
情罗织，挟求财物，许被害之人赴巡视御史法司禀治。

由这段奏章可知：（1）诸行的审编悉由官府裁定，如针篦与
杂粮实为两行，但从管理的需要出发被编为"针篦杂粮行"一
行，又如"骨簪笤圈行"亦然。（2）诸行行首协助官府管理行户
事务，例如，"如遇（行户）逃故消乏，许其（管理市场的官
吏）告首（行首）查实豁免"。（3）当时典当等一百行属"本多
利重"行业，为纳行银大户，而网边行等三十二种行业本小利微，
故奏请"特赐宽恤"，此外尚有卖饼、肩挑、背负等行尚未在审编
之列，即实有行业远非已审编之一百三十二行之数。（4）收缴的行
银已成诸行负担，加之相伴的勒索①，许多本小利微行业已不堪重
负。因此万历皇帝"念都城小民"这种境况，在奏章上批示"其
铺行果有典当、布行、杂粮等项，三五百两至千两方许编行，其
余不许骚扰"，具体限定了编行与否的营业资本数额标准。

经官府编行的同业行会组织，是半官方性质的、合法的行业
组织，但未经编行的其他诸行百业是否也存在合法的民间行会性

---

① 这种状况非但京城如此，各地皆然，如明张燮《东西洋考》卷八所载万历年
间福建巡抚袁一骥弹劾监税太监高寀的奏章中，说他"私派一切行户，金行取紫金七
百余两，珠行取大珠五十余颗，宝石行取青红酒黄五十余块，盐商每引勒银二钱，岁
银万两，其他绸缎铺户百家，编定轮日供应，日取数百计"，云云，可鉴。

组织呢？答案是肯定的，明代始兴的行帮会馆即为主要的民间行会组织和机构设施。不过，工商会馆出现之前，主要是供士绅居留交际之用的同乡会馆。

原籍美国、后改入英国国籍的马士（H. B. Morse，1855—1934），曾在中国海关供职（1874—1909）达三十多年。他在《中国行会考》（*The Cilds of China*）①中谈道，中国行会的第二种形式是会馆，偶尔也被称作"公所"。同乡会馆的主要特征是其全部成员都是来到外地的同乡官吏和同乡商人。这些官吏和商人是由于任职或经营贸易才来外地的。中国商人把他们的贸易网撒到全国各地，他们虽然可以自由地在任何地方定居，但他们从不到外地扎根，更不会把他们的家族从家乡迁徙出来。因此，中国人到了他省，甚至到了本省的其他地方，就会感到为了相互支持、相互保护而必须联合起来，这种联合，通过会馆而成为现实。所有在家乡有声望的人都是合格的会馆会员，而有时一家商号往往由一名年长的股东作为代表。如果想在外乡做生意的话，那么所有合格的商人都须参加会馆。在北京的会馆中，官吏自然在会员中占有多数，而在其他地方的会馆中，绝大多数的会员则是商人。他们之所以成立会馆，是为了得到相互间的支持。在北京的同乡会馆必须援助进京考试的同乡生员。

可以说，马士关于会馆情况的记述基本正确。工商会馆是设在异地他乡的同乡或同业的行会机构。明季国民经济的普遍高涨和商品经济的急骤发展，尤其是明中叶以后逐渐产生了资本主义

---

① 中文译文据原 1932 年第 2 段，载彭泽益主编《中国工商行会史料集》上册，中华书局 1995 年版，第 75—77 页。

经济萌芽，市场贸易活跃，跨地区的商品贸易流通活动十分广泛，于是促生了会馆这种在异域设立的以乡缘兼业缘为纽带的行会性质机构。而且，工商会馆是从士绅的同乡会馆获得启发，或由此发展而来。

明刘侗、于奕正《帝京景物略》卷四说："尝考会馆之设于都中，古未有也，始嘉、隆间，盖都中流寓十土著游闲雇士绅，爰隶城坊而五之：台五差，卫五缉，兵马五司，所听治详焉。惟是四方日至，不可以户编而数凡之也，用建会馆，士绅是主。凡出入都门者，籍有稽，游有业，困有归也。"京城也为商贾云集之地，明初官府曾在北京正阳门外建房招商，使那里成为一处大市场。后来，在正阳门、崇文门、宣武门外，便逐渐设立了许多工商会馆，成为南城的早期建筑。明中叶，山西平遥的颜料、桐油商人在京创建了集瀛会馆，又名平遥会馆，后改为颜料会馆；万历年间，浙江金华等八县旅京商户联合创建了天龙寺会馆；山西临汾的纸张、颜料、干果、烟草、杂货五行旅京商户，联合创建临汾东馆；山西临汾、襄陵两县汾河东部的旅京油商，创建了山右会馆，后改称临襄会馆；山西临汾部分旅京商户，创建有临汾西馆；浙东鄞县药材商在京创建有鄞县会馆，后改称四明会馆；陕西旅京商人创建有关于会馆；徽州茶商、漆商联合创建有歙县会馆；山西潞安的铜、铁、锡、炭及烟袋等行部分旅京商户，创建有潞安会馆，等等。如今，这些会馆有的遗址尚在，有的则仅见于文献记载。

晋商为中国历史上著名的地域商帮，活跃于全国各地。清季以来晋商北京会馆的一些碑记，均明确记述了其始创于明季。例如：清乾隆六年（1741）北京颜料会馆的《建修戏台罩棚碑记》

称："我行先辈，立业都门，崇祀梅、葛仙翁，香火攸长，自明代以至国朝，百有余年矣。"乾隆三十二年（1767）《重修临汾东馆记》称："临汾为山右平阳首邑，其立东馆于京师也，自前明始。中字建祠，乡之人贸迁于畿甸者，率会聚于是焉。"又光绪十八年（1892）《重修临汾会馆碑记》称："馆之设，创于有明。"民国三十年（1941）《重修临汾会馆碑记》也称："大栅栏吾临汾邑馆之始，始据碑载，远自有明。建清乾隆间，复费巨款重修，迄今百有余年。"据有关文献所见，山西商帮在京会馆虽然不少，但尚未如江西多。当时各地在京会馆四十一所，江西即有十四所，数居诸省之首。这些会馆主要是工商会馆，余也多为士商合资共建合用。

工商会馆属行会性质的机构，但又有别于一般的同业行会组织。两者除属性的某些差异外，更主要表现为组织与功能方面的区别。

在性质方面，两者均属行会机构，但一般同业行会具有较强的官方色彩，如行之设置、行会首领的选任，以及日常事务等，均受官府的干预和制约；而会馆则是较少受官府制约、干预的民间行会设施。

在组织方面，一般同业行会以工商经营所在地的行政管理建制为本位，要求从业者悉入行业组织接受管理，具有一定程度的强制性，不分行户业立籍贯，强调同业的紧密性组织关系；会馆则系以亲缘、乡缘、业缘为联系纽带的民间自愿组合，既有同乡同业业户的组合，也有同乡不同业业户的松散型联合共建。

在功能方面，一般同业行会以组织同业业户执行官府指令、协调官商关系为主，兼事维护行户利益；会馆则以维护同乡工商业户的各种利益为主，为同乡业户（无论是否同业）提供客留异域的种种方便，兼事协调官商关系。

总之，对于客留异域的工商业户来讲，会馆是一种维护自身利益、方便在异域他乡经营活动的松散型乡缘业缘行业机构。对于客商而言，是对一般同业行会功能作用的补充。因而，以本地业户为主的同业行会，自明代起，长期与客商的会馆机构并存。一个客商业户，在例行加入当地同业行会的同时，往往也是其同乡工商会馆的成员，只有这样，才有利于他在当地立足和发展。

## 第六节　清代行会公所与会馆

清代是中国历史上最后一个封建王朝。

明代后期业已出现的资本主义经济萌芽，随着清代商品经济的发展而出现了较大程度的增长。由于市场经济竞争的逐渐加剧，以维护行户利益为主旨的各种行会组织也相应发展。尤其清政府实行歧视工商的政策，如雍正皇帝曾谕称"四民以士为首，农次之，工商其下也"；乾隆皇帝也云"朕欲天下之民，使皆尽力南亩，历观三朝，如出一辙"；因而，工商诸行特别需要行会组织来维护共同的生计，谋求发展。

中国封建制度下的行会组织，无论是业缘性的行会，还是地缘性的同业会馆，其功能不外对内规范、保护同业，对外实行行业垄断，在资本主义经济萌芽不断增长时期，仍不失其封建行会属性。而且，从社会发展而言，封建行会尚有排斥、抵制资本主义经济萌芽增长的负作用。清季末叶出现的商会，是顺应社会经济资本主义因素增长与社会现代化需要而产生的。可以说，清季的行会是在封建制度与生长着的资本主义经济萌芽双重挤压的夹层中，艰难地争得一时发展的。而且，清政府出于政治上对民间秘密组织反清会社的敏感，对工商行会组织也十分谨慎、警惕。例如雍正十三年（1735）秋，山东高唐州等地民间运输业行会组织盘手会（又称车会）的活动，引起了地方官府的注意，并密奏朝廷，并获雍正皇帝谕旨。其密奏如下：

> 谨奏为密奏事。窃见山东高唐州民间作会，有称盘手者，询其根由，乃彼地推车之人所立会名。每年各于寺庙处所约会几次，每会纳钱数百，届期车户齐集，多者百十余辆。演戏剧饮，会毕而散。其所推之车，各会各有暗号，或于车上标插雉尾，或悬碎铃，或挂小磁瓶，或刊木为傀儡，或结绳穿缀琉璃，或涂染车轮黄黑各半，种种不一。惟其同会者相望而识，往往结伴在路，动辄恃众争殴，睚眦道左，莫敢谁何！今臣闻此会较前更盛，每一会处，车至数百余辆，渐有地方衿监为作会首，代其经纪。市井无业之徒，招致入会，给以车辆资本，民间遂有"投了盘手不雇家"之谚。至其会中人等，如有在外生事犯法，拘执到官，即以所积会钱，资其缠用，奔走营办。以故相藉肆横，略无忌惮。

> 臣思此辈作会，虽非白莲邪教烧香聚众之比，原可不禁；但齐东风气强悍，而推车小民，又皆粗鄙椎鲁，不明大义，平日既以伙党为亲密，心志齐一，不难共出死力。倘有奸猾不轨之徒，从而煽诱滋事，最易摇惑，此诚关乎地方。再，推车悉穷民，锱铢所入，皆其汗血。每年数次纳钱，拮据耗费，仍恐非其本愿，当必有豪强为首者。严立规条禁

罚，以相绳束，是盘首一会，即不至有他虑，在民累亦所宜除。山东、河南、直隶三省联界地方，所在皆有。可否仰请圣鉴谕饬各该督抚密为确访，务将会首设法查禁，俾其党类日散，声气自孤，庶皆为安业之良民矣。臣愚鳃鳃过计，未审有当，伏乞皇上睿鉴施行。谨奏。①

由此，既可鉴有清政府对行会一类民间结社的警惕与敏感，也可从中窥知民间工商行会的一般情景。一如宋元明诸前朝之制，出于统治的需要，清政府对行会首领的选任，也采取干预政策，政府期望选任其代理人为行首。对于民间自行推举而未经官府认可者，即视为私举，以违法论处。当然，行首经官府备案认可，也可在一定程度上杜绝恶霸痞子把持行会，维护行会及市场秩序，是社会治安的一个重要环节。如原立于苏州三乐湾东越会馆的《长元吴三县永禁烛业行头名目碑》载："查前据烛业做工杜季魁等喊控陈老七等自称行头，向身等做手，索贴钱文，供伊食用，一不遂意，即肆凶诈骇，……伊等系无业匪类，借行头名目，苟敛肥己，深受其害，环求究办各等情。"结果，官府枷责了自称行头的陈老七并"递籍管束"。

唐宋以来，工商各业行会组织至清季发展盛况空前。据文献对北京、上海、苏州、汉口、杭州、重庆、长沙、广州等近二十个大中城市的粗略统计，从 1655 至 1911 年整个清季，各地有手

---

① 这篇档案文献之末又附："大学士张，字寄河东总督王。雍正十三年九月二十三日奉旨：有人条陈山东、河南、直隶地方车会一事，可抄录寄信问王士俊、李卫。此事应否禁约，令其酌量本地情形定议具奏。若不必禁约，亦据实陈奏。钦此。遵旨寄信前来。"此录自彭泽益主编《中国工商行会史料集》下册，中华书局 1986 年版，第 940 页。

工业行会二百九十六个，商业公所一百八十二个，商帮会馆一百二十个，总计五百九十八个（详见下表）[①]，可见其盛。

### 1655—1911 年中国行会统计表　　　　单位：个

| 地区 | 手工业行会 | 商业公所 | 商帮会馆 | 合计 |
|---|---|---|---|---|
| 汉口（及其他） | 26 | 36 | 27 | 89 |
| 苏州（包括南京等） | 70 | 28 | 26 | 124 |
| 上海 | 28 | 63 | 22 | 113 |
| 北京 | 9 | 15 | 7 | 31 |
| 广州佛山（及其他） | 13 | 6 | 2 | 21 |
| 重庆（包括成都大竹等） | 16 | 5 | 14 | 35 |
| 长沙（包括湖南其他县） | 124 | 23 | 2 | 149 |
| 杭州等十二个城镇 | 10 | 6 | 20 | 36 |
| 合计 | 296 | 182 | 120 | 598 |

由统计表可见，这些行会组织主要分布于商品经济比较活跃发达、交通便利的大中城市及其辐射的相邻城镇，大到北京、上海、苏州、杭州等，小到屯溪这样的乡镇。例如，乾隆四十五年（1780），安徽屯溪竹扇编制行会因"近日人心不一，图货出多，不顾美恶"，"甚至自挑出门，伤本贱卖"的不正当竞争而重整行规，以求维持行业秩序。

上述统计表系以一定范围的文献为据开列的[②]，实际上当时

---

① 引自彭泽益主编《中国工商行会史料集》下册，中华书局 1985 年版，第 998 页。

② 《中国工商行会史料集》附录《中国工商业行会简表》序称，"主要依据本书所辑中外文历史记载、档案报纸有关资料编辑而成"；又称，"行会几乎遍布全国各省城镇，这里收录的只为其中的一部分，它虽不完全，但却是可信的"。

的行会、公所及会馆当不止其数。

生活于清嘉庆、道光年间的顾禄，在其记述苏州虎丘山塘一带风貌的《桐桥倚棹录》卷六"会馆"条中，记述了当地的十多处工商会馆、公所。

> 冈州会馆 在宝安馆东，国朝康熙十七年义宁商建，嘉庆年间重修，俗呼"扇子会馆"。
>
> 仙城会馆 在山塘桥西。
>
> 宝安会馆 在岭南会馆东，国朝康熙十六年东莞商人建。
>
> 岭南会馆 在山塘桥西，明万历间广州商创建，国朝康熙五年重建。有天后殿、关帝殿。
>
> 雍凉公墅 即全秦会馆，在毛家桥西，俗呼"陕西会馆"。国朝乾隆六年西安商邓廷试、刘辉扬倡建，三十二年袁伦、桑畹征、王正池、李政和等重修。
>
> 东齐会馆 在全秦馆西，国朝顺治间胶、青、登商建，有关帝殿。
>
> 东官会馆 在半塘，天启乙丑建。康熙十六年移建宝安会馆于岭南会馆东，因武帝像不可动，仍存之。俗呼"老会馆"，今为义厅茶室。
>
> 全晋会馆 在半塘桥，国朝乾隆三十年山西商建。有关帝殿，殿前有白石牌坊，俗呼"白石会馆"。
>
> 翼城会馆 在小武当山西，翼城县商人建。有关帝殿，俗呼"老山西会馆"。
>
> 镇江公所 在小武当，乾隆某年京江商人即大士庵建，仍奉普门大士，僧人主香火焉。

磨坊公所　在小武当，乾隆庚戌即陆羽楼址改建，中奉马牛王神像，即马牛王庙。

毗陵会馆　在莲花兜，乾隆二十七年常州府属猪商捐建，俗呼"猪行会馆"。

凡此，所记仅为苏州城郊虎丘一带会馆公所设施。又据民国二十二年出版的《吴县志》卷三〇记载，截止到宣统三年（1911）以前，除上述所记外，苏州还有纱缎绸绫业的七襄公所、洋货业的咏勤公所等工商业公所、会馆三十余所。其繁盛景象，也如顾禄在其另部乡土著作《清嘉录》卷五所言："吴城五方杂处，人烟稠密，贸易之盛，甲于天下。他省商贾，各建关帝祠于城西，为主客公议规条之所，栋宇壮丽，号为会馆。"举凡会馆，除京师有些属士绅寄寓所用者外，其余及各地者多为工商会馆。据史家认为，清季"苏州的手工业和商业行会，至少有一百六十多个"①。

据说在 14 世纪还是"未有人住"的芦洲的汉口，至清初已发展为楚中一大商贸繁盛码头，因而其工商行会也十分发达。乾隆十年（1745）湖北巡抚晏斯盛在给朝廷的奏疏中，说汉口各业尤以"盐、当、米、木、花布、药材六行最大"，而且"各省会馆亦多，商有商总，客有客长，皆能经理各行各省之事"。据民初版《夏口县志》卷五记载，"汉口各会馆公所约二百处"。志中载，经民国元年（1912）成立的汉口会馆公所联合会会长江顺成、余士熙调查所见，确有建设年代的工商业公所、会馆一百二

---

① 蔡美彪等《中国通史》第十册，人民出版社 1992 年版，第 386 页。

十六个（内含民初建八个），未详建设年代者五十六个（当系清季所建），可知有清一代汉口有据可证的工商业会馆公所多达一百七十四个。[①] 这个数目已略高于发达较早的江南名城苏州，行会设施的多寡，无疑也是工商业繁荣与否的一种标志。苏州、汉口两地工商行会概况，可谓当时全国的缩影。

有清一代中国工商行会的发展，有几个特点值得注意。

（1）遍布城乡，名目繁多。

从海南的琼州至塞外的归化和东北的哈尔滨、营口，从东部沿海的烟台、上海、杭州，到西北的西安，西南的成都、重庆、万县，除少数经济不发达的边远地区外，清季的工商行会遍布了全国众多城乡。而且，除公会、公所、会馆等名目的组织机构外，还有庙、庵、殿、堂、阁、宫、帮、会、社以及书院等等。以汉口为例，继药材行帮的三皇殿之后，怀庆府河内等县药商又组帮建有覃怀药王庙；烟皮业的孙祖阁；阳夏烘糕店东师友同业公会玉清宫；篾篓帮的地藏庵；命理行业的三才书院，等等。

由于遍布各地的行会机构种类、名目繁杂，因而一些地方风物指南、地方百科性质的书籍，便专辟一类以方便外乡客商。清光绪年间徐寿卿编的《金陵杂志》专列"会馆志"一项，录示了南京十五处会馆及所在地点；又列"公所志"一项，录示了钱业、缎业、米业等公所十四处。清末宣统年间出版的傅崇矩（1875—1917）编《成都通览》，介绍了三十余处会馆、公所，并于卷末"成都之各种商铺街道类览"中，详细录示了玉器帮、栏干帮、绸缎帮等五十五个商业行帮所属诸号商铺所在的街巷。

---

① 转引自《中国工商行会史料集》上册，中华书局1995年版，第130—147页。

（2）行帮纵横，专业明确。

随着社会生产、市场贸易分工的日益专门化，工商行会组织也相应分工细致和专业化，以致形成了诸行行帮纵横、专业分工明确的局面。这种状况主要表现为：有的在同一城市集镇，同一行业同时并存数个行会组织，而各有分工，如汉口继光绪十六年（1890）于杨家河河沿设上埠杂粮斗级公所雷公殿之后，又于光绪十九年（1893）在朱家巷河沿设立了中埠杂粮斗级公所，也名雷公殿。又如乾隆四十四年（1779）由河内、武陟、温、孟四县经营西货京杂货及西药的商号联合在汉口郭家巷设立覃怀中州会馆，规定凡怀帮业此者均可入帮，而外府商业概不得加入。之所以如此，事出有因。原来，早在康熙二十八年（1689）怀庆府的这四个县专门经营怀庆地方药材的药商专门组帮设立了怀庆会馆（后改名覃怀药王庙），议定西货西药京杂货商号不得加入。有的是数种专业相近的行帮，因地缘关系联建共用一处行会公所，如康熙三十年（1691）始创于汉口半边街的江南京南公所，系阖镇江南八帮即京苏店、铜锣坊、扣页坊、铜镜坊、铜盆坊、喇叭坊、徽锁坊、红铜坊等，联建共用的祀神议事之所。有些行业，分别设立雇主（店东）与工友（店员、雇工）两个同业行会。专业分工之细，连篾箩、豆芽、素菜、剃刀、汤鸭等行业，也分别组建行会设立公所。汉口光绪年间的命理行业，分别在安乐巷河街和安定巷正堤街各设三才书院与瞽星公所。至清末，相继出现了地区性跨行业的公会、商会、总会，与各类专业行会并存，多头并举。

（3）行规行法，制内御外。

俗语道，家有家规，国有国法；没有规矩，不成方圆。行业规约是维系行会组织的制度保证，是规范行业行为的重要工具。行会以其议定的行规来维护行会的权威及行业活动秩序，没有相应的行规，行会便难以存在，也失去了存在的意义和基础。因而，各类行业组织无不以议定行业公约性质的行规为立会之本。通过制订和修改完善行规来发挥行会的作用，这一点在清季表现得比较活跃和突出。可以说，修改、重订行规，是使行会适应新情况、解决新问题的一种必要手段。光绪三十年（1904）六月，湖南省城的钱店行业为划一银票兑付比例以防止不正当竞争，重议银色条规。重议后的银色条规称："敬启者：钱店一业，百行推尊，自宜去华崇实，取昭诚信。从来钱店银票，历有局色、局纹、用纹、纹银各项名色。先辈曾定规章，出入同归划一。惟日太久，不无玩视。迩日竟有兑多兑少，致相争论，爰集同人酌议，仍率旧章刊刻行单，永远恪守，不得背约，自相矛盾。所有厘定章程，胪列于左。一议局色银票出入均归九九五折足。一议局纹银票出入均归九九折足。一议用纹银票出入均归九八折足。一议纹银银票出入均归九六折足。"云云。一般情况下，有关原料、产品价格、经营范围、市场限定、用工、工资、收徒、门市位置等，以及关于非会员同行业户诸项，均以行规形式做出明确规定和违规惩罚办法。各行规、公约，大都按传统方式郑重刻碑立于议事的会所、会馆，作为永久性的公开凭据。对于认可行规的会员业户来说，这些行规具有神圣的习惯法性质的约束力。甚至，每当遇到有关纠纷时，官府也根据这些规约来作出法律裁判。清吴光耀《秀山公牍》，是其任职四川秀山县的公牍汇集，其中光绪二十八年（1902）的《龙秀禄以纠捉欧磕告宿仁显等判》案载："龙秀禄之侄龙永福，本拜宿仁显为师，学习裁缝手艺。私自减价卖工，有犯行规。因照规罚做工钱六串文归公款，永福各自赴贵州卖工而去。秀禄事外无干之人，欲磕诈此钱，以为己利，开此讼端。"官府的认可，则使并非正式法规的行业规约具有了法律上的正式意义。

行会规约在对内发挥习惯法功能的同时，也具有御外以维护本行利益的作用。至少，它约束会员一致对外，将此作为规约的内容之一。如湖南省城钱店公议条规中有一条款规定："同行不论何家有痞滋闹，一经得信，即着老成帮伙或亲往解散。如托故不前或令无知店徒前往充数，以致债事或该痞等内有与同行店主、帮伙谊涉族戚，因而不申公论，反为庇护，查出公罚。"初订于同治初年又于光绪二十八年（1902）重订的北京典业公会条规凡二十条，其中数条是对外事务的规约，如其中的一个条款中说："倘有柜外之人，因月限利息，搅扰不遵，讹赖成讼者，以及用假银洋圆行银砂片私钱；或无赖之徒，包揽赎当，不遵街市通行行市，巧取分肥，因此成讼者，均归公议办理，但不可倚势欺人。"所谓"归公议办理"，即由典业公会按公议的行规处理，或代为处理。

（4）行会内外，矛盾交错。

尽管清季社会的资本主义经济萌芽比前朝有许多增长，但仍属封建社会制度下的封建社会经济。在此根本前提下，行会随着社会行业分工专业化程度的提高而纵横交错发展迅速，其性质也未脱离封建行帮组织这一属性。清代行会组织形式与分布的纵横交错，其内外的各种矛盾也错综复杂；除行会与官府的矛盾外，主要表现为行会与行会间的矛盾，业户同行会的矛盾。

随着专业分工日细，一些原本同行者分成若干相邻的专门行业。由于同处一个市场，这些相邻行业在激烈的竞争中，往往因市场利益而发生冲突。光绪初，北京靴鞋店行同双线行之争，即属此类。光绪八年（1882）五月十八日的《申报》曾对此作有报道：

> 京师靴鞋盛行，各省故都中操斯业者，不下数千百家，其货虽售自市廛，其物乃成自工人。且工非一行，必历数行，而后告竣。各工自食其力，以应各店之需，各店自备材料，以供各工之业，此唇齿相依两不可少者也。有双线行者，靴鞋工之大宗，盖前后之包皮帮底间之结绳，皆其能事，其血本则夹板一具，坐凳一条，针线半筐，油灯一盏足矣。靴鞋之销项日盛，斯双线之工人日伙，以故衣食其间者，以数千人计。该行有头目，由众推精明能干者充之，每年例于祖师庙中敬戏一台。是日行中毕集，听行头要约行规，其大意不过谓遵行价四字，演戏之资，措自大众。溯自咸丰而后，京师钱法变通，双线行以粮价日昂，屡向靴鞋店增涨工价，靴鞋店每允请，但得陇者不无望蜀之心，递至光绪以来，双线行或一年齐行，或数月涨价，较之十年以前，增至什倍余矣。今岁四月，双线又复齐行，勒令涨价，靴鞋店思欲自强，不从其请。双线行又一概歇业，有不歇者公同背约之罪。靴鞋店亦联络同行，与双线行涉讼，控由中城司上详诚宪，宪责双线行齐行霸市，批司调处。行头受掌颊者，迄今月余。鹬蚌相持，仍无定局。但工人以身为业，易事犹可谋生，店户资本，经营停歇，何堪赔累。且不必问其工价果涨与否，即就目下言之，各店货物有减无增，一时靴

鞋价值，已骤然腾贵矣。

也有行帮内部争风殴闹者。《申报》光绪十八年（1892）五月二十九日报道：

> 汉镇木匠以汉阳府人为最多，武昌府人次之，此外则寥寥无几。汉阳人称文帮，武昌人称武帮，帮虽二而公所则一，每年做会，或前或后，皆在鲁班阁内。前数年公所挂匾上写"文武帮"三字，武帮中之好事者，不欲武字居次，乃曰各行分帮名以地起，匾上书"武汉帮"三字，方为公允。文字何所取义，两造因此龃龉，星霜屡易，仇隙未消。今年值武帮单刀会期，文帮有数十人入阁喧哗，旋以干戈从事。其时文帮人少，不敌武帮之凶横，纷纷败北，归诉其主，欲与武帮抗衡。其主皆不欲计较，众匠怒甚。次日在某茶室齐集百余人，交相谓曰：彼皆离心离德，我亦何妨倒戈相向。遂各执器械，将本帮各主招牌打碎，无敢出而阻者。直至次日，其锋仍锐不可当。其主不得已禀明大令，带兵前去拘获匠人九名，从严答责，至今仍未开释也。

至于东伙纠纷及行户抵制、反抗行规束缚所引发的矛盾，在清季尤为突出。例如《字林沪报》光绪十九年（1893）五月十四日报道的芜湖烟店行业的东伙争议：

> 芜湖烟店一业，向分泾、建两帮。建帮乃福建人所开，专售皮丝烟。泾帮则安徽泾人所开，各样名烟均皆售卖。泾帮中捆烟绳一项，向例为刨烟者所分小货，相沿至今，历有

年所。兹经泾帮各店东谓，此项羡余，每年合计数十千文，不得照旧给发。该伙等为之辩论，而店东遂将伙等至芜湖县究办。讵王邑宰立惩数百以示威。现闻该伙等一概停工不做，意欲另议行规。

结果，由于泾帮店伙为改订行规罢工"而芜湖烟市大为涨价"。对于封建行会来说，行规即其宗法。为了冲破封建行会行规的束缚，有时也要付出血的代价。苏州金箔业董某的遭遇，即为一例。据黄钧宰《金壶七墨·逸墨》卷二"金箔作"载：

> 苏州金箔作，人少而利厚，收徒只许一人，盖规例如此，不欲广其传也。有董司者，违众独收二徒。同行闻之，使去其一，不听，众忿甚，约期召董议事于公所。董既至，则同行先集者百数十人矣。首事四人，命于命曰："董司败坏行规，宜寸碟以释众怒。即将董裸而缚诸柱，命众人各咬其肉，必尽乃已。四人者率众向前，顷刻周遍，自顶至足，血肉模糊，与溃腐圴烂者无异，而呼号犹未绝也。比邑侯至，破门而入，则百数十人木立如塑，乃尽数就擒，拟以为首之四人抵焉。

凡此，可见其间矛盾重重，斗争激烈残酷。


## 第七节　民国的行会、商会与同业公会

公元 1911 年 10 月 10 日爆发的辛亥革命，推翻了中国历史上最后一个封建王朝，结束了两千多年的封建君主专制。从此，中

国进入半封建半殖民地社会。

就中国行会制度发展史来说，这是一个封建行会组织与具有资本主义色彩的跨行业商会并存的时期，是传统行会在早期现代化中的转型改制时期。事实上，这个转型改制时期，并非从辛亥革命之后建立民国起始，应该说始于清末维新变法时期。

中国商会是借鉴外国在华商会的经验并在其直接影响下出现的。早在道光十四年（1834），英商率先在广州设立了商会；在光绪三十年（1904），中国商会成立之前，外商已在广州、香港、上海、天津设立了六个商会。据统计，从1834至1923年止，外商在中国的二十一个通商口岸设立商会共六十一个；其中，洋商总会五个，英国商会十七个，日本商会九个，法国商会八个，美国商会六个，德国商会五个，比利时商会四个，意大利商会三个，俄国商会二个，荷兰、挪威商会各一个。①

外国商会在对华贸易中的作用，引起了中国商、政及知识界有识之士的关注。面对振兴民族工商业的需要和同外商的激烈竞争形势，一些政要、绅商纷纷倡议组建中国的商会组织，以适应国内"振商"与对外"商战"的要求。光绪二十一年（1895），沪上著名绅商郑观应（1841—1920），在介绍了德国、荷兰、英、法等国商会的同时，要求朝廷准建商会性质的商务局："总局设于省会，分局即令各处行商择地自设。无论总局、分局，皆由各业公举一人为商董，合公举之商董，择其公正廉明老成练达素有声望之商聘为总董，常川驻局，一切商情准其面商当道，随时保

---

① 据虞和平《商会与中国早期现代化》，上海人民出版社1993年版，第62—63页。

护。"① 维新变法代表人物康有为在著名的《公车上书》中，建议朝廷"令各直省设立商会、商学、比较厂，而以商务大臣统之，上下通气，通同商办，庶几振兴"。光绪二十二年（1896），绅商张謇（1853—1926）撰《商会议》指出："不会则商无校能之地，各行省宜有总会，各府宜有分会。分会有长，长考府辖之县最王之产、最良之产，与风尚之华朴、民俗之勤惰、工作之精粗、市情之消长，各列为表。度其所宜兴、宜革、宜变之故，斟酌其如何兴、如何变之办法，闻于总会。总会有督，督考长之所考，而决其行止，闻于总督、巡抚。"

光绪二十二年（1896），总理衙门的《奏复请讲求商务折》明确赞成在沿海省会及商埠设立商务局。

光绪二十四年（1898），光绪皇帝谕旨筹办商务局，要求"妥速筹办，总期连络商情，上下一气"。

光绪二十八年（1902），在沪上同英、美等国代表进行修订商约谈判的盛宣怀，奏准朝廷令上海道台袁树勋会同严信厚"迅即传集各大帮董事，即日议立总会"。是年五月，仿照日本模式的上海商业会议公所成立，光绪三十年（1904）改称上海商务总会。

光绪二十九年（1903），设立商部，职掌商务、铁路及矿务等事务，后将工部并入改称农工商部。是年，商部奏定颁布《商会简明章程》二十六款。章程第二款规定："凡各省、各埠，如前经各行众商，公立有'商业公所'及'商务公会'等名目者，应即遵照现定部章，一律改为'商会'，以归画一，其未立会所之处，亦即体察商务繁简，酌筹举办。至于官立之保商各局，应

---

① 《郑观应集》上册，上海人民出版社 1982 年版，第 606 页。

由各督抚酌量留撤。"第三款还进一步明确规定:"凡属商务繁富
之区,不论系会垣、系城埠,宜设立商务总会,而于商务稍次之
地,设立分会,仍就省分隶于商务总会。如直隶之天津,山东之
烟台,江苏之上海,湖北之汉口,四川之重庆,广东之广州,福
建之厦门,均作为应设总会之处,其他各省由此类推。"据统计,
从光绪二十八年(1902)至民国元年(1912),全国各地总计成
立商会九百九十八个,其有十三个省在五十个以上。商会数最多
的是四川,九十六个;其次为浙江,八十四个。商会数最少的是
新疆,三个;其次是贵州、察哈尔、绥远,均为五个。①

　　民国四年(1915)十二月十四日,北洋政府颁布《商会法》,
计九章四十六条。《商会法》规定,"总商会及商会,均为法人";
"各地方最高行政长官所在地,及工商业总汇之各大商埠,得设
立总商会";"各地方行政长官所在地,或所属地工商业繁盛者,
得设立商会";甚至,有的"同一行政区域"还可根据需要同时
"设置两商会"。是年,全国各地商会总数达一千二百四十二个,
至少有二十四万五千会员。

　　各地纷纷兴建地方商会的同时,也在酝酿着组建全国性的商
会联合会。光绪三十三年(1907)冬,在由上海商务总会、商学
公会及预备立宪公会联合邀集各地商会和华侨商会代表举行的商
法讨论会上,会集沪上的十四省八十余个商会的代表决定筹建全
国商会联合会,委托上海商务总会起草章程并与新加坡中华商务
总会共同负责筹办,还设立办事处,创办了《华商联合报》。然

------

　　①　详见虞和平《商会与中国早期现代化》,上海人民出版社1993年版,第75—
76页。

而，由于政治局势动荡和各地商会的反应不够积极，至 1911 年 7 月才有二百七十余个商会对此举表示赞同，仅占全国商会总数的约百分之三十。直至 1912 年 12 月 30 日，此举获工商部批准，次年初设立总事务所，1914 年 3 月 15 日在沪上召开各地商会代表大会，通过章程，正式成立了全国商会联合会。至 1928 年，全国商联会总计召开了五次例行代表大会和五次临时代表大会，先后有九百八十九名代表出席了这十次代表大会，讨论了一千多个议案。

在跨行业兴建地区商会和建立全国性的商会联合会并开展会务活动的同时，各种行会的状况如何呢？此间最值得注意的，是行会转化为同业公会。

光绪二十九年（1903）设立的商部，在颁行倡建地区性商会的《商会简明章程》的同时，也主张兴办同业商会，一如《商部劝办商会谕帖》所谓"所以聚商情、厚商力、开商智，入手之方，莫如各业分设商会一事"，由"各业商人共体此意，公举业董，速订会章，集有成议，克日具报"，从而成为支持地区商会、总商会的诸行分支组织。根据部颁商会章程原则组建的同业商会，由于以聚商情、厚商力、开商智、应商战为基本宗旨，便与传统行会发生了质的转变，同地区性总商会、全国性的商会联合会一道成为早期资本主义现代化的产物。从 1904 年至 1909 年短短五年里，北京先后兴办了金银号、汇兑庄、账庄、炉房、钱业、当行等诸多行业商会。这些行业商会，大都在京师商务总会指导下创办并成为商务总会的成员单位。

民国时期，继颁行《商会法》和《商会法施行细则》之后，随即于民国七年（1918）四月二十七日由农商部颁行了《工商同业公会规则》及《工商同业公会规则施行办法》。"规则"规定："工商同业公会，以维持同业公共利益，矫正营业上之弊害为宗旨"，并明确规定了同业公会与总商会的从属关系。其第二、三条中规定，"工商同业公会之设立，以各地方重要各营业为限，其种类范围，由该处总商会商会认定之"；其"规章经该处总商会商会查明，由地方长官呈候地方主管官厅或地方最高行政长官核准，并汇报农商部备案"。同时规定，"同一区域内之工商同业者设立公会，以一会为限"，即一种行业不得重复设立公会。至于"本规则施行前，原有关于工商业之团体，不论用公所、行会或会馆等名称均得照旧办理"，"但其现行章程规例，应呈由地方主管官厅，或地方最高行政长官，转报农商部备案，嗣后修改时亦同"。就是说，原已设立的行会组织仍可并行存在，但要纳入行业公会的范畴统加管理，执行《工商同业公会规则》。在民国十二年（1923）四月十四日颁行的《修正工商同业公会规则》第九条中补充规定道："前项公所、行会或会馆存在时，于该区域内不得另设该项同业公会。"此即完善了第五条关于"同一区域内之工商同业者设立公会，以一会为限"之规定。如此一来，导致了传统行会与新质的同业公会长期并存的局面。修正后的规则，删除了原第二条中规定的"凡属手工劳动及设场屋以集客之营业，不得依照本规则设立工商同业公会"的规定。事实上，按照民国三年（1914）三月二日颁行的《商人通例》的所谓"商业"，实际上是工商业的合指，如其所列十七项行业：① 买卖业；② 赁贷业；③ 制造业或加工业；④ 供给电气煤气或自来水业；⑤ 出版业；⑥ 印刷业；⑦ 银行业兑换金钱业或贷金业；⑧ 担承信托业；⑨ 作业或劳务之承揽业；⑩ 设场屋以集客之业；⑪ 堆栈业；⑫ 保险业；⑬ 运送业；⑭ 承揽运送业；⑮ 牙行业；⑯ 居间业；⑰ 代理业。并且，"凡有商业之规模布置者，自经呈报该管官厅注册后，一律作为商人"，可知其包括行业之广泛。既然如此，《工商同业公会规则》将手工行业和"设场屋以集客之营业"排除于可设工商同业公会的行业范围之外，显然与先颁之《商人通例》相悖。

民国十六年（1927）十一月二十一日，"农工部为保护工业团体，及促进技艺发达起见"，颁行了《工艺同业公会规则》。这个规则规定："凡属机械及手工之工厂、作坊、局所等，操同一职业者，得依本规则之规定，呈请设立工艺同业公会。""各种同业公会，均为法人。""在同一区域内之同业者，以设立一会为限。""工艺同业公会，以维持同业公共利益，矫正工业上之弊害，增进艺术上之技能为宗旨。"等等。这个规则将各类工业行业公会单列于前颁《工商同业公会规则》之外，使之从商会所辖公会系列中分离出来，显系近代工业及民族手工业发展形势使然，是同业公会管理适应资本主义经济发展需要的结果。这一规则还在附则中强调了对原有传统行会的改组，不允许其与公会并存。此即其第三十六条规定的："自本规则施行之日起，从前原有之工艺团体，如行会、公所、会馆等，应依照本规则改组，呈由该地主管官厅，转报农工部核准立案。"这一点，当较前颁《工商同业公会规则》前进了一步。就是说，要通过对传统行会的改组使之成为具有资本主义属性的同业公会。事实上，由于地方割据、政局动荡等原因，这一政令并不能够很彻底地贯彻落实。

清末民初，是资本主义经济、资产阶级思潮同封建经济、封建主义传统激烈碰撞的时期，传统行会也经历了从封建体制向早期资本主义现代化转化的改革历程。此间，行会的改革除转化为资本主义性质的同业公会外，同时也经历了跨行业整合为地区性商会、总商会，乃至跨地区整合为全国商会联合会的大整合过程。

据《京师总商会己未年众号一览表》得知，民国八年（1919）时，京师总商会已在采育镇和房山县设有商会，另设四十三个行业商会或同业公会。[①] 至抗战时期，北京总商会已辖有一百二十四个行业的同业公会，另有十四个直接加入商会的企业单位，总计一百三十八个单位，总有企业会员单位四千七百二十个，从业员工约三万一千零六十一人。

据阿维那里乌斯《中国工商同业公会》引述民国十二年（1923）出版的《上海指南》一书所载，当时沪上"计有工艺公所五十八处，商业公所一百十七处，新成立之农业团体工厂联合会，及商务运输公会一百五十一处"，亦即总有工商同业公会三百二十六个。而民国十一年（1922）出版的《哈尔滨指南》，仅录同业公会十余个。[②]

尽管各地情况参差不齐，但总体上说，从清末至民国，在大约半个世纪的时间里，中国传统的工商业行会基本上实现了向资本主义同业公会转化的改革。这是一次质的转变，是一种应予肯定的进步。即如李华所认为的："由于中国早期民族资产阶级是进步的阶级，因而同业公会的着眼点，却是以反帝反封建来发展民族资本主义工商业。在当时的历史条件下，工商同业公会，是

---

① 此系年印一册的石印线装书，今藏北京市档案馆。
② 《中国同业公会》，东省文物研究会于1928年2月用中、俄、英三种文字合印出版，哈尔滨。著者国籍未详。

起着进步作用的。"①

传统工商行会同新兴的同业商会、同业公会，主要区别在于：

第一，性质不同。前者是封建制的同业行帮，后者为资本主义的同业组织。

第二，组织原则不同。前者是封闭式的宗法性的帮会制度，后者实行的是开放式的资产阶级民主制度。

第三，功能不同，前者是封建垄断、守旧、排外的，后者开拓进取、倡导竞争。

第四，社会地位不同。前者虽有官府控制或获得官方认可，但无法可依；后者受正式法律法规保护和规范，具有社团法人地位。

从"行会"至"公会"虽仅一字之差，却是一次历史的飞跃、质的转变，是传统同业组织适应社会发展需要的进步，因而发展迅速。即如有的学者所认为的，是迈向现代化的一步。"近代中国工商业行会的组织发展和性质变化与西方资本主义的影响直接相关。因此，尽管行会是一种传统的工商业团体，但是它在鸦片战后大量出现和资本主义化的过程，却反映了中国传统工商业者力图适应世界资本主义挑战，抵御外资侵略，争取自我发展的一面，从而赋予这种传统团体以现代化的使命。同时，由于行会是一种行业性的团体，其数量的增加和分类的日细，一方面反映了社会分化的演进，另一方面也反映了社会组织的普及，这种在分化基础上的组织发展，不仅体现了资产阶级行业性整合的进步，而且为商会成立后的全阶级整合打下了基础。无论是适应世界资本主义的挑战，还是促进社会的整合，都是中国资产阶级组

---

① 《明清以来北京工商会馆碑刻选编》，文物出版社 1980 年版，第 27 页。

织形态发展的一种表现。虽然这种发展是低水平的发展，甚至可以说仍然是传统形式中的一种发展，但它无疑是中国资产阶级组织形态现代化进程中的最初一步。"① 这种阐释和见解，颇为客观、精辟。

从唐宋到清末民初，中国行会在经历了一千二百多年的历史沧桑之后，终于随着历史上最末一个封建王朝的衰败消亡而后，实现了一次具有历史意义的划时代改革和进步。

---

① 虞和平《商会与中国早期现代化》，上海人民出版社 1993 年版，第 53—54 页。

# 第三章
# 中国工商业行会

中国古代的工商业，是指手工业和商业。其商业所指，性质与今无异；但手工业则是亦工亦商，既包括专事加工制造的手工匠人，也包括"前店后厂"式的各种手工作坊。

本章主要记述木、铁、陶瓷等手工业行会，米、药、盐等商业行会，以及典、钱等金融流通业行会的形成与流变历史轨迹。行会这种职业集团，是在其职业基础上产生的，因而先略述其职业的出现、形成，然后再据文献所见记其行会的产生与流变，由此略见其本末源流。

## 第一节　手工业行会

### 一、木匠

今所谓"木匠"之说，古已有之。汉王充《论衡·量知》云："能斫削柱梁，谓之木匠。"此外，又别有手民、手货、梓、梓人、梓匠等称。宋陶谷《清异录·人事》："木匠总号运斤之艺，又曰手民、手货。"梓本一种材质良好的落叶木名称，相传因木匠喜用其材而引为别称。《仪礼·大射》："工人士与梓人，升自北阶两楹之间。"《墨子·节用中》："凡天下群百工……陶冶梓匠，使各从事其所能。"远在《周礼·考工记》中，已记述了木匠的七种专业分工，即所谓"攻木之工，轮、舆、弓、庐、匠、车、梓"。其中，梓人，是专造乐器悬架、饮器及箭靶的工匠。唐代文学家柳宗元曾写过一篇《梓人传》，借对一个既"善度材"而又"善用众工"梓人的称赞，阐述治国道理。

凡此可知，木匠行当作为一门社会职业产生颇早，至迟当于周秦时即已出现。但是，关于作为其职业集团的行会组织，据文献所见，则是唐代以来才形成的。宋《东京梦华录·雇觅人力》载，"凡雇觅人力，干当人、酒食作匠之类，各有行老供雇"；显然，木匠也属其"作匠"范围，也有行会和"行老"。这一点，可有多种文献证明。宋吴自牧《梦粱录·团行》即载："其他工役之人，或名为作分者，如碾玉作、钻卷作、篦刀作、腰带作、金银打钑作、裹贴作、铺翠作、裱褙作、装銮作、油作、木作、砖瓦作、泥水作、石作、竹作、漆作、钉铰作、箍桶作、裁缝作、修香浇烛作、打纸作、冥器等作分。"南宋《西湖老人繁胜录·诸行市》也载有"木行"。现存有关木匠行会文献以清季居多，如康熙年间，汉口大小木业曾建鲁班阁；乾隆、嘉庆年间，湖南湘潭木作业建有鲁班庙；嘉庆十五年（1810），吴县设立了小木作公所；道光元年（1821），吴县的巧木、红木业组建了巧木公所；道光三十年（1850），长沙大小木行重整行规，同年苏州水木业的梓义公所修葺殿堂、置义冢；咸丰三年（1853），上海外商船厂木工陈云庆等倡建了浙江红帮木业公所；咸丰年间，汉口木业建立木红公所；同治九年（1870），苏州木器业建立置器公所；光绪二年（1876），上海木作公胜会重修其会所；光绪五年（1879），上海的宁波籍木工石志相等创建四明木业长兴会；光绪初，江苏昆山建立了木匠公所；宣统元年（1909），湖南武冈的建筑木工行会大木众师会议订行业条规，等等。此外，还有一些木业同相邻行业合组的行会组织，如康熙五十七年（1718），归绥木泥石三业共建了鲁班社；道光三年（1823），上海水木石业共建一个行业公所（鲁班殿）；道光二十三年（1843），上海、宁波和绍兴的水木雕锯石诸匠，置地合建鲁班新殿；道光三十年（1850），苏州水木行业合建的梓义公所修葺殿堂并置义冢；光绪十四年（1888），江苏川沙的水木石作八业公所，长沙的四帮木行，均议订行规；光绪三十三年（1907），湖南安化的石木锯泥行合议重修十余年前毁于火灾的鲁班殿，重整行规；光绪三十四年（1908），长沙的竹木行同官轿、裁缝两行重新厘定条规，等等。

　　古代木匠行业的行会组织名称，除作、公所、会而外，还有以殿（鲁班殿）、阁（鲁班阁）及庙（鲁班庙）之类建筑名称代之者，主要是由纪念、祭祀行业祖师鲁班的建筑设施得名。虽然名目不一，但均属行会性质的组织。例如清嘉庆二十三年（1818）刊本《湘潭县志》卷三九载："本地工匠与外来工匠，分为二厂……立有鲁班庙，以为祈报。"光绪六年（1880）刊本《昆新两县续补合志》卷二载："木匠公所，在巡检巷东公输子庙，光绪初年设立。"汉口大郭家巷的鲁班阁，是康熙年间由黄陂、孝感、夏口、汉阳的大木、小木、寿木、箱木及雕木五行专业木匠联合组建的行会组织和集会场所。陶维那里乌斯编的《中国工商同业公会》谈道了民初时期的木匠行业鲁班会："民国成立后，有鲁班同业公会之组织，在建筑方面，占有特别之地位。由该会之外部观之，系一大资本营业，集合全国建筑事业，实用新技术之原则。但由其内部观之，亦一同业公会制度之团体。鲁班同业公会成立后，即请求政府关闭小木匠同业公会，因小木匠同业公会，有破坏其组织较大团体发展之妨碍。"此项表明，在木匠行会的发展过程中，其行业祖师崇拜习俗，曾长期直接表现为组织名称形式和标志。类似情形，还有染业、药业等行会，但为数不多。

二、铁匠

"铁匠"一词出现较晚，清梁章钜《称谓录》卷二八"陶冶"条说"《孟子》谓瓦匠、铁匠也"。不过，《孟子·节用中》具体是指铸造铁匠，而后世多用指锻造、加工制造铁器的工匠，其原文是这样的："凡天下群百工，轮车鞼匏，陶冶梓匠，使各从事其所能。"古称铸造金属器物的工人为冶工，如《韩非子·外储说左上》说的"右御、冶工言王曰"，《淮南子·俶真训》的"今夫冶工之铸器"等。远在公元前13世纪的中国商代已知用铁为器，其显证是1972年河北藁城县台西村商代遗址出土的镶铁刃铜钺，以及1931年河南浚县出土的铁刃铜钺和铁援铜戈。江苏六合程桥出土的炼铁锻制铁条和白口生铁铸造铁丸，证明至迟在公元前6世纪的春秋时期中国即已掌握了冶铁技术。古称从事金属加工工艺的工匠为金工，即《礼记·曲礼下》所记土、金、石、木、兽、草"六工"之一，铁匠当属金工之一种。《周礼·考工记》载："攻金之工，筑氏下齐，冶氏上齐，凫氏为声，栗氏为量，段氏为镈器，桃氏为刃。"在古代，"金"既专指黄金，也泛称金属，还用指铁。清孙诒让《周礼正义》就《秋官·职金》引证《说文解字·金部》云："金，五色金也。黄为之长；银，白金也；铅，青金也；铜，赤金也；铁，黑金也。"又《吕氏春秋·怀宠》"分府库之金"高诱注云："金，铁也，可以为田器，皆布散以与人民。"《盐铁论·复古篇》说，"采铁石鼓铸煮盐，一家聚众或至千余人"，可见铁业之盛。据《汉书·司马迁传》记载，司马迁的上祖司马昌曾充任秦王铁官，铁官是秦汉时政府特设的专司铁业管理和税收的职官。凡此说明，铁匠是一种古老的职业行当。

房山石经题记中的《大般若波罗蜜多经》题记中，两处见有"生铁行"字样，一是唐天宝三年（744）的"生铁行社官吴承昭等廿人每年造经一条，（卷三一条八二），一是天宝四年（745）的"范阳郡生铁行社官吴□□□"（卷四一条一一二）。是知唐代天宝年间范阳郡（在今北京城西南）有生铁行。

《太平广记》卷二六一辑录的唐温庭筠撰《乾馔子》中一则《郑群玉》故事，也述及"铁行"。其文不长，录示如下：

> 唐东市铁行，有范生，卜举人连中成败，每卦一缣。秀才郑群玉短于呈试，家寄海滨，颇有生涯。献赋之来，下视同辈，意在必取。仆马鲜华，遂赍缣三千，并江南所出，诣范生。范喜于异礼，卦成乃曰："秀才万全矣。"群玉之气益高。比入试，又多赍珍品，烹之坐享，以至继烛。见诸会赋，多有写净者，乃步于庭曰："吾今下笔，一字不得生，铁行范生，须一打二十。"突明，竟掣白而去。

例中所谓"唐东市铁行"，即当时长安东市的铁匠行会组织，为《长安志》卷八所言二百二十行之一。

宋吴自牧《梦粱录》卷一三《团行》举例中未述及铁匠行，

而所言及之"钉铰作""篦刀作"均与铁匠工艺相关,同卷《铺席》又述及"市西坊北钮家彩帛铺、张家铁器铺",《诸色杂货》中又言及"铜铁器""铁物"。再据《团行》所说"市肆谓之团行者,盖因官府回买而立此名,不以物之大小,皆置为团行,虽医卜工役,亦有差使,则与当行同";卷一八《民俗》也称,"士农工商诸行百户衣巾装着,皆有等差",可判知当时杭州铁匠当然存在行会,并可能因专业不同而形成数个专门行会,以便适应经营和"官府回买"制度的要求。也如宋《东京梦华录》卷三《雇觅人力》所云,"酒食作匠之类,各有行老",即铁匠行行会头目也谓行老。

　　周秦时铁匠已按专业有所分工区别,后世的铁匠职业集团也更加因专业而别,其行会组织可谓五花八门。例如:清乾隆三十一年(1766),长沙京刀业续议行规;乾隆年间,长沙锯行建立鲁班先师庙;嘉庆年间,广东佛山新钉行建立会馆;嘉庆初,安徽芜湖炼钢同业组织设立钢坊公所,湖南益阳剪店业订立行规并刊刻成板;道光十一年(1831),汉口的五金矿沙业捐资创建沙坊公所;道光十七年(1837),广东佛山铁镬行建立陶金公馆;同治七年(1868),上海铁钻业组建同业公所世春堂,并立碑;光绪二年(1876),苏州钢铁锯锉店同业移建钢锯公所;光绪二十年(1894),湖南武冈铁炉业公议行规;光绪三十一年(1905),长沙冶坊同业复议行业章程及价目;光绪三十三年(1907),上海创建四明铜铁机器业行会组织永生会;光绪初年,汉口白铁业创建黄帮白铁公所,此后曾重整行业条规;宣统元年(1909),湖南武冈的洋铁手艺行创设老君新会,等等。据民国十五年(1926)版《佛山忠义乡志》卷六之《实业志》所载,仅此地即存在多种专业铁匠行会，如铁镬行、铸砧行、机器铁胚行、车磨铁器行、铁砖行、铁线行、铁钉行、土针行、拆铁行、打刀行、打剪打钗行等。据称，这行业产品，多为当地特产或盛产之物。如"铁镬行"条载：

> 向为本乡特有工业，官准专利。制作精良，他处不及。同治间，外人曾在香港招工开铸，卒以成绩不良而中辍。庚戌续县志物产门，亦极称吾乡铸铁工业之美大焉。至其制法，则采买生铁、废铁熔铸而成，有鼎锅、牛锅、三口、五口、双烧、单烧等名目，时而兼铸钟鼎军器。然自光绪十四年，总督张之洞免饷散行后，为私铸者挽夺，出品顿减。前岁值三十余万两，后至不及三之一。盖该行向有铸办一贡锅、二乡试锅、三燕塘子弹、四八旗大炮，仍年纳军需千零八两，私铸者无此。光绪季年，论者谓宜照旧承商纳饷，非无故也。近有仿铸织布机、织袜机者，亦足敌外货。各店多在栅下铺。土炉，前有三十家，今仅存十余家。锅店，前有十余家，今仅数家。西家堂名陶金会馆，在栅下铺司直坊，额题太尉庙，道光十七年丁酉建，光绪十三年丁亥重修。皮金、铜锣、铁钻、铁杂货、锡箔各行工人，均奉祀太尉云。

即或是土针行这样的微小行当，也因系"本乡特产"，盛时约二三十家，衰时减至数家，也建有行业组织，"堂名□□会馆，在丰宁铺通胜街兰桂坊"。多时达十余家店作的新钉行，也建有名为"金玉堂"的会馆，嘉庆年间始创，光绪九年（1883）重修。

清末曾在温州海关担任帮办的美国浸礼会传教士玛高温，在其所著《中国的行会》中谈道他所实地了解的当时温州"铁匠工会"组织。他写道：

> 这是一个包括师傅和帮工的社会等级。最近，他们召开了一次会议，以银元贬值为由，要求增加铁器产品的价格，并建立一种新的收税制度。……他们说："冶金技术在远古（史前期）就有了。在周朝时，鼎彝（供祭祀之用）都是铸造的，就如我们从《诗经》中了解到的那样；因而，我等从事此职业由来已久，迄今，产品之交易亦未受到什么障碍。……我们在城隍庙召开了一个会议，在社戏和酒宴之间，共同议决了关于我们的手工业产品价格以及作工工资的新价格表。任何对此规则的违背，都将被处以罚款，罚金以支付一台戏和三桌酒席的费用为度。

就此，玛高温议论道："工会，如铁匠和铸铁工这样的人，穷得连会所都没有，只好在城隍庙内集会议事。在那个场合，要演出几场戏以对该行的监护神表示敬意，并为会众举办酒席，他们一面品评菜肴、听戏，一面就该行会的利益问题进行讨论，做出决定。"铁匠比起金银首饰等行业来说，确属较穷的，但为维护当行利益，似乎更有必要组织起行会团体，采取一致的自卫措施与行动。组织成行会，是其维护生计的社会性手段。

### 三、陶瓷业

《周礼·考工记》中，有关于陶人制甗、盆、甑、鬲、庾和旅人制簠、豆的记述，谓"抟埴之工，陶、旅""有虞氏上陶"。远在新石器时代中期，已经出现了以瓷土为原料烧制的精美陶器，商周文化遗址中已出土许多瓮、罐、瓶、碗、尊、豆等青釉陶瓷器皿。距今约六七千年前的仰韶文化，延续时间久，类型丰富，地域分布广，因其遗址出土常有彩绘图案、花纹的陶器，故又称作彩陶文化。古代陶工，很早就形成了粗陶、细陶、粗瓷、细瓷和玻璃等分工门类。《墨子·尚贤》云："昔者舜耕于历山，陶于河滨，渔于雷泽，灰于常阳。"明朝焦竑《焦氏类林》卷七云："陶器始于舜时，三代迄秦汉，所谓甓器是也。"清光绪三十四年（1908）五月，湖南邵阳《磁器店条规·序》云："粤稽大舜陶于河滨，古公陶于沮漆。黄帝之陶，正则有宁封，周时之陶，正则有阏文。厥后如瓶、如砖、如瓮、如甍者，遂于是兴，是瓷器之有资国用也，岂浅鲜哉。"此行规之序关于陶瓷业之肇兴说，显然是沿袭旧说。事实上，处于新石器时代中期的彩陶文化在上古传说中，属神农氏时代。在神农氏与舜之间，还间隔着黄帝、炎帝、蚩尤、少昊、太昊、颛顼、帝喾和尧等传说中的史前时代。

隋唐时期，中国陶瓷业发展较快，著名的唐三彩即出现在唐代。许多著名陶瓷成为地方特产，如《旧唐书·韦坚传》所载，"豫章郡船，即名瓷、酒器、茶釜、茶铛、茶碗"。据《唐书·百官志》载："凡工匠，以州县为团，五人为火，五火置长一人"，此季又是行会始见文献时代，然尚未发现有关陶瓷业行会组织的记述文字。至宋，《梦粱录·团行》中未列举陶瓷业行会，而仅于《铺席》和《诸色杂货》中分别列举了陶瓷业的"青白磁器"及"青白瓷器、瓯、碗、碟、茶盏、菜盆"等产品；《都城纪胜·铺席》也述及"青白碗器铺之类"，并言"都会之下皆物所聚之处，况夫人物繁夥，客贩往来，至于故楮羽毛扇牌，皆有行铺"；所述，又皆为售贩而非生产制造。但种种迹象表明，唐宋此业当有行会，惟无文字明证。

明清两季，一些主要的陶瓷产地、集散地普遍设立了行会组织和会所。这一点，在各类文献中均有明确记载。广东佛山是中国著名的陶瓷产地，明嘉靖七年（1528），这里的陶瓷业行会在石湾建立了陶师庙作为会所，并曾于清同治九年（1870）加以重修。在有瓷都之誉的江西景德镇，陶瓷业行会因地缘关系而分成许多行帮。两江总督刘坤一的《刘坤一遗集·公牍》卷二有一篇署为同治七年（1868）五月二十八日的《严禁棍徒聚众滋事示》的告示，告示中说："本部院访闻景镇地方窑户、工匠人等，人数众多，向分都、徽、杂三帮，设立首事，借资稽查弹压。往往有强横之徒，或因求索不遂，或怀挟私嫌，即聚众联谋，竟敢执持器械，列阵威吓，如彼造与之对敌，立即激成事端。近闻有小业散班，不遵旧规封禁，胆敢鸣锣聚众，逼勒首事应允，借图挟制"云云。像这样行帮殴争之事，至民国未绝。1927 年 6 月 24 日发生的"都乐惨案"，即"都帮"与"杂帮"间爆发的大型械斗。这次械斗持续两三月之久，死伤百余人，毁房百余幢，直至省府派一个营宪兵驻防弹压调处方才平息下来。在景德镇，有关陶瓷行业的各种大小行帮曾多达四百多个，交叉汇为都、徽、杂三大帮系，把持着当地行业经济命脉。以杯碗盘碟等"圆器"制造和经营为主的都帮，由江西都昌县在景德镇从事陶瓷业者组成。行帮中所传"冯余江曹大似天，张王刘李站两边"之说，是指都帮以冯、余、江、曹四大姓为首，联合有张、王、刘、李等各姓从业者，亲缘加地缘总理全帮。徽帮由徽州府六县在景德镇经营陶瓷原料如瓷土、颜料等业者组织，同时还包括徽籍在当地经营钱庄、布店、粮食、百货、银楼、药业等行业者，控制着本地经济贸易。除都、徽两帮之外的，大都属于杂帮，主要制造和经营壶、盅、缸、罐、瓶以及人物走兽雕塑等艺术陶瓷即琢器业。杂帮所属颇为庞杂，其除以抚州、南昌、丰城、波阳、乐平、吉安诸县业者为核心外，其他在景德镇的都、徽帮而外的外地业者，均属该帮。其中，所含外籍瓷商，从明末清初的八帮，至民国已达二三十帮，也分别是依地缘结成的行帮。此外，杂帮还包括陶瓷加工、包装、运输诸业，以及当地市井的餐饮服务小商业。在都、徽、杂三大帮系而外，还有缘于制造工艺类型分别而形成的专业性分工的"三窑九会"，即陶成窑（烧槎窑业）、允成窑（古器业）、裕成窑（造灰可器业）三窑，脱胎、白釉、青釉、四大器、四小器、酒令盅、七五寸、可器、碎古器九会，以及为保成烧窑燃料而经官府允设的保槎与保柴两个公所，分属陶成窑和陶庆窑。另外，在装小器行业中，尚因地缘和生产关系结为"五府十八帮"。凡此可见，行帮纵横交织，内外皆有行帮。景德镇的行帮密布，各种会馆、公所亦不少，大都建于清季，嘉庆二十年（1815）时已有七所，至20世纪40年代末已达二十七所之多，大多名为书院或会馆。有些会馆、书院为解决行帮成员子女就学困难，还创办了中小学校。

清代郑廷桂《陶阳竹枝词》有道："蚁垤蜂窠巷曲斜，坯工日夜画青花。而今尽是都鄱籍，本地窑帮有几家？"主要由客籍工匠和瓷商构织的行帮网络，几乎垄断了景德镇陶瓷生产、经营及辅助行业。行帮之间的争斗，实质是陶瓷生产与经营市场的激烈竞争的一种反映。光绪二十六年（1900），景德镇成立商会，其机构成员由都、徽、杂三大帮系的头面人物组成，实乃三大行帮所操纵的一种工具和联合议事之所。其共同协议制订的行业规则，则是协调各行帮利益关系的一种措施。一如《治磁政要录存续编》卷二所录 1922 年《批示商会所订瓷行规则准予备案文》所称："查阅规则尚属妥协，既经双方议订，自应公共遵守，俾免窒碍，准予备案。"景镇商会，实际成了由陶瓷业各行帮纠合而成的总同业行会。

四、秤戥业

中国度量衡制度生成颇早，古人多将其归结为黄帝之功，然无确据。如宋朝高承《事物纪原》卷八引《吕氏春秋》云："黄帝使伶伦取竹于昆仑之嶰谷，为黄钟之律，而造权衡度量。盖因其所胜轻重之数而生权，以为铢两斤钧石，则秤之始也。"今所见最早的古秤实物，是湖南长沙春秋末至战国间的楚墓出土的天平和砝码，证明至晚于春秋末年已开始使用这种权衡工具。清朝吴荣光《吾学录·权量》云："权之属曰法马，曰秤，曰戥。"据考，隋代曾掘得秦始皇时的秤权亦即秤锤。《论语·子罕》："可与立，未可与权。"朱熹集注云："权，秤锤也。"可知秤的使用较早。戥子是小型精密权衡工具，或谓"小秤"，创制于宋代。

古代所谓"秤匠"，是指仓库司秤的库丁而非造秤工匠，如宋朝苏轼《乞罢税务岁终赏格状》："今盐酒税务监官……若使此等不顾廉耻，决坏四维，掊敛刻剥与专栏秤匠一处分钱，民何观焉。"其头目则谓"秤长"。生产销售秤的行业组织"秤行"，始见于唐代文献。唐朝温庭筠《乾𦠊子·窦乂》中写道："先是西市秤行之南，有十余亩坳下潜污之地，目曰小海池，为旗亭之内众秽所聚。"言及之即唐长安西市的秤行。明·沈榜《宛署杂记》卷一三所记"仰祈皇上特赐宽恤"的三十二行中，包括有"等秤行",也即"戥秤行"。清初湖南长沙轩辕会,是当地戥秤业以行业祖师为会名建立的同业行会。乾隆五十八年(1793),该会公议制订了《戥秤店条规》,序称:"盖酌法度贵乎维新,章程宜于守旧,故凡各行技艺,无不议定规章,以垂永远。我等戥秤一行,贸易楚南,历有成规,彰明较著,犹恐日久弊生,章程多变。兹故复集同人,复申旧规,各宜恪守,毋轻此议。倘有故违,照议公罚。"末条又云:"每年九月十六恭逢祖师瑞诞之期,值年首士上街捐资,演戏庆祝。"光绪二十七年(1901)冬,该会"因人心不古,紊乱规章,今特爰集同行,将晚工字钱,公同议妥",重整条规。从初订条规到重整条规,相距一百零八年。光绪三十年(1904),武汉天平帮在汉口大通巷后堤街老君殿,成立了同业铺户师友公会组织——天平公会。1926年刊本《佛山忠义乡志》卷六《实业志》中,于"杂物工作类"记有"戥秤行",然无会馆记载。

## 五、磨坊

麦粉自古以来就是主要食粮,即如《汉书·食货志》所载董仲舒对汉武帝言云:"《春秋》于他谷不书,至于麦禾不成则书之,以此见圣人于五谷最重麦与禾也。"麦子制粉而食,因而出现磨坊加工行业。尚秉和《历代社会风俗事物考·古以磨面为业》称:"周时无论为米为面,皆以碓舂成,后乃以磨为麦粉,捷于舂碓数倍,日久遂有以此为业者。《三国志·蜀书·许靖传》:'少与从弟劭俱知名,而私情不协,劭为郡功曹,排摈靖不得齿叙,以马磨自给。'按给者,养也。'以马磨自给'者,必为人磨五谷得报酬以自养也。唐吴融冤债志,同曲磨家,二牛暴卒。后世业此者尤多，自机器磨兴，此业渐废，然山僻之邑，仍不绝也。"① 其实，近代"机器磨"又称电磨，只是不用人、畜为动力是了。磨，古作"䃺"，即石硙，《世本》说是公输般首创。据晋·嵇含《八磨赋》称，晋人刘景宜曾发明用一头牛可同时带动八盘磨的"连转磨"，元代王祯《农书》载有这种磨图。

唐代为贵族、官僚或寺庙把持的诸行手工业中，"表现得最突出的是碾米和制面业"②。如《旧唐书·高力士传》所载，高力士"于京城西北截沣水作碾，并转五轮，日破麦三百斛"。尽管如此，作为一行主要民需手工业并非这些人所可以完成把持得过来的。文献中记载的最早的磨坊同业行会，便见于唐代。在北京的房山石经《大般若波罗蜜多经》题记中，可以见到四处涿州（今河北涿州市）磨行人士于贞元（785—805）年间的题记。且照录如下：

①涿州磨行邑平正霍歠　路休　成务祥　李希仙裴□高令璋　司马录　李元宗　阿□婆　谷莫才　冯国宁　尉零仙　汤日朝　张今庄　周贤　卢利琜　高神超　翟□□　李仙朝　贞元七年四月八日上

②涿州磨行经主霍悥　高令章　斐傑　谷英才　李元宗成务祥　司马豢路休冯宁　汤日朝　翟闰清　李希仙　成晏　高神超　李仙朝　从庄蔚仙大女邢从庭光　韩二娘　李四娘　贞元八年四月八日上

③涿州磨行维摩邑录事谷英才廿八人等敬造邑人从宪张

①　尚秉和《历代社会风俗事物考》，长沙商务印书馆 1938 年版，第 495 页。
②　童书业《中国手工业商业发展史》，齐鲁书社 1981 年版，第 105 页。

□张□光张□□□希晏高神超王良弼司马豢孟詹韩奉进刘五
尚吕秀妻任宋五娘马□□□男庭山妻朱六娘成惠昙妻左男伯
宜佟敬仙妻薛男万兴宋希仙妻□男□□□□妻刘三娘男实奇
文　贞元十三年四月八日上

④涿州磨行维摩邑录事谷英才等敬造经一条邑人任宪妻
宋　男顺奴　李士澄　亡父仙朝　母史弟　张希光　母成
妻王　男士澄　女八娘　孔希光　女八娘　刘仟　尚孟瞻
张自勉母韩　妻郭　男惟恒　男惟顺　张庭光母薛　妻庞
男士温　张平等　李宪　李彦　十四娘　贞元十四年四月八
日上

考察上述四条刻经题记时间，以唐德宗李适贞元七年（791）
至贞元十四年（798），前后相距七年，先后各为两两连续两年，
题记日均为是年夏历四月初八浴佛节①。除均冠为"涿州磨行"
外，尤其值得注意的是四次所刻经主姓名异同。例如，李元宗、
高令璋（次年题记刻作高令章）、李仙朝、李希仙四位，重见于
前二题记；谷英才，重见于后三次题记，如头次题记的"谷莫
才"是"谷英才"刻误或识误的话（不排除这种可能），该名字
则重见全部四次题记，而且后两次排列居于首位；李仙朝名，不
见于第三次题记，却于末次中刻有其子及妻（"李士澄亡父仙朝
母史弟"）；高神超名，连续重见于前三次题记；司马豢名，重
见于中间两次题记而未见于首末两次题记；第三次题记有"张□
光"名，当是次年题记中的"张希光母成妻王男士澄女八娘"或

① 浴佛节又称"佛诞节"，佛教传说是日为佛祖释迦牟尼诞生日，佛祖降生时
有九条龙口吐香水洗浴佛身。

"张庭光母薛妻庞男士温"中的一位重见，并从其"男士澄"
"男士温"的"士"字排行及长辈"光"字排行之相同，说明两
者为同一宗族亲缘关系。四则题记所显示的这些信息表明，唐贞
元年间涿州磨行作为当地的同业行会之一，是一个比较稳定的同
业职业集团；从业的行户存在着"子承父业"式的行业传承现
象，或家庭（宗族）手工业作坊。同时，如若题记排列首位者系
其行首的话（一般情况应如此），则七年间这个磨行曾先后三易
行首；而且，从谷英才继任行首的情况看，其行首产生于从业行
户之中。至于如何推举产生，则不得而知了。

至清季，磨坊业行会仍比较活跃。各类文献中，记载了各地
磨坊业行会的存在与活动。雍正四年（1726）时，归绥的磨面业
行会组织名福虎社，又称六合社；乾隆二十二年（1757），苏州
创建了面业公所；乾隆五十五年（1790），苏州磨坊业建马牛王
庙，即磨坊公所；乾隆年间，北京米面业组建了马王会，民国二
年（1913）改名为米面业公会；等等。光绪三十年（1904），湖
南省城磨坊业行会"续议四则"行业条规"禀县存案"。此前在
光绪十二年（1886）出版的玛高温《中国的行会》第二部分中，
也曾述及温州面粉作坊行会议订行业条规事例。

## 第二节　商业行会

### 一、粮食行

旧时的磨坊、碓坊，属米面等粮谷加工行业。粮食行业，是
贩卖销售粮食的商业组织。民以食为天。粮食生产与销售，是社

会最基本的经济活动。古代以"食货"统称国家财政经济，如
《尚书·洪范》所谓"八政"一曰食、二曰货，即在于此。

粮食的籴粜活动和商业组织，自古即有，但其行会性质的行
业组织，从文献所见，始见于唐代。

《旧唐书·食货志》载，建中元年（780）七月敕云："自今
以后，忽米价贵时，宜量出官米十万石，每石量付两市行人，下
粜货。"个中的两市行人，乃指都城长安东西两市的米行商人。
大谷吐鲁番文书第 3072 号所记西州高昌县诸行之中，包括有米
面行。在北京房山《大般若波罗蜜多经》的唐天宝年间的题记
中，刻有当时幽州范阳郡（今北京）白米十二见，米行三见，大
米行一见，粳米行一见，唐贞元年间题记又有油行四见，凡二十
一见。且录几例如下：

白米行邑社官吴庭芝录事牛福子合邑人等敬造石经二条
天宝七载四月八日上

范阳郡大米行社官吴庭芝合邑人等造大般若二条　天宝
十载四月八日上

范阳郡白米行录事张庭林合邑人上经一条

幽州油行石经社邑人李永福合邑廿七人等造经一条　贞
元十年四月八日上

幽州油行石经社社人李承福　卢庭芬　刘凤珊　周嘉荣
高荣门刘敬崇　张庭诜　张日霞　道士周藏真　李万硕
赵法性空　回经藏东郎外盖屋三间并上经一条　贞元十七年
四月八日记　任希朝　陈净智

陈宝良认为，"尤可注意者，唐代的行会不仅行内自相分别，而且自成社邑，以避免与民间其他宗教社团相混杂"①。所言甚是，上例即显见之。

五代以后，有关粮食业行会的文献记载渐多。宋代行会，有"团行""行""市"诸名目，当时杭州粮食业行会即以"市"名。《梦粱录·团行》："更有名为'市'者，如炭桥药市、官巷花市、融和市南坊珠子市、修义坊肉市、城北米市。"《西湖老人繁胜录·诸行市》也载有"米市、卦市"等"市"。《武林旧事·诸市》说，南宋杭州米市在北关门外黑桥头。《梦粱录·米铺》又称，"城内外诸铺户，每户专凭行头于米市作价，径发米到各铺出粜。铺家约定日子，支打米钱。其米市小牙子，亲到各铺支打发客"。清以降，各地粮食业行会活动比较活跃。康熙十七年（1678），湖北汉口的米市公所订帮规；同治年间，汉口的内河上埠粮食行帮又在清远巷正街组建了粮行公所，名为凌霄书院。乾隆年间北京成立的马王会，至民国二年（1913）改称米面业公会。光绪十七年（1891）正月，湖南长沙的粮食行议定行规，并于十七年后则因"人心不齐，奉行不力"而"联合团体，整饬旧章"重整行规。光绪三十四年（1908），株洲的粮食杂货行也重整行规，悬于行会议事的会所树艺堂。光绪二十年（1894），上海米业公所嘉谷堂立碑纪念公所创建及重建经历，四年后再立"上海县为米业提捐重建米店公所谕示碑"。光绪二十六年（1900）申江卫氏雪堂刊刻的《嘉谷堂征信录》，汇录的《重建米业公所禀稿》《举董禀片》《重建米业公所禀请府示》

---

① 陈宝良《中国的社与会》，浙江人民出版社1996年版，第216页。

《请禁贩米出口禀稿》《禀总局请究驳船舞弊稿》《停斛禀稿》及《禀请开斛稿》等文献，均具体反映了嘉谷堂这个地方粮食业行会组织在维护本行业户利益中的活动和作用。民国后，各地粮食业行会仍较活跃。据民国七年（1918）增补版《金陵杂志》载，当时南京米业公所建于虹桥羊皮巷。1922 年出版的《哈尔滨指南》，也载有当地的粮业公会。旧时漳州的米途公会（王蒸堂），每逢农历四月二十六日为行业祖师神诞，设宴祭祀粟宝王神农帝。1919 年的京师总商会所属各行业商会中，北京米庄商会有业户三十四户，米面行商会有业户三百四十九户，陆陈行商会有业户三十三户。①

二、药业

中国药业始自传统医药学。《淮南子·修务训》称：古者民茹草饮水，采树之实，食蠃蚌之肉，时多疾病毒伤之害。于是神农乃始教民种五谷，相土地，宜燥湿肥硗高下。神农尝百草之滋味，察水泉之甘苦，令民知所避就，当此之时，一日而遇七十毒。此后，则将医药的首创归之于"神农尝百草"。传统医药是反复实践的经验结果，一如《礼记·曲礼》所言，"君有疾，饮药，臣先尝之；亲有疾，饮药，子先尝之；医不三世，不服其药"。明代李时珍的巨著《本草纲目》记述了一千八百九十二种药物，其中相当一部分是他在总结前人经验基础上再行实践检验的药物。

由于医药的专业性较强，且直接关系人的生命安危，因而药

---

① 据刘娟等选编《北京经济史资料》（近代北京商业部分）统计，北京燕山出版社 1990 年版，第 635—650 页。

商从业者多为医家或具有相当专业知识者。然而，中国的药业行会却并未因此而发生稍晚，也始见于唐代文献。唐高宗李治时（650—683）的《华严经传记·书写篇》载："雍州万年县人阿禄山……尝时见东市药行人阿容师……"又日本僧人圆仁《入唐求法巡礼行记》也载："道士奏药名曰：'李子衣十斤，桃毛十斤，生鸡膜十斤，龟毛十斤，兔角十斤等。'敕令于药行觅，尽称无。"所言乃当时都城长安市上药业行业组织。《太平广记》卷二三引《广异记》又述及扬州药行，即"王老"所云："是五十年来茯苓主顾，今有二千余贯钱在药行中。"

两宋笔记文献中，有关两京药业行会的记述颇有一些。《梦华录·马行街北诸医铺》描述北宋京师汴梁药行情形说："马行北去，乃小货行，时楼大骨传药铺，直抵正系旧封丘门，两行金紫医官药铺，如杜金钩家、曹家、独胜元、山水李家，口齿咽喉药；石鱼儿、班防御、银孩儿、柏郎中家，医小儿；大鞋任家，产科。其余香药铺席、官员宅舍，不欲遍记。"《西湖老人繁胜录》记"诸行市"首先即言及"川广生药市"，然无详述。《梦粱录·团行》也是略云"更有名为'市'者，如炭桥药市"，所记与《武林旧事·诸市》相合，然皆简略。

明清以来，晋、陕、徽等各大地域性商帮大都有经营药材的专业行帮。其中，尤以陕西、宁波、龙游诸大商帮为最。这些商帮往往成为各地药业行会中的骨干业户，有的还专门组建以同乡业户为主的同业行会。药业虽然专业性较强，然与社会生活息息相关，各地药铺遍立而往往纳入行会组织，乃至一地先后成立数个药业行会。据民国元年（1912）湖北汉口会馆公所联合会的调查，在约二百处工商会馆公所中，药业行会会馆或公所有数处之多。例如：清顺治十三年（1656）建立的药材行帮公所三皇殿，位于循礼坊沈家庙后；清康熙二十八年（1689）由怀庆府河内、武陟、温、孟诸县经营纯粹怀药的药商建的怀庆会馆，位于循礼门堤内，乾隆年间重修，改名为覃怀药王庙，怀帮经营西药者，被排除在外而于乾隆四十四年（1779）加入了怀帮经营西货、京杂货的覃怀中州会馆；兼采中外原料药材整售零卖的折药帮结成行会，先在横堤南城公所，后于道光、光绪年间先后购地建神农殿于大夹街升基巷；江西临江会馆仁寿宫在小夹街，曾于清嘉庆、咸丰时两次毁于兵匪之手，后于同治四年（1865）由本乡油蜡、药材两个专业行帮重建。

各地药商会馆公所，均建有药王庙作为奉祀祖师的殿堂并兼议事之所。在医药保健尚不发达的时代，药王庙也是民众祀神祈安祛疾的地方，因而药王庙会便成为各地民间庙会中比较繁盛的会社。清顾禄《清嘉录》卷四载："二十八日为药王生日。医士备分烧香，骈集于洙泗巷之三皇庙，即医学也。郡县医学官司香火。卢家巷亦有药王庙，诞日，药市中人击牲设醴以祝嘏。或集众为会，有为首者掌之，醵金演剧，谓之'药王会'。"所记同为清苏州情形的光绪十八年（1892）所立《药皇庙太和公所记》碑也载："苏城各饮片药铺，公所向在吴邑大南亨一图养育巷柳巷内三皇庙，崇祀太昊伏羲氏、炎帝神农氏、黄帝有熊氏，由来久矣。"

上海的药业公所，清乾隆五十三年（1788）始建于药局弄的药王庙。清末，沪上药商又在此成立了同仁会。原立于药局弄九十一号的《同仁会碑记》记述甚详："盖闻商业振兴，必资乎众力；欲众力奋勉，必感以仁慈。伙友有素称勤慎，忽遇沉疴，身后无以为家，不伤劳勚者之感情乎！吾药业岁有事于和义堂，既答神麻，借伸宴会。而于同人存殁之感，辄戚戚焉。今年七月来堂之友发起同仁会，均极赞成。爰分福、禄、寿、喜四项，签题月捐，集款生息。议定甲寅春即照章给发。从此老羸者冻馁无虞，幼稚者生成有望；惠泽既丰，幽明共感。"云云。可知这是在药业行会（和义堂）基础上，增设的一种同业集资生息互济组织，其资助对象为各药商业户的伙友。

祁州（河北安国县）古来就是驰名的全国药材集散地，每逢春、秋两季药王庙会，各地药商纷纷来此祭祀药王并进行药材交易。即如光绪间的药王碑记所云："吾祁为桑梓之乡，发祥之地，是故春秋两季，南北药贾，奔走而来者遍海内。"旧时药业行中俗信，药材不到祁州则无药味，若药材味薄或无味，经祁州便可味浓。尽管如此，却未能借祁州药王庙会组成全国性统一的同业大行会，而只能是各地同业行会分治，结合本处实际各立行规，因地制宜。在清末汇编的《湖南商事习惯报告书》所辑商业条规中，仅省城一地即有《怀帮药材行公议条规》《生药店条规》及《药店条规》，此外还辑有益阳、安化、巴陵等地药业行规，规定条文均十分具体、明确。

行会对于维护同业利益、协调业户关系等方面具有重要作用，因而组建行会乃至建造会馆都是同业的一件大事。清光绪十八年（1892）五月十四日的《申报》，报道了当时扬州药业会馆落成时业户们的欢娱情景："扬城内外，大小药铺不下数十家，生涯不为不旺，而会馆尚未建造，个中人引以为憾。遂于上年集议，凡药材行代客买卖，每百金抽收买客银三钱，卖客银二钱；大小药铺每售货至百千，抽提三百。日积月累，为数颇有可观。

上年经药业首董曹君，即以此款在城内南柳巷选购地基，建造药业会馆一所，禀请地方官出示立案，以垂久远。近日落成，堂皇富丽，颇壮观瞻。曹君肆筵设席邀约同业诸君畅饮，并雇小清音一堂，清歌侑酒，猜拳行令，其乐陶然。"据京师总商会 1919 年调查，北京药行商会有业户一百五十一户，香烛熟药行商会有业户一百一十八户。[①]

三、盐业

在中国历史上，食盐的运销主要实行官府专营制度。其运销经营过程中，也往往特许商人在指定的范围内进行某些环节的经营。早于《史记·货殖列传》中，已有关于猗顿以盐获利起家的记载。在历代盐法的基础上，明清实行"纲法"，准许商人在所允许的范围内垄断食盐的收购和运销。于是，明清时山西、陕西、江西及安徽诸大商帮中，都产生了财力雄厚的盐业行帮。扬州曾是明清盐商十分活跃的地方，各帮盐商频繁地往来家乡与扬州之间。明冯梦龙的《石头记》写到江西临川盐商谢启，"祖父世代扬州中盐，家私巨万，性子豪爽，年纪才三十有余，好饮喜色，四处寻访佳丽，后房上等姬妾三四十人，美婢六七十人，其他中等之婢百有余人。临川住宅，屋宇广大，拟于王侯，扬州又寻一处大房作窝，盐艘九百号，不时带领姬妾，驾着巨艘，往来二地。"

盐业行会始于何时，文献不足，已难稽考。不过，明清时盐业行会的存在当是不争之事。据雍正十年（1732）上海《善信乐

---

① 据刘娟等选编《北京经济史资料》（近代北京商业部分）统计，北京燕山出版社 1990 年版，第 756—766 页。

输鼓亭工食碑》载，当时该地已成立有醝业公所。在《湖南商事习惯报告书·商业条规》中，保存了一份清光绪十九年（1893）长沙盐店业行会的《盐号条规》。这个行规序称："盖闻大德不逾，圣人常昭其律度。朝廷立法，薄海莫出乎范围。故虽末艺微工，必循矩镬，岂以官商正贸，反失行规？原夫我行盐油之为业也，上关国课，下济民生，权量必平，免贻重入轻出之诮，租提须净，严定挽硝熬卤之条。而财神为众庶所瞻依，故祀典期有举而无废。乃近年以来，店伙人稠，贤愚不等，弊端百出，良莠不齐。爰集同人共创条议，俾公私咸归画一，庶泾渭不致混淆矣。"该行规末款规定："公举值年，轮流择派，毋得推诿。每逢财神瑞诞后，移交下首。两届值年，必须将账目等项，眼同核算，比交清楚，不得移挪亏空，以私抵公，庶不致公项有亏。倘贪图侵蚀把持者，公同禀究。"据民国九年（1920）刻本《夏口县志》所载，清光绪十五年（1889），汉口盐商按票抽捐集资创立了淮盐运商公所，议立了行业规章。两年后，位于石码头正街的公所落成，则从原临时议事的雷祖殿迁至新址。江苏的两淮盐区，同河北沿海的长芦盐区、浙江的两浙盐区等，同是历史上著名的产盐区。旧时在湖北汉口码头贩运的食盐，主要是淮盐。因而，盐商在此建立了淮盐运商公所。

　　除上述盐店、贩运盐商分别成立行会外，制盐业也另组行会，如清嘉庆、道光年间四川乐山牛华溪盐场的烧盐工匠组织有"大蜡会"；自贡自流井盐工组织过"土地会"，后改称"火神会"；自贡汲卤篾索工人组织有"巧圣会"，盐场挑卤工人组织有"华祝会"，等等。虽同属盐业，但却因分别属盐匠、盐商或地域、盐种不同而所奉行业祖师也不尽相同。在海盐区，有奉管仲、宿沙氏、盐姥、胶鬲、詹打鱼等为祖师的；在井盐区，有奉张道陵、开井娘娘、四井神、井口土地、金川神，以及炎帝、蚩尤、鲁班等为师的；在池盐区，所奉祖师主要有池神、蚩尤、宿沙氏、葛洪，以及关羽、张飞等。泰州的盐宗庙中，将管仲视为盐政和盐商的祖师加以奉祀。

四、牙商

中间商，几乎是各种商业行当都存在的一种商业活动和商人，是一大商业行当。

《周礼·地官·质人》载："质人，掌成市之货贿、人民、牛马、兵器、珍异。"唐贾公彦疏云："此质人若今市平准，故掌成市之货贿已下之事……古人会聚买卖，止为平物而来，质人主为平定之。则有常估，不得妄为贵贱也。"据郭沫若主编的《中国史稿》第三编第三章第二节认为："'质人'就是管理市场的经纪人，由他制发买卖的契券。"依此说，则中国经纪人已有约三千年的悠久历史了。一如其历史之悠久，其称谓也颇为繁多。如今所谓"经纪"之称，始见于明代，而且像如今称牙商为"捎客"那样在口语中广泛使用。其语例在明代白话小说中是很常见的。《金瓶梅词话》一六回："一日西门庆会了经纪，把李瓶儿床后茶叶箱内堆放的香蜡等物，都称了斤两。"又六〇回："崔本专管收生活，不拘经纪买主进来，让进去每人饮酒三杯。"《古今小说·史弘肇龙虎君臣会》："夫人放买市，这经纪人都来赶趁，街上便热闹。"此外，古代使用最多的称谓是"牙"，如市牙、牙子、牙郎、牙侩、牙纪、牙行、牙帖、牙税、牙婆、牙家、牙嫂、牙商、人牙子，等等。或以为称之为"牙"是因为居间说合贸易颇费口舌，其实是一种附会或误解。实际上，"牙"乃唐代"互"字误写之讹。宋刘邠《贡父诗话》释"牙郎"云："古称驵侩，今谓牙也。刘道原云：'本称互郎，主互市，唐人书互为牙，因讹为牙。'理或信然。"宋吴曾《能改斋漫录》、明陶宗仪《辍耕录》及清顾炎武《唐韵正》，均持此说。由此，唐代又有"互市牙郎"之说。《旧唐书·安禄山传》："（安禄山）及长，解六蕃语，为互市牙郎。"又《资治通鉴·唐玄宗开元二十四年》："（安禄山、史窣干等）及长，相亲爱，皆为互市牙郎，以骁勇闻。"

见诸历史文献较早的专一行业牙商，是汉代马市的驵侩。《史记·货殖列传》："通邑大都酤一岁千酿……佗果菜千种，子贷金钱千贯，节驵会。"裴骃《史记集解》引《汉书音义》云："会亦是侩也。"因而，后世也泛称牙商为驵侩，如《新唐书·王君廓传》："君廓，并州石艾人，少孤贫，为驵会。"唐宋以来，市肆诸行均形成了各自专行牙商。如后唐明宗天成元年（926）敕文所言："在京市肆，凡是丝绢斛斗柴炭，一物已上，皆有牙人。"《梦粱录·米铺》述及南宋临安（杭州）"米市小牙子，亲到各铺支打发客"。《梦粱录·顾觅人力》也记，"如府宅官员，豪富人家，欲买宠妾、歌童、舞女、厨娘、针线供过、粗细婢妮，亦有官私牙嫂，及引置等人，但指挥便行踏逐下来"。

宋以降，官牙、私牙并存，如上述所谓"官私牙嫂"者流。官牙由官府指定，私牙则在官府注册领取牙帖并缴纳牙税。牙商行会，当系宋代以来出现的私牙行业组织。清末出版的《湖南商事习惯报告书》所汇集的商业条规中，存有一些行业的专行牙行行会组织制订的同业行规。安化《马辔市牙行条规》末款称："设立牙行乃万商安憩之所，今岁煌煌宪谕，验换新帖，煞费多金，岂容奸商巧骗行用，致干公究？查市上有种逞刁之徒，每烟土客来埠，不投行户，竟至伊家，胆敢千万土药，任意过秤，随去点钱付行。忍心罔利，任意骗用，领帖开行者甘心任尔骗乎？从兹大整行规，严查密访，一经查获，照章议罚，决不姑宽。"株州《粮食杂货行条规》中说："我等请凭宪帖开设牙行，既不屑鄙吝难堪，亦不能过为苛刻。"巴陵《粮食行条规》说："粮食牙行，代客买卖，无论新墙以及外客商，均须买卖到行，公平落价，二比明盘，不得私在河下及米店落价，庶无欺瞒情弊，以广招徕。"长沙《灰行条规》说："我等石灰买卖颁请牙帖，开设灰行，纳税承差，宪章历奉，向定城厢内外，上至南关外南湖港，下至北关外毛家桥，概归行发卖。间有射利之徒，私贩悄卖，一经查获，除公同禀究外，将灰起至各宪辕听差应用，我等不得私吞于咎，以昭公允而杜弊端。"凡此，均专门行业的居间贸易商行行业组织所订行规。个中，也不乏综合经营性质的牙商组织，或以宗族关系为联系纽带的牙商组织。且将是书所辑存的安化《五都夏氏宗祠牙行规条碑》录出如下：

　　我祖奉宪领帖，已多历年。所迩因行规未遵，执照经纪，每多冒充，店客略帮，行资买卖，得以任意。价值低昂不一，斗秤大小不齐，且日久弊生，族痞攒间侵蚀，公行以肥私囊。事熟人玩，商贾乘便渔罔，悭帮费而减定额，是以阖族会议，订立章程，交易定要落行，开行必须凭族。爰列诸石，以垂久远。

　　一行帖由祖垂谕历年，冬至每牌纳用钱贰千陆百文入祠。交钱悬牌，不许恃强私开。

一牙行原以均平稽察，展成定价，斗称务归画一。价值勿参二三，不许或大或小、私涨私跌。

一客商远来投行，货物资本全靠行户经理，毋得支扯客帐，累客羁绊，违者除牌公处。

一经纪心同父母，客商凭行放买，莫知地方好歹。如账不楚，行户赔偿。至乡间货物，出自膏脂，须公平权量，稚鲁无欺。冰碱凭油称加一，不得另设。

一客商各有知交，投行任其自择，毋得勉强拦邀，致同行伙地混争，累客进退狼狈，违者公罚。

一该行均纳牌费，乡下混混，毋得恃强假冒，包买包卖，违者罚银十两归公。

一行用旧有成规，不可任意过取，亦不得徇情私减。

一行用不可重出，桐子装载下河者，取用在本地打油者，其油凭行过秤，桐子不得取用。

一日中为市，义取噬嗑，原欲以有易无，各得其所，乡下货物，毋得遏阻，违者公罚。

以上各行例，主客共相遵守，上不失朝廷设行政令，下以殖乡市常用货物，庶相得益彰，美利无穷矣。

从宋元至明清，都市城镇商业诸行的专业分工日趋细化，牙商也随之变得专行化起来。许多名为"行"者，往往即专业牙行，其行业组织也即专行牙商行会。

## 第三节　金融业行会

### 一、典当业

所谓"典当"，是指以财物作为抵押品的有限期、有息借贷银钱的行为，经营典当的金融兼商业行业，即典当业。

中国典当业滥觞于公元4世纪末5世纪初南北朝时的南朝佛寺，距今已有一千五百多年的历史。简略言之，中国典当业肇始于南朝，入俗于唐五代，独立成行于宋代，兴盛于明清，发达于民初。中国典当业"独立成行于宋代"的主要根据之一，即这时其已从唐五代的柜坊分立出来而独立成行，并且出现了本行业的行会性质的同业组织。《梦粱录·顾觅人力》载，南宋京师临安（杭州）市上，"凡顾倩人力及干当人，如解库掌事、贴窗铺席主管、酒肆食店博士、铛头……俱各有行老引领"。

"解库"，即典当。可见，当时临安已有典当业行会组织，其主事人称作"行老"。又据宋元间人赵素所编《为政九要》第八项称："司县到任，体察奸细、盗贼、阴私、谋害不明公事，密问三姑六婆、茶坊、酒肆、妓馆、食店、柜坊、马牙、解库、银铺、旅店，各立行老，察知物色名目，多必得情，密切报告，无不知也。"也为显证。明代，沈榜《宛署杂记》卷一三载，"今查得宛、大二县，原编一百三十二行，除本多利重如典当等项一百行，仍行照旧纳银，如遇逃故消乏，许告其首，查实豁免"。

明清两季，是中国典当业的兴盛时期。此间的典当业商人，首推徽商居多，徽帮典商之中，又以徽州休宁的典商为最著名。

明清两季的赋税系折银征收，即或地租也往往收取现银，加之商品经济的发展致使不断需要大量资金的投入，社会经济活动和商品流通中对现银的迫切而大量的需求，为以质贷为方式的典当业的兴盛提供了机遇。于是，一些资本雄厚的商人乃至官府、宫廷，纷纷投资典当业并由此获得高额利润回报。据《歙事闲谭》记载，当时徽商的典当遍布全国各地，尤其是南京、扬州、常熟、上海、嘉兴、平熟等江浙地区的典当业，几乎都是徽商所开设。《明神宗实录》卷四三四载，明末河南典当业中，徽商即有二百十三座典当。《明季北略》卷二三载，崇祯年间，徽商汪箕一家就在北京开设典当数十座。其次，明清典当业中比较活跃的是山西、陕西及江西等商帮。清末民初业内流行的《当字簿》，据说就是明末山西阳曲人，著名书画家兼医家傅山（字青主）所创制。当时四川境内的典当，多为陕帮商人所设。江西商帮开设的典当，一度遍及湖南、云南、贵州、四川、福建及广东、广西等地。

随着各地典当业的兴盛，各种典当业行会组织纷纷建立。《典当行会馆碑志》载，清雍正十一年（1733），广州的数十家典当在原有会馆基础上又外购状元坊处地基重建同业会馆。番禺县仅有二十余座典当，也建会馆于老城流水井处。北京的典当业行会，始创于清嘉庆八年（1803）九月，初名"公合堂"，先后改当商会馆、当业商会、当业同业公会，系京城建立较早而又较大的一个行会。清末的北京总商会，乃由当、炉及绸缎等大行会倡建。清嘉庆十七年（1812），天津典当业在北城濠购地建房八十余间作为当行公所，1928年改名典业公会；1946年又同租界的当业公会合并，成为拥有全市八十多座典当会员的统一行会。据《清季上海地方自治与基尔特》载，位于沪上吴家弄的典业公所，设立于清光绪十九年（1893）；光绪三十年（1904）二月，经上海县批准，在此设立了《典业公所公议章程十则碑》。据《上海县为批准典业同业规条告示碑》称："数年前公议得规条数则，均各遵守。今又经公议，将前定规条加改详细妥治，保全大局。粘呈公议规条，环求立案，并给示勒石，以垂久远等情到县。据此，查阅所议规条，均尚妥洽，除批准立案外，合行给示勒石。为此示仰各典商人等，一体遵照后开公议规条办理，毋违！"

清末民初，各地典当业行会仍颇活跃。光绪三十年（1904），广东佛山三十六家按押行组建行会名为"振业堂"。清宣统三年（1911）出版的《湖南商事习惯报告书》中，收录有此间议订或修订的长沙、湘乡、新宁、安化等地的典当业行规数篇。据民国十七年（1928）出版于哈尔滨的《中国工商同业公会》转录的1921年英文版《北京社会调查》资料显示，当时北京当业同业公会，包括有当铺业主七十户，从业人员总计一千六百七十人。

## 二、银钱业

中国人自己创办的第一家银行，是清光绪二十三年（1897）成立的中国通商银行。元仁宗延祐元年（1314）长兴州（今长兴县）修建的东岳行宫碑，碑阴刻辞所记行宫各神殿名下的诸行施主中，龙王司施主为银行组织。传统的金融信用机构，是明清时在以往的银钱兑换业基础上发展而来的银号、钱庄。各地称谓不一，江浙、上海、福建等南方多名为钱庄，京、津、沈阳等北方及广东名为银号，性质相同。

在明清著名地域商业行帮中，以宁波商帮经营钱庄业最负盛名。有清一代业已开始发达的商业大都会上海的钱庄业，主要为宁波帮商人经营。乾隆元年（1736），始建上海钱业总公所。继光绪九年（1883），上海创建沪南钱业公所之后，光绪十五年（1889）宁波的余姚陈淦、慈溪罗秉衡等，又创建了北市钱业会馆。据《上海北市钱业会馆壁记碑》载称："上海当华裔南北要会，廛市骈阗，货别隧分。侨商客估，四至而集，废箸鬻财者，率趋重于是。就时赴机，归于富厚，羡靡所贮，歆靡所弥。均之失也，备豫不虞，而钱肆之效乃著。钱肆者，与诸商为钱通合会，钱币称贷，而征其息，其制比于唐之飞钱，其例盖始于汉人所谓子钱家者，导源清初，至光绪间，而流益大。委输挹注，实秉壹切货殖之枢。……先是乾隆间，钱商就上海城隍庙内园，立钱市总公所。互市以还，业稍稍北渐，初与南对峙，继轶南而上之，栉比鳞次，无虑数十百家。发征期会，不能无所取准，于是复造北市会馆统焉。"云云。上海钱业总公所和北市会馆的总董，先后由宁帮钱商赵朴斋、经芳洲等担任。1993年出版的一部《中国十大商帮》所介绍的宁帮钱商在沪上的影响和上海钱业状况，略为摘录如下:①

> 宁波帮钱庄在上海钱庄业中具有雄厚资力。他们把宁波一带流行的过账制度移用于上海，发展为汇划制度。并利用票号折放头寸，扩展业务，仿效票号办法，联络长江及沿海各埠同业，办理地区收解，经营汇兑。特别是同治二年（1863）上海钱业总公所议定，不入同行的钱庄不得出具庄票，开发可行用于上海货洋商人之间的庄票便为入园钱庄所

---

① 张海鹏、张海瀛主编《中国十大商帮》，黄山书社1993年版，第135页、342—343页。

独占，这对于经营入园钱庄的宁绍商帮来说，无疑是大有好处的，于是业务蒸蒸日上。不仅如此，宁波帮钱庄还通过上海钱业总公所建立以庄票为中心的汇划制度和以二七宝银为实货的九八规元虚银本位制，以巩固其地位，并影响其他各埠和内地市场，使他们无不唯上海钱业马首是瞻，使宁波商帮在各地的声势扶摇直上。当时，上海资力雄厚的钱庄的股东大都是宁波籍富商，如镇海方介堂家族、李也亭家族、叶澄衷家族、宋炜臣家族，慈溪董耿轩家族、严信厚家族，勤县秦君安家族，奉化朱志尧家族，都开设多家钱庄。

上海钱庄早在清朝乾隆年间就已具有相当规模，在上海城隍庙内设有钱市总公所。乾隆四十一年至五十年（1776—1785），承办祭业的有二十五家，乾隆五十一年至嘉庆二年（1797）则发展到一百二十四家。① 上海辟为通商口岸，特别是从1870年左右钱庄可以从外国银行那里获得短期贷款即拆票后，钱庄更获得了迅速发展。开始钱庄只是经营银、钱的货币兑换，后来因为可以庄票的形式与外商银行结算，因而业务范围扩大，发展到经营存款和放款业务。在1910—1911年的金融危机前，上海钱庄业可用的拆票总额达一千几百万两，有些钱庄能用这种方式一次借款七八十万两，即超过其本身资本的十几倍，以应付日常交易所需的现金。通过庄票和拆票，银行源源不断地输入了大量新鲜血液，从而大大有助于钱庄的发展。

---

① 按：此所据为《钱业承办祭业各庄名单碑》，嘉庆二年八月立于上海城隍庙内园钱业总公所。

凡此，不止可见有清一代沪上钱庄业的兴盛繁荣、宁波商帮的主力作用，也可说明行会组织对于这一行业的发展所发挥的不可替代的纽带与促动功能及其行业经营中的垄断性。

在现存文献中，有关各银号、钱庄同业行会的记载颇有一些。主要还有：清同治十年（1871），湖北汉口在芦席街创建钱业公所，成为该镇"调剂金融之总机关"。光绪二十五年（1899），湖南长沙银号业行会公议行规，并于六年后重订。光绪二十九年（1903），苏州创建钱业公所。光绪三十年（1904），湖南长沙钱店同业重议银色条规。光绪年间，梧州的广东商帮银号钱庄创建行会议事公所昭信堂。清末南洋劝业会举行第一次大会时所印《金陵杂志·公所志》载，南京钱业公所在绒庄。民国十一年（1922）出版的《哈尔滨指南》，载有银行公会和钱业公会各一处。民国十五年（1926）刻本《佛山忠义乡志》，除载有"钱行"外，也记载佛山大小银行业各十余家，总计二十九家。《湖南商事习惯报告书·商业条规》中，辑录有多种银钱业行规，如《长善银号公议条规》（省城）、《银号条规》（省城）、《钱店公议条规》（省城）、《钱庄条规》（永顺）、《钱铺条规》（新化）、《钱业条规》（巴陵）、《钱店重议银色条规》（省城）等。此外，美国人玛高温在其1886年发表于上海英文杂志《亚洲文会杂志》上的《中国的行会》和英籍中国问题学者马士1909年出版的《中国行会考》，分别注意研究了宁波、上海以及芜湖的钱庄行会组织。

# 第四章
# 中国市井行会

所谓"市井"之说，源自"因井设市"，而"因井设市"乃系殷商以来井田制度的产物。

狭义的"市井"，是谓城镇之中的市肆、商贾、城镇或城市流俗之辈，乃至人的无赖行为等。在此，我们用指城镇中除一般工商业而外的生活服务、文艺娱乐业及其从业群众。既非狭义也非广义，而是跨其语义义项的特指。显然，这些行业及其职业群体，在旧有传统观念看来，是卑贱的，属流俗之辈，其文化也属非主流文化。这里且不论其他，仅说其行会的事。


## 第一节　生活服务业行会

### 一、餐饮业

古往今来，餐饮业几乎总是市井生活中分布最为密集而长盛不衰的服务行业。从简陋的乡村小饭铺到繁华都市的大酒店，均以各自的特色和品位适应着多层次的消费需求。在都市文化和商品经济比较繁荣的宋代，既有《清明上河图》画卷上那样规模宏大、装饰华丽的"孙家正店"，也有《东京梦华录》卷三所记述的中小型酒家"脚店"或"拍户""打碗头"，"市井经纪之家，往往只于市内旋买饮食，不置家蔬"。此外，还有各种茶肆。《梦粱录》卷一六记述南宋都城临安（杭州）茶肆，"插四时花，挂名人画，装点店面。四时卖奇茶异汤，冬月添卖七宝擂茶、馓子、葱茶，或卖盐豉汤，暑天添卖雪泡梅花酒或缩脾饮暑药之属"；有的"楼上安着妓女，名曰花茶坊"。

或缘宋代都市餐饮业的繁盛，有关这一行业行会的文献记载也始见于其间。《梦粱录·顾觅人力》载，"凡顾倩人力及干当人"，如"主管酒肆食店博士、铛头、行菜、过买、外出髻儿、酒家人师公、大伯等人"，以及"厨子、火头"之类人等，"俱各有行老引领"。又赵素《为政九要》之八也载，"司县到任，体察奸细、盗贼、阴私谋害不明公事"，可"密问三姑六婆，茶坊、酒肆、妓馆、食店"等，因其诸行皆有同业行会"各立行老，察知物色名目，多必得情，密切报告，无不知也"。

元代，仁宗延祐元年（1314）长兴州（今长兴县）修建的东岳行宫碑，碑阴刻辞所记行宫各神殿名下诸行施主中，"子孙司"殿为"五熟行"，"掌命司"殿为"厨行"，"掠剩司"殿为"饮食行"，"千圣小王楼"殿为"酒行"。由此，可见当时餐饮行会一斑。

明清以降，各地餐饮业行会活动十分普遍。同治年间，上海的茶馆业在孙家弄创建了同业行会机构先春公所。据同治七年（1868）《上海县为庙园基地归各业公所各自承粮告示碑》载，其间已设有上海酒馆同业公所映水楼。同治四年（1865），苏州饭铺业创设梁溪膳业公所并立碑为记；此外又另有苏州庖人公所，系从业厨师的行会组织。湖南省城长沙的饭店行业继嘉庆间公议行规之后，因同治、光绪时有坏规兴讼事不止，于是则于光绪二十四年（1898）后公议修订行规。即如其条规序所称："盖闻经商贸易，类各悬规，而我饭店一行，亦先植矩。溯自嘉庆年间，我行前辈早已创立章程，数十年遵行无紊，迄至同治中叶，有以坏规构讼，旋经戊戌岁，复因殊贰兴讼，前仰邑尊陈君堂判，遵老示亦遵全宜，继经全县颁行规章，更准示谕。于是择举精明谙练首董，具详斟酌，切要数条，呈县立谳在卷。妥议章程十条，刊行张贴店堂，无非杜剔弊端，勿致变更紊乱，诚谓礼门悬规、义路植矩，庶期昭示久远，统归划一，同安生理，共保太和云。"此间，湖南长沙的酒席店、面馆、面店粉馆、甜酒粉馆、酥食汤点铺、烘糕店，以及巴陵的酒席店等，纷纷整订行规以期发挥其行会的功能。至清末民初，北京饭庄行商会和南北菜行商会，会员单位达一百七十多户饭庄菜馆；[1] 厨师同业公会有从业会员六千三百人，点心铺公会有从业会员九百人[2]。另据记载，民国时北京饭店业公会会址在前门外李铁拐斜街，主持人为栾学堂，有会员单位三百零九户，从业人员达五千一百四十人之多。[3]

各地餐饮业行会所供奉的行业祖师不尽相同。包头市的餐馆及厨师行会"公义仙翁社"，"每年八月十七日在关帝庙过会，供关公为祖师"。[4] 而徐州厨业则奉彭祖为行业祖师。据一位老厨师回忆说："我今年七十岁，三代厨师。七岁时曾随我的祖父到徐

① 据《京师总商会己未年众号一览表》（1919），藏北京档案馆。

② 据甘博、步济时《北京社会调查》，英文版，1921年，第430页。转引自彭泽益主编《中国工商行会史料集》，中华书局1995年版，第125页。

③ 据《北京档案史料》1987年第3期。

④ 李乔《中国行业神崇拜》，中国华侨出版公司1990年版，第212页。

州北门瓮圈路东彭祖庙朝拜彭祖。记得那是一个炎热的夏天，来朝拜的人很多。殿前有一巨鼎，殿内有'捉雉烹羹'的壁画，供有彭祖的像。祖父对我说那鼎是古代的炊具，'雉羹'是彭祖创造的一道美食，彭祖是厨师的鼻祖。……我十五岁入宴春园饭庄学徒，知有'羊方藏鱼'这道名菜，也是彭祖流传下来的，当时徒工出师要举行仪式，焚香点烛，供奉彭祖像，有时还要敬献三牲；师傅当场赠给徒弟一本《厨谱》，扉页上记祖师篯铿（即彭祖）、三代宗师和横连本门师长等姓名，正文是厨行行规。"[1] 传说彭祖是曾受封徐州（古名彭城）的名厨，则是被奉为祖师的由来，彭祖庙也理所当然成为同业聚会议事之所。至于，包头饭店和厨师行会奉关公为祖师，据说或系由于关公以使用青龙偃月刀闻名而厨师亦用刀之故。

## 二、浴池业

中国的浴池业大约出现于公元 10 世纪。此前的浴室，均非对公众开放的营业性设施。浴池古称之"湢"。《礼记·内则》："外内不共井，不共湢浴。"汉郑玄注云："湢，浴室也。"又兼知汉已有"浴室"之说。《左传》所述曹共工安顿重耳沐浴的浴室，唐玄宗李隆基为杨贵妃所建华清池，以及唐代王建《宫词》咏及的"浴堂门外抄名入，公主家人谢面脂"之"浴堂"，均属皇室贵族所私家自用的设施。古代寺院已有公共浴堂供寺内僧人沐浴，但也非向社会开放的服务业设施。其如北魏杨衒之《洛阳伽蓝记·城西光宝寺》所载："宝光寺，在西阳门外御道北。有三层浮图一所，以石为基，形制甚古，画工雕刻。隐士赵逸见而叹

---

① 胡德荣《厨行的祖师——彭祖》，《中国烹饪》1985 年第 4 期。

曰：'晋朝石塔寺，今为宝光寺也。'人问其故。逸曰：'晋朝三十二寺尽皆湮灭，唯此寺独存。'指园中一处，曰：'此是浴堂。前五步，应有一井。'众僧掘之，果得屋及井焉。"是知晋代寺院已设有僧人浴堂。

据文献所见，中国公共浴池业的出现，始自宋代。明郎瑛《七修类稿·混堂》载："吴俗，甃大石为池，穿幕以砖，后为巨釜，令与池通，辘轳引水，穴壁而储焉。人专执爨，池水相吞，遂成沸汤，名曰混堂。榜其门曰香水，男子被不洁者、肤垢腻者、负贩屠沽者、疡者、疕者，纳一钱于主人，皆得入澡焉。"所谓"混堂"者，或因不分何等人均可入浴及众人同浴而言。同时，宋代便出现了浴池业同业组织。如《都城纪胜·诸行》所说，"浴堂谓之香水行"。《梦粱录·团行》云："开浴堂者名香水行。"明代谓浴池为"混堂"，朝廷设混堂司，系管理宫廷浴池的内务机关，虽也称"混堂"而并不"混"。《明史·职官志三》："混堂司，掌印太监一员，金书、监工无定员，掌沐浴之事。"

清末民初，各地浴池业普遍活跃，日趋发展。《津门杂记》载："津城浴堂计有数十家，皆称盆、池两便。池塘则终日热水，洗浴者日约一二百人，类多肩挑背负之辈，价不过铜钱七文，每日虽云换水二次，然秽气难堪，人皆掩鼻，而盆塘亦有名无实。近惟紫竹林之新园盆汤可推巨擘，房间雅洁，陈设华丽，内分三等：曰客盆，曰官盆，曰官雅盆，尤为清洁。盆是西洋式，汤如兰蕙香，烟、茶、胰皂无不精良，梳发剔脚无不如意，弹冠振衣之人，别有神清气爽之概焉！另外兼有清茶座，茗碗小叙，幽雅宜人。"北京的浴池业约始创于清雍正年间，民初已有百余座并建立了同业公会，会所位于后门桥。据汤用彬等《旧都文物略·

杂事略》载："澡堂，在距今二百年前，一修脚匠创始营业。现全市加入公会者，约一百二十余家。……澡堂公会，在后门桥'西盛堂'之后院，所祀之神为智公禅师。每年三月，同行皆往公祭一次，藉议行规。"①又据民初一份资料记载，旧北京浴堂业公会在西西大酱坊胡同二号，主持人为祖鸿达，有会员单位九十六户，从业人员二千六百四十二人。民初，汉口的池业公所建于西会馆上首花园巷古蜈蚣桥。

### 三、理发业

理发匠，古称待诏、剃工、镊工、薙工，旧时俗谓剃头匠。待诏，唐代时本指在翰林院值守待诏的文辞经学之士和医、卜诸人等，玄宗时置为官名。宋以降民间称手工艺人为待诏。清梁绍壬《两般秋雨庵随笔》说，"博士、待诏，皆翰林院官名也……剃头匠又有待诏之号，积习之沿，不知何昉"，实乃谵指诸般手工匠人随时听候人们召唤雇使之意。剃工、镊工，均宋人叫法。宋洪迈《夷坚志·真如院藏神》："绍兴中，童行金法静，主香火之事甚敬，为寺参头，因令剃工缴鼻。"又宋张端义《贵耳集》卷中："秦会之呼一镊工栉发，以五千当二钱犒之。"清纪昀《乌鲁木齐杂记》另载："薙工所奉神曰罗祖，每赛会，薙工皆赴祠前。"此外，后世又谓之"整容匠"，其说始自明季。《二刻拍案惊奇》卷二五："三日之前，蕊珠要整容开面，郑家老儿去唤整容匠。"

凡此可见，理发业至迟于宋代业已形成。因其奉罗祖为行业祖师，所以同业组织往往称"罗祖会"。罗祖为何时何人？业中传说纷纭。罗祖又称"罗真人"，业中有谣云："罗真住江东，七

① 汤用彬等著《旧都文物略》初版于1935年，书目文献出版社1986年重印。

岁学艺通，丙戌年中举，刀饵动玄宗。"此谣出自记载行规、行史及隐语行话的秘本《净发须知》。《净发须知》又载："夫刀镊者，乃神仙之术，号曰罗真先生，世居人世，善能梳剃，曾蒙献宗宣诏，整顿龙颜。龙颜大悦，赐与金玉真珠，不敢拜受，退辞阶下。"据此推知，罗祖当为唐玄宗李隆基时人（在位713—756）。唐无"献宗"，唐宪宗李纯（在位806—820）与玄宗相去数十年，间隔有肃宗、代宗、德宗和顺宗四代皇帝。看来，其中不乏附会。不过，从《净发须知》收载于《永乐大典》这一史实，以及宋代时便已形成行业来看，理发业行会组织当出现于宋元之际。

今有实证的最早的理发同业行会，是《武林旧事·社会》所记南宋临安（今杭州）的"净发社（梳剃）"；其次，是元仁宗延祐元年（1314）长兴州（今长兴县）修建的东岳行宫碑，碑阴刻辞所记行宫各神殿名下诸行施主中，"照证司"殿施主为"净发行"。此后，清嘉庆十三年（1808）《剃头业江镇公所买屋文契碑》载，苏州剃头业江镇公所，系无锡、句容、丹徒籍在苏州的剃头匠公议共建，同治四年（1865），重整行规。此外，同治六年（1867），湖北汉口在小火路创建汉帮理发公所。光绪十一年（1885），湖南益阳的整容店重整行规，缘由是"近因人心不古，每至藉公挟私，而且众心难一，加以尔诈我虞，不少纷争，间多兢当"。湖南先后还有安化、新宁及省城长沙的理发业，也纷纷整规，原因也不外如此。一如长沙《整容店条规》序所言，"虽有前辈议规，未颁示谕，以致缘无厘定久远章程，兼之人心不古，贤否不一，类多刁狡，近起争端。是以公同集议，妥定规条，重整章程，以昭划一"，云云。光绪三十二年（1906），北京在原整容公益会基础上建立整容行公会，会所设在前门外小马神庙三十一号甲；民初陈沛霖主持该会时，有会员单位五百二十七户，从业人员达一千五百八十一人。据报载，40年代初，北平理发职业分会常委张善堂介绍说："本行祭祖师唱行戏，因行中人众，若全体出席，则精忠庙不能容，乃于大饭庄中设驾酬神，其日期为旧历七月十三日。然自隶新民会后，曾一度演戏于中南海怀仁堂。"[①] 俗传这天为罗祖诞辰，故行盛会。张氏又说："在清时，本行皆有《净发须知》一书，为传授衣钵之秘籍，所有罗祖出身及史迹、行规等皆详载之，惜行中人十九目不识丁，失传。"[②] 所谓"失传"，乃行中已不传，殊不知这部秘典却有幸存录于明代的《永乐大典》之中而未得湮灭。旧时，日本人仁井田陞曾访问北平理发业同业公会会长梁仲三和常务董事刘福海，询问："祭祀罗祖的意义是什么？"答称："祖师如果不发明梳子、剪刀，我们就干不了这个行业。作为祖师的弟子，我们不能忘记祖师的恩德。我们同业之间，都是祖师的弟子。"[③] 一如《净发须知》所道，"都是罗家子"也。又据民初一份《中国北京同业公会调查表》显示，剃头匠同业公会有业主三百八十户，从业会员三千四百七十人。[④]

四、礼茶业（附鼓吹业）

所谓"礼茶业"，是"掌礼业"与"茶担业"的合称。掌礼业，在旧时婚丧喜庆活动中受雇专司礼仪事务；茶担业，则于其

---

① 崇璋《理发业祖师罗祖考》，载《晨报》（北平）1941年10月25日。

② 崇璋《理发业祖师罗祖考》，载《晨报》（北平）1941年10月25日。

③ ［日］仁井田陞《北京工商基尔特资料集·整容行会馆》，东京大学东洋文化研究所东洋文献中心刊行委员会出版，1975—1983年。

④ 甘博、步济时《北京社会调查》，1921年英文版，第430页。转引自彭泽益主编《中国工商行会史料集》，中华书局1995年版，第124页。

间受雇专管设筵、供茶事务。两业往往合作，同奉"礼茶祖师"。

两业始于何时，已难稽考，仅据文献证知其行会组织形成于清季。清道光十五年（1835），苏州创建礼茶公所。咸丰二年（1852），苏州建掌礼通业公所，《掌礼通业公所基地文契碑》载："建造掌礼通业公所，供设周公、叔孙通祖师神位。大殿厢房，公估时值房价曹平元银二十四两整。修理完竣，庙宇重新，如制以昭诚敬，始能通业永远恪遵。"咸丰六年（1856）的《重建茶礼公所碑记》载："礼茶祖师向在长邑高二图社坛巷内，向有礼茶公所。……兹于隙地增造殿宇四间，披厢两个，供奉周公、叔孙二神位，以垂永久，庶不负礼茶两业崇奉师宗之至意。"至于何以奉其二位为行业祖师，是碑记又云："周公姓姬讳旦，周武王之弟，成王之叔，制礼作乐，辅相王朝。……前汉太常叔孙讳通，采访考订，增修旧制，始定百职、朝仪，颁行天下，其礼大备。鸣赞之礼，由斯而起。吾等世传是业，理宜敬奉。"此后，苏州礼茶公所曾于咸丰十年（1860）被毁，同治五年（1866）再度重建。清顾震涛《吴门表隐》卷七也载："茶礼公所在社坛巷，祀叔仲通、陆羽、宋礼。道光十七年，呈官公建。掌礼同业奉香火。旧例，茶房多掌礼人兼之。"

## 附　鼓吹业

鼓吹业，是于婚丧节庆等活动中受雇吹奏乐曲的行业。据明沈榜《宛署杂记》所载，当时的宛平（今北京）即已有了"鼓吹行"同业组织。清同治八年（1869）五月初七日，沪上青浦县朱家角土地祠旧址，立有《为禁吹手勒霸并规定吹手工价告示碑》，碑文称："前廉照会敦善堂定价吹手等项，每日每人不得过二百文，喜钱不得过一百文；丧葬减半，贫民用不满日酌给；其余脚夫、炮手等项亦然。环求给示勒碑永禁等情到县，据此。除批示外，合行给示勒碑永禁。

### 五、旅店业

中国是世界上出现旅店最早的国家，远在商周卜辞中业已有了商旅寄宿的记载，可见中国旅店起源于原始社会末期。古代的旅店主要有三种类型，即官府驿站、民间旅店及寺院的旅舍。《国语·周语中》所言"司里不授馆，国无寄寓"之"寄寓"便是古代的旅店，即如韦昭注云："寓，亦寄也。无寄寓，不为庐舍，可以寄寓羁旅之客。"《史记》中记载的"客舍""传舍"，也为供过往官员住宿的旅店，如《郦生列传》所说，"沛公至阳传舍，使人召郦生。"东晋、南朝时已经出现，至唐代普遍发展起来的"邸店"，是供商旅堆货、住宿兼行交易的商贾旅店。

至宋代，始有"客邸""客店"及"旅店"称谓，并出现了旅店业同业组织"行"。宋元时人赵素《为政九要》之八称："司县到任，体察奸细、盗贼、阴私、谋害不明公事，密问三姑六婆，茶坊、酒肆、妓馆、食店、柜坊、马牙、解库、银铺、旅店，各立行老，察知物色名目，多必得情，密切报告，无不知也。"便是。宋代都市中的旅店业已很兴盛，所以成"行"。《东京梦华录·大内前州桥东街巷》："东去沿城皆客店，南方官员、商贾、兵级皆于此安泊。"宋真宗天禧元年（1017）时，东京汴梁（今开封）由官府经营的客店房屋多达二万三千三百间，年收入约十四万贯，设有"左右厢宅店务"专司管理官营客店之职。至于旅店行，则是当时官府借以课税和管理民间经营的旅店的同业组织，行头往往由官府指派。

今所见较早而完整的旅店业行规，是清光绪三十二年（1906）十二月初二日续订的湖南武冈州的《伙店条规》。条规序称："我等伙店生理，历有章程，因咸丰九年（1859）兵燹所废，嗣贸易是业者，不以规矩，致多参差。迩年生意微末，薪炭腾贵，各市镇均有定章，惟州城全无成议。兹约城厢内外，合议章程，每店同心，共建财神一会，其钱放借生息，以期集腋成裘。惟愿协力同心，永获胜利数，所议条规，各宜遵照。"云云。一如《为政九要》第八项所示，赴任的地方官欲探察奸盗阴私等"不明公事"需经行老向旅店诸业询问，在于旅店业顾客来自四面八方三教九流，其中多关社会治安方面事情。因此，清季旅店业已将有关事项明确列为行规。如湖南湘乡于光绪三十三年（1907）十二月二十八日所立《客栈条规》中，即明文规定："栈寓向例不准窝赌窝娼，及一切违禁不法等事，违则禀究。""城内无业游民及外来形迹可疑之人，与夫面生单客，一切不准停留，违则禀究。""客商投宿，或三五人，或十余人，店主必须逐一查明姓名、居址何处，来城作何事干，明白登载号部，以便查核。店主不查，禀究店主；客商不报，禀究客商。"乃至住宿旅客的钱物交存保管之类，也有专门规定。视当今有关旅店业的治安、登记等项管理办法，颇有与之一脉相承之处。许多旅店径将行规张贴店内告示给旅客，以便执行。如湘潭《客栈公议条规》诸款之后加一"又条"："禁革赌博，本栈暨来往客商人等，各宜自爱，以肃栈规，特白。"尔后落款"本栈主人贴"。

清末民初时，北京刘步州任旅店业公会会长时，会员旅店有四百九十户，从业员工达三千二百二十八人，会所在前门外石头胡同九十四号。①

# 第二节　市井娱乐业行会

## 一、蹴鞠行（圆社、齐云社）

蹴鞠，又称蹙鞠、蹴踘、蹋鞠等，是中国古代一种竞技性娱乐游戏，系中国古代足球运动之滥觞。《荆楚岁时记》："按刘向《别录》，寒食蹴鞠，黄帝所造，以练武士，本兵势也。或云起于战国。"《史记》载，"临淄甚富而实，其民无不吹竽、鼓瑟、弹琴、击筑、斗鸡、走狗、六博、踏鞠者。"《汉书·艺文志》兵书类著录《蹴鞠》二十五篇。《后汉书·梁冀传》载："（梁冀）性嗜酒，能挽满、弹棋、格五、六博、蹴鞠、意钱之戏。"唐代时，蹴鞠之戏已具后世足球的分队竞技比赛雏形。《文献通考·乐考二十》："嫩球，盖始于唐，植两修竹，高数丈，络网于上，为门以度球。球工分左右朋，以角胜负。岂非蹴鞠之变欤！"

至宋代，蹴鞠戏大盛，甚至得到朝廷参与。《宋史·礼志》载："打球本军中戏，太宗令有司详定其仪，三月会鞠大明殿。有司除地竖木东西为球门，高丈余，首刻金龙，下施石莲花座，加以采缋，左右分明主之。以承旨二人守门，卫士二人持小红旗唱筹，御龙宫锦衣持戈舒棒，周卫球场。"《东京梦华录·宰执亲王宗室百官入内上寿》详述为皇帝表演蹴鞠盛况："第六盏御酒，笙起慢曲子。宰臣酒，慢曲子。百官酒，三台舞。左右军筑球殿前旋立球门，约高三丈许，杂彩结络，留门一尺许。左军球头苏

---

述长脚幞头红锦袄，余皆卷脚幞头，亦红锦袄，十余人。右军球头孟宣并十余人，皆青锦衣。乐部哨笛杖鼓断送，左军先以球团转众小筑数遭。有一对次球头小筑数下，待其端正，即供球与球头，打大臁过球门。右军承得球，复团转众，小筑数遭，次球头亦依前供球与球头，以大臁打过，或有即便复过者胜。胜者赐以银碗锦彩，拜舞谢恩，以赐锦共披而拜也。不胜者球头吃鞭，仍加抹抢下酒，假鼋鱼，密（蜜）浮酥捺花。"

　　宋代蹴鞠游艺盛行，促生了一些以此为业的艺人和行业团体。《武林旧事·诸色伎艺人》记载的南宋临安（今杭州）著名"蹴球"艺人，有黄如意、范老儿、小孙、张明、蔡润等五人。《梦粱录·社会》称，"更有蹴鞠、打球、射水弩社，则非仕宦者为之，盖一等富室郎君，风流子弟，与闲人所习也。"如今文献所见宋代蹴鞠行团体有二，一曰齐云社，二曰圆社。《武林旧事·社会》："二月八日为桐川张王生辰，霍山行宫，朝拜极盛，百戏竞集，如绯绿社（杂剧）、齐云社（蹴球）。"姚华《曲海一勺·骈史下》："涤器则传歌陋巷，蹴鞠则艳说齐云。"原注云："失名《一枝花·蹴鞠》套词有云：'富贵齐云。'又《圆社》套词云：'四海齐云会。'按齐云，蹴鞠社名。"又《水浒传》二回：端王道："这是齐云社，名为天下圆，但踢何伤？"宋陈元靓《事林广记续记·文艺·圆社摸场》："四海齐云社，当场蹴气球。作家偏著所，圆社最风流。"宋汪云程《蹴鞠谱》中辑有《圆社锦语》。

　　那么，蹴鞠团体何以名"齐云社""圆社"呢？考之"齐云"，南朝陈后主曾建齐云观，《南史·陈纪下·后主》载，"起齐云观，国人歌曰：齐云观，寇来无际畔"；唐有齐云楼，一在苏州子城上，一在陕西华县城内，宋王禹偁《黄州重建小竹楼记》中言及"彼齐云、落星,高则高矣,井干、丽谯,华则华矣,止于贮妓女,藏歌舞,非骚人之事,吾所不取";五代时周世宗曾造战舰名齐云船,即《新五代史·南唐世家·李景》所记"造齐云船数百艘,世宗至楚州北神堰,齐云舟大,不能过,乃开老鹳河以通之,遂至大江"。若依"艳说齐云""富贵齐云"之语,似当与齐云楼为娱乐之所相关。如从蹴鞠为竞技性游艺来讲,又似与齐云战舰相合。又钱南扬《市语汇钞·圆社锦语》案称:"试将全书考查一下,未收之市语尚不少。如:开膁、圆会、哨水、齐云、野圆、出汗、不出汗、部署、校尉、茶头等等。"然无详载,则不知市语中"齐云"何意。至于"圆社",蹴鞠用球为圆形,故有"蹴圆""蹴球"之语,或因此名之,意为"球社"。又考查《圆社锦语》得知,行中以"圆"谓"好",则当缘常语"花好月圆"之说而言。两者确取何意,有待进一步获取实证,方可确凿言之。

　　《蹴鞠谱》辑录的《圆社锦语》,既可视为宋代蹴鞠行团体圆社的隐语行话,也可认为是当时这一游艺群体所通用的隐语行话。因为,"圆社"又系蹴鞠艺人的代称。如《水浒传》二回:"俺道是甚么高殿帅,却原来正是东京帮闲的圆社高二。"又《金瓶梅词话》一五回:"西门庆出来外面院子里,先踢了一跑;次教桂姐上来,与两个圆社踢,一个揸头,一个对障,抅踢拐打之间,无不假喝彩奉承。"今存本《圆社锦语》凡一百二十一条,光是数目隐语行话即为两套,如:孤为一,对为二,春为三,宣为四,马为五,蓝为六,星为七,卦为八,远为九,收为十;又:解数为一,勘赚为二,转花枝为三,火下为四,小出尖为五,大出尖为六,落花流水为七,斗底为八,花心为九,全场为十。上面录示元刊《琵琶记》的《西江月》中，即杂有当行隐语行话。例如"白打""官场""宝妆"，分别指远去和两种踢球方法。

## 二、说书行（书会）

传统说书艺术源远流长，远可言及春秋秦汉瞽师讲故事、优人说笑话，唐五代宫廷说话、寺院俗讲；最为直接的，当是随着南北两宋都市繁荣而兴起的"说话"艺术。

两宋"说话"艺术之盛，宋人笔记杂著中多有记述。《东京梦华录·京瓦伎艺》中，记有宋徽宗时东京汴梁城小说、讲史、说诨话、说三分、说五代史、说孟子书等，"说话"多种及著名的专长艺人，"不以风雨寒暑，诸棚看人，日日如是"。据统计，见诸《梦粱录》《武林旧事》等笔记之中的南宋临安（今杭州）瓦肆勾栏及宫廷的说话艺人计一百二十九人，除去重见者十九人，共得一百十人①。诸般"说话"艺人的职业化，使之产生了各种专门的同业行会组织，如《武林旧事·社会》所记述的"雄辩社（小说）""同文社（耍词）"之类。除说话艺人行会雄辩社外，还产生了为说话艺人及其他戏曲曲艺行当编写话本脚本的行会——书会。《武林旧事·诸色伎艺人》载录"小说"艺人五十二人，当属雄辩社成员；又有"书会"中人六位。"李霜涯（作赚绝伦）、李大官人（谭词）、叶庚、周竹窗、平江周二郎（猢狲）、贾廿二郎。"通过考查有关文献，可知宋元时有永嘉书会（温州）、九山书会（温州）、古杭书会（杭州）、武林书会

---

① 胡士莹《话本小说概论》，中华书局 1980 年版，第 64—65 页。

（杭州）、玉京书会（北京）、元贞书会、敬先书会等①。由于说话人的话本多是出自书会先生（才人）笔下，所以许多话本中都直接言及"书会"。如《水浒传》四六回："后来书会们备知了这件事，拿起笔来，又做了这只'临江仙'词。"又九四回："看官听说，这回话都是散沙一般，先人书会流传，一个个都要说道。这时难做一时说，慢慢敷衍，关目下来便见。看官只牢记关目头行，便知衷曲奥妙。"郭沫若在《雄鸡集·学习关汉卿并超过关汉卿》中曾谈道："关汉卿的不朽剧作，大都是在他的书会朋友们互相讨论修改下写出来的。"

至近、现代，仍可见这种传统的"书会"形式遗制。

山东惠民东南向有"重镇"之称的胡集，每年农历正月必办书会。相传胡集书会始于元代，清初极盛，一直延续至今。届时，河北沧州、石家庄以及东北、京津、内蒙古、河南等地的说书艺人纷纷结伴到此。除祭礼祖师、互相拜年、认师收徒，以及处罚违犯行规徒弟等活动外，主要就是进行表演和切磋交流技艺。书会之后，再沿途卖艺而去，名为"后节"。能在胡集书会上受到赞誉而获高酬金者，同行艺人们视为一种荣耀②。实际上，已由传统的书会组织流变为"会书"行业集会活动。

每逢正月十三河南宝丰县马街书会，街里街外、坡上坡下、庙前庙后，到处扎满了书棚、书摊，赶会的说书艺人往往达千人以上，即或"文革"期间也未能取缔掉。其影响深远，竟涉及豫、皖、苏、晋、冀、鲁、鄂、陕等地，其间坠子书艺人约占到

---

① 胡士莹《话本小说概论》，中华书局1980年版，第66页。
② 山曼等《山东民俗》，山东友谊书社1988年版，第455—456页。

会艺人百分之八十以上。据马街火神庙残碑记载，这里的庙会兴起于元代仁宗延祐年间（1314—1320），也正是当时书会兴盛时期。这里的书会既有结社的因素，又有艺术交流的味道，还制定有严格的纪律加以约束。民国时，所有活动均统由公选出的会巡总管。类似的书会还有开封的朱仙镇、南阳的赊旗店、唐河的大河屯等地，都是河南历史上多年形成的地域性书会地。最著名也最兴盛的，便属宝丰马街书会。①

此外，清至民初各地一些说书艺人行会也见载于有关文献。苏州评弹为评话（大书）和弹词（小书）的合称，其历史最久、规模最大的行业团体光裕社的前身是光裕公所。光绪二十五年（1899）的《光裕公所重建宫巷第一天门三皇祖师殿碑记》称："吾业光裕公所，始于宫巷第一天门，供奉三皇祖师神像。"可知其奉三皇为行业祖师。旧时北京市鼓曲长春职业公会，则是以南药王庙周庄王殿，奉周庄王为行业祖师。

三、戏曲行（梨园）

中国古代戏曲是在综合民间"百戏"艺术的基础上，在宋元时期成熟并发展成较为完整的艺术体系。或如《清稗类钞·戏剧类·今剧之始》所云："六朝以还，歌舞日盛，然与今剧颇不类。自唐有梨园之设，开元朝分太常、俗乐，以左右教坊典之，乃为今剧之鼻祖。伶人祀先，明皇是称，固其宜也。……金、元以后，曲调大兴，按谱填词，引声合节，乃为昆曲之所自出。今剧由昆曲而变，则即谓始自金、元可也。"

后自统称戏曲行为"梨园行"，源于唐代大内"梨园弟子"

---

① 马紫晨《河南曲艺史论文集》，中州古籍出版社1996年版，第138—140页。

之说。任半塘《梨园考》云："唐梨园位于长安北面，芳林门外之禁苑内，乃专门训练男乐工之所。因俗乐为人所好，入人较深，故梨园乐工之名，较显于太常乐工。太常雅乐所以娱神，太常俗乐所以适应典礼仪式。从玄宗起，只嗜好俗乐中之法曲，赏羯鼓，而厌琴瑟，其影响颇大！于是当时凡为人所爱好之乐工，宜皆出身于梨园，而'梨园弟子'四字，遂初步成为乐工弟子之代词。"①

　　如今文献所见较早的民间梨园行同业组织，是宋代名之为"社"的杂剧等团体，如《武林旧事·社会》记述的"二月八日为桐川张王生辰，霍山行宫朝拜极盛，百戏竞集，如绯绿社（杂剧）"，以及"绘革社（影戏）""清音社（清乐）"等。又《梦粱录·社会》也载有"遏云社、女童清音社、苏家巷傀儡社……子弟绯绿清音社、十闲等社"。

　　梨园行多奉所谓"老郎神"为祖师。关于老郎神何许人也，传说不一，以唐明皇为是者居多。各地梨团同业组织多于会所设祖师庙、祖师殿，许多祖师庙也即行业会所。苏州老郎庙，即为苏州梨园会馆。清顾禄《清嘉录》卷七："老郎庙，梨园总局也。凡隶乐籍者，必先署名于老郎庙。庙属织造府所辖，以南府供奉需人，必由织造府选取故也。每岁竹醉日后，炎暑逼人，宴会渐稀，园馆暂停烹炙，不复歌演，谓之'散班'。散而复聚，曰'团班'。团班之人，俗称'戏蚂蚁'。中元前后，择日祀神演戏，谓之'青龙戏'。"并又案引钱思元《吴门补乘》云："老郎庙，在镇抚司前，梨园弟子祀之。其神白面少年，相传为明皇，因明皇兴梨园故也"。嘉庆九年（1804）《吴郡老郎庙之记》碑载：

---

①　任半塘《唐戏弄》，上海古籍出版社1984年版，第1111页。

"吴郡亦有老郎神庙，屡加修葺，殿庑之外，又建堂室回廊复宇，黝垩丹漆，靡不备焉。"光绪七年（1881）《重修老郎庙捐资碑记》又载："老郎庙始为苏城昆腔演戏各班聚议之所，大殿供奉祖师神像，每逢朔望拈香。"据民国二十二年（1933）本《吴县志》，记事断至清宣统三年（1911）卷三〇所载，"梨园公所，在三乐湾"，是否即上述老郎庙旧址，不得而知。

扬州梨园会馆谓"老郎堂"。清李斗《扬州画舫录》卷五："城内苏唱街老郎堂，梨园总局也。每一班入城，先于老郎堂祷祀，谓之挂牌。"南京谓之"老郎庵"。《儒林外史》二四回："他（鲍文卿）这戏行里，淮清桥是三个总寓，一个老郎庵；水西门是一个总寓，一个老郎庵。"可知当时南京城梨园同业团体并非一个。金华、衢州则谓之"老郎馆"，"是金、衢一带独有的专管戏班艺人的组织，内除供奉唐明皇神像外，还珍藏所有戏曲本子"。① 不过，仍以称"老郎庙"者居多。《梦华琐簿》载："粤东省城梨园会馆，世俗呼为老郎庙。"《越中杂识·学校》载："敲山书院，在蕺山戒珠寺后，明末刘念台讲学于此。后为优人所居，供唐明皇于中，号老郎庙。"

此外，也有些梨园同业行会团体不奉老郎神为行业祖师。如四川戏班子供的是太子神，但总会办在成都老郎庙②。张次溪《梨园馆考》载，民国十三年（1924）春，北京戏曲界在樱桃斜街购得一所旧宅改建为梨园新馆，"后院为九皇堂，檐下悬梨园馆旧匾。堂内祀九皇塑像，每年旧历九月初一日，至初九日止，

---

① 章寿松、洪波《婺剧简史》，浙江人民出版社1985年版。
② 据《旧川戏班的班规制度》，载《四川文史资料》第27辑。

凡梨园子弟，皆往瞻礼，并持斋茹素"。[1] 同是旧北京梨园业，有的团体则祀喜神为行业祖师。如北京东岳庙《梨园重修喜神殿碑》载："燕都朝阳门外东岳庙，……其西廊喜神殿，则南府供奉所修，□奉梨园祖师者也。唯地处幽僻，经久荒芜，甚非崇德报功之所焉。梨园同人，即约集公会，为议事联欢之所。更恐数典忘祖，不足以昭示开兹，岁戊辰，陈德林、朱文英诸人倡议重典，就正殿□楼东北隅静室上下六楹，奉祖师喜神于中，醵资鸠工，顿呈轮奂，洵为盛举。"

梨园同业行会会所，除名之庙、馆、堂者，后则改称为"公所"。初建于清乾隆十六年（1751）的长沙老郎庙，乾隆四十八年（1783）建的湘潭老郎庙，后均改称了梨园公所。又据中华书局1939年出版的《上海研究资料续集》所收《清季上海地方自治与基尔特》记载，清代上海的"梨园公所"在"老北门内洗马桥"。

四、娼妓（附赌业、毒业）

娼妓，包括男妓，是历来主要的淫业群体，属于市井中变态娱乐行业。

宋代都市市井生活的繁荣，也为淫业的一时兴旺带来消费刺激。据《东京梦华录》卷二所载，北宋东京汴梁（今开封）城里，妓馆颇多，如曲院街"向西皆妓女馆舍，都人谓之'院街'"；朱雀门"东去大街、麦秸巷、状元楼，余皆妓馆，至保康门街。其御街东朱雀门外，西通新门瓦子以南杀猪巷，亦妓馆"；"出旧曹门，朱家桥瓦子。下桥，南斜街、北斜街，内有泰

---

山庙，两街有妓馆。桥头人烟市井，不下州南。以东牛行街、下马刘家药铺、看牛楼酒店，亦有妓馆，一直抵新城"；"十字街，曰鹌儿市向东曰东鸡儿巷，向西曰西鸡儿巷，皆妓馆所居"。另外，"凡京师酒店，门首皆缚彩楼欢门，唯任店入其门，一直主廊约百余步，南北天井两廊皆小格子，向晚灯烛荧煌，上下相照，浓妆妓女数百，聚于主廊槏面上，以待酒客呼唤，望之宛若神仙"；等等，如此不一而足。

宋代都市妓馆业如此兴旺，此季又是中国行会组织继唐之后的发达时期，也自然产生娼妓的同业行会组织。《武林旧事·社会》所记"翠锦社（行院）"，也即南宋临安（今杭州）的一种娼妓业同业团体。其注为"行院"，则已可确认。宋元以来，"行院"除指行帮、同行外，即为妓馆别称，因而也借指妓女（即行院中人）。宋马庄父《孤鸾》词："陌上叫声，好是卖花行院。"元张可久《普天乐·收心》曲："姨父暗攒，行院斗侃，子弟先趆。"明杂剧《娇红记》卷上："若说着俺，行院家的门风，打紧的是虔婆利害。"又《水浒传》二〇回："我这女儿长得好模样，又会唱曲儿，省得诸般耍笑；从小儿在东京时，只去行院人家串，那一个行院不爱他？"至于元明时又以"行院"谓戏曲艺人，当是缘由古代"娼优一家"之旧说。近人王国维《宋元戏曲考》认为行为"大抵金元人谓娼妓所居"，所言无误，而且宋季已然。另外，宋赵素《为政九要》之八，也明确说明"妓馆"等业"各立行老"。

明季汴梁，虽前经北宋亡而南宋建都于临安，其妓业之盛仍未减前朝东京多少。《如梦录·街市纪》第六即载，明代开封城中五胜角大街路东"向南，三间黑大门，匾曰'富乐院'。内有白眉神等庙三四所，各家益造居住，钦拨二十七户，随驾伺候奏乐。其中多有出奇美色妓女，善诙谐、谈谑，抚操丝弦，撇画、手谈、鼓板、讴歌、蹴圆、舞旋、酒令、猜枚，无不精通。每日王孙公子、文人墨士，坐轿乘马，买俏追欢，月无虚日。"其中，白眉神系旧时娼妓行奉祀的行业祖师。明代娼妓业群体的隐语行话已十分流行，如今可见者仍有《金陵六院市语》《行院声嗽》《六院汇选江湖方语》等数种。然而，迄今未见有关当时有类似南宋临安"翠锦社"之类同业行会组织的文献史料。

清末以来，各行各业的行会组织越来越多，各种名目的娼妓行业的同业行会也纷纷出现。旧时沈阳称妓院为"窑子"，称妓女为"窑姐""窑子娘们"。民初，当"窑子增多以后，窑主们乃筹组妓业同业公会，公推窑主刘虎臣为会长，王垄宾为副会长，恶霸窑主贾五（解放后被镇压）为帮办会务。以后在小南岗（今十三纬路五经街处）又开设有以'堂'字命名的窑子十多家，也加入了妓业同业公会"。在当时日本附属地（今南站一带）成为高级妓馆区之后，"这些妓馆业也组织了妓业同业公会，推董六为会长，以后两公会合为奉天妓业组合，以艳乐书馆二窑主李连发为组合长，属伪奉天市公署管理"。"在敌伪法律上，虽有禁止买卖人口、不许虐待妓女的条文，实际上是一纸空设，对窑主却不起制约作用。他们以集体贿赂警宪为手段，由同业公会会长（东三省妓业组合长）以各家窑主筹集钱款，按节按年分别送给警察、宪兵，这样一来，警宪成了妓馆的护身符，窑主们便可为所欲为，肆无忌惮。"① 妓业公会是业主的同业行会，维护的是业

① 侯栖缘《旧沈阳妓馆业的罪恶》，载《沈阳文史资料》第三辑，1982年10月出版。

主们的利益。

号称"十里洋场"的上海，是中国近代史上娼妓云集之所，妓业兴盛一时。然而，也是在这里，曾于民初出现了昙花一现的妓女自救团体"青楼进化团"。青楼进化团由 1897 年《游戏报》花榜状元祝如椿发起，成立于 1912 年 5 月，共同发起人还有当时名妓柳如是、张曼君、翁梅倩、林黛玉、谢莺莺、林宝玉、万里红、花丽娟等人。在她们为办妓女进化学校而演剧筹款的启示中称："十里洋场，纸醉金迷之窟，三生孽障，花残月缺之悲，薄幸青楼，沉沦黑海。共和国体，阶级蠲除，同人发起青楼进化团，联络同侪，普施教育，作从良之准备，为艺妓之模型。顾填海有心，补天无术，爰效现身之说法，冀得援手之多金，务乞文人学士，闺阁名媛，惠然肯来，后为赞助，聚沙成塔，集腋成裘。""进化团"的宗旨尽在其中矣。她们用所筹得的一千余元租赁了校舍，聘定了教师，由柳如是、张曼君为正副理事长，祝如椿为评议部长，决定招收五十余名学员。一时，各妓院妓女、雏妓、娘姨大姐争相报名。她们在自己办的学校里学文化、学礼仪。在提倡国货、抵制外国货的运动中，柳如是、张曼君亲自演说，青楼进化团成员和学生们都不使用舶来品。然而，由于办学开支很大，无固定的基金保证，学员迫于生计只能业余上学，困难重重，加之创办人祝如椿也迫于自身生计远走津门而无暇顾及学校了。于是，随着学校的解散，青楼进化团也因此消亡。[①] 就此，有评论认为："青楼进化团虽然只是昙花一现，然而反映了青楼女子对新的共和制度所寄予的极大希望。希望能在提倡民

---

① 孙国群《旧上海娼妓秘史》，河南人民出版社 1988 年版，第 101—103 页。

权、男女平权的新形势下，自己也能站起来做人。在民国当局不能拯救她们的情况下，企图依靠自己的力量，自筹经费，自办学校，提高自己的文化素养，提高自己的人格，以改变世俗对她们的偏见，争取早日跳出火坑，过上普通人的生活。这充分反映了她们对新生活的追求。"①

## 附　赌业、毒业

赌与毒，是与娼并行的市井变态娱乐。

《论语·阳货》有道："饱食终日，无所用心，难矣哉！不有博弈者乎？"在此，孔子说的是一般消闲娱乐，而赌博便是由此演化的变态性娱乐。一如《孟子·正义》所云："后人不行棋而专掷采，遂称掷采为博，博与弈益远矣。"以博戏作赌，是为"赌博"。

《清稗类钞·赌博类》中说，"上海商业各帮，皆有总会之设，名为总会，实则博场也"。由此，则使人联想到唐代始兴的柜坊，这种原本代客商有偿保管钱财的商铺，后来逐渐变成了无赖之徒销熔铜钱乃至赌博之所，终被官府取缔。至南宋，《武林旧事·游手》中，仍有"柜坊赌局"的记载。清末沪上一些行会公所被用作赌场，但其行会仍非赌业公会。今所见文献中较早的赌业行会，始见于南宋，即《梦粱录·社会》中记载的"穷富赌钱社"。

中国的毒业主要是贩销鸦片。唐代，鸦片进入中国时是作为药用。17世纪吸食鸦片的方法传入中国，清政府于雍正七年

---

① 孙国群《旧上海娼妓秘史》，河南人民出版社1988年版，第101—103页。

（1729）和嘉庆元年（1796）先后明令禁止吸食鸦片和停征鸦片税。道光二十年（1840），英帝国为维护鸦片贸易欲打开中国大门，发动了侵华战争，即历史上著名的鸦片战争。尽管鸦片战争以清政府失败告终，但此后历代政府均禁止吸食鸦片。然而，并未能切实彻底禁止。旧时各种烟馆林立，贩销均获暴利。由于利欲驱使，屡禁不止。《清稗类钞·农商类·上海土业》载："上海贩售烟土之华商皆潮州帮。盖道光时，有随同洋商初至沪贩土之潮州郭姓者，能英语，又得洋商信用。来沪，初代洋商出售烟土，如洋行之买办然。继则设栈设号，作私人之营业，曰鸿泰号。又未几而其亲族同乡亦均治土业，于是贩土之人日伙。自光、宣间内地烟禁加严，而租界新开之土栈以'鸿泰'名者，不计其数，然十六七皆冒名也。"其间，非但形成有像沪上这样的潮州土帮，光绪时广东的土产鸦片烟业也于梧州公然设立了名为"协成堂"的同业公所。

吸毒有百害而无一利，政府明令严禁。在各种戒毒名目中，有药物戒毒方法。于是，衍生出了戒烟店行业，以及建立"戒烟研究会"之类名目的同业行会，议立行规。清末宣统元年（1909），湖南省城长沙"戒烟研究会"订立的《戒烟店条规》序称："窃以朝廷立宪，百度维新，凡百事业，皆力求进步，如学务之有教育会，农桑之有农学会，商界之有商学会，凡一切工艺，亦莫不有会，皆所以俾同人集聚，互相讲求，精益求精，同归至善。我行戒烟，尤属当今重要事业，历年以来，人各一方，优劣不一，况今朝廷禁烟，屡颁明诏，我行上体朝廷旨意，下念民生艰难。爰集同人，公同商议，立一戒烟研究会，总以脱毒断瘾为宗旨，经四川巡警道监督考验，彼此稽核，互相调查，方虽

不同，总不许一家挽杂吗啡等物，贻害同胞。然药既认真，其本
必巨，于是公同酌定一价，不得私涨私跌，以归划一。倘有药不
认真，紊乱行规者，凭众照章议罚，决勿徇情。"① 云云。事实
上，禁令归禁令，行规归行规，许多戒烟店不过暗度陈仓、挂羊
头卖狗肉，以戒烟药为名而售以烟土，仍属改头换面的烟馆。所
谓"总不许一家挽杂吗啡等物"，已属事实存在，利欲驱使，只
是各自心照不宣罢了。

---

① 《湖南商事习惯报告书》，清宣统三年（1911）出版。此据彭泽益主编《中国
工商行会史料集》，中华书局 1995 年版，第 451—452 页。

第五章
中国江湖行会

拙著《试论中国江湖文化》中，谈了这样的见解，所谓"江湖社会"，在传统上是泛指以医、卜、杂技、武术等技艺为生计谋生的自由职业者的松散群体。它以古代的巫、医、百戏为源头，进而形成了以侠武为主要势力的巾、皮、李、瓜四行，从而构成了江湖社会的基本职事行当。至"五花八门"阶段，其范围不断扩大，一是出自原有行当的分工日细，或由此衍生诸多行当；再即广义地包括了一时同江湖社会较有瓜葛、联系较广的一些行业，严格讲，当属江湖社会的边缘部分。凡此，合而构成了光怪陆离、半明半暗的混沌怪圈——江湖社会。①

　　清末光绪年间苏州桃花仙馆石印本《鹅幻汇编》卷一二，有篇《江湖通用切口摘要》说："江湖各行各道，纷纷不一。……江湖诸技，总分四行，曰：巾、皮、李、瓜。行此者名曰相夫。凡做相夫者，不曰'做'而曰'当'，故自称'当相者'。"所谓巾行，是巫卜星相，皮行是医药，李行是曲艺杂技戏法，瓜行则是打拳练武之类。再细分，乃又有"五花八门""七十二行"，可以

---

　　①　载《中国民间文化》1993年第4集，学林出版社1993年版。

说几乎涵纳了所有的诸行民间技艺职事。其中，既包括许多工商行业，也包括了大部分市井行当，泛化了"江湖社会"。

江湖社会诸行（门）分类不一，叫法也有分歧，但大体的划分原则均以所操技艺职业为本。几乎各行（门）即为一个跨地域的行业团体，或由多种团体构成。在此，略为选择几个比较典型的江湖职业群体的同业行会性质或准行会性团体，加以记述。

## 第一节　长春会

长春会主要是北方一些地区的江湖社会各门诸行共同的跨地域性组织，可谓北方江湖社会总行会之一。

对此，《江湖丛谈》记述得颇为详细，摘要抄录如下：

> 在早年，江湖人到了他们有地盘之处，都有一种组织，他们江湖人的团体叫做"长春会"。这会包括的生意有：算卦相面的；打把式卖艺的；卖刀创药的；卖眼药的；卖膏药的；卖牙疼药的；卖壮药的；卖刀剪的；卖针的；卖梳篦的；变戏法的；卖戏法的；唱大鼓书的；唱竹板书的；说评书的；说相声的；修脚的；卖瘊子药的；卖药子的；卖偏方的；治花柳病的；耍猴儿的；玩动物园的；拉洋片的；卖药糖的；卖耗子药的；跑马戏的等等生意，俱都算上。五花八门，包罗万象。只要是老合，就得入这长春会。

> 可是，这种江湖团体是老合们自动组织，并不在当地官署立案，会中的规律都能遵守的，其范围大小是看他们的生意多少而定。最大的有郑州长春会。那里的生意，各门各户都到。各种生意，各种的杂技全都有。会中按着金、皮、

彩、挂、平、团、调、柳八门生意，一门有一门的领袖。那
当领袖的人必须年岁高大，本领过人，素有声望，对于江湖
中的事儿，无论大小全都懂得。同行的人们把他推举出来当
他们的领袖，才能负一门的责任。由各门的领袖再推举出两
个会长，分为一正一副。那充当长春会总领袖的人得是老江
湖。做生意比人多挣钱，行为正大，做事光明，遇事不畏艰
难，肯奋斗，肯牺牲，能调停事排解纠纷，江湖人才重看，
大家尊敬他，遇事都受他的指挥，服他的调动。这种人材是
最难得的。

这种江湖人组织的长春会，各县的乡镇全都存在的。这
种江湖团体是流动的性质，随时的集合，亦无人管辖，亦无
人指导，官府并不立案。他们对内就为调剂江湖人做生意的
地方，纠正江湖的规律；对外就是与各地××会联合，解决一
切的地皮临时租价与江湖人适用的地势而已。

济南城有个长春会，内中的会员全都是江湖人，那会长
××贵亦是江湖中的名人。……凡是外省的江湖人，到了那里
都得临时请求入会，经会中审查合格，发给会员证，才能在
那里做生意。久在那里的江湖人，还得受过该会的训练，然
后才能在该地献艺。那里的各市场，文武生意立的场子，亦
适合江湖的纪律化。那里的江湖人，只要有真本领就能得
意。济南的江湖人总算是受了该会的益处了。其他各地无有
长春会组织，就是有真本事的江湖人亦得不着好地势，亦挣
不了钱。①

---

① 云游客《江湖丛谈》由北平时言报社出版于20世纪30年代，此据中国曲艺
出版社1988年版，第10—14页。

旧时江湖人之所以将其团体名为"长春会",或与元代著名道教人物丘处机有关。丘处机自号"长春子"。据《元史·释老传》载,元太祖成吉思汗曾召见丘处机于西域,封为大宗师,赐号"长春真人",命总领道教。旧时北京玉器行业奉丘处机为行业祖师,其行会会馆即名"长春会馆"。日本学者仁井田陞编《北京工商基尔特资料集·长春会馆》载,据民国时北京玉器业同业公会会长李树椿介绍,长春会馆创建于清乾隆五十四年(1789),内祀长春真人。馆内的民国二十四年(1935)《玉行规约》也载:"考我玉行长春会馆,创自前清乾隆五十四年。"又据当代北京玉器工艺美术家王树森等人的介绍,也同上述相合:"乾隆年间,北京玉器行业艺人为了纪念邱祖,在琉璃厂沙土园修了一座长春会馆。馆内有邱祖塑像,立有石碑记叙邱祖事迹。碑文说当年受过邱祖恩惠的北京贫苦百姓多达万人。艺人们把九月初三邱祖羽化之日作为行业聚会日期。这个行会延续了两百多年,直到1952年成立了生产合作社,才完成了自己的历史使命。"① 据调查,北京长春会馆原址所在的琉璃厂沙土园口内路西,今名宣武区小沙土园胡同。②

## 第二节 丐帮

丐帮作为职业乞丐的行帮组织,是江湖社会典型的一个支系群体。

---

① 华积庆编《中国民间工艺故事选》,福建人民出版社1984年版,第67页。
② 汤锦程《北京的会馆》,中国轻工业出版社1994年版,第168页。

中国丐帮组织，在不同时代、不同地区有着不同的名目，甚至在同一地区的组织之中还会划分不同名目的团伙或行帮。

在中国诸行行会比较成熟的宋代，即已出现了职业乞丐的行帮组织。《东京梦华录》卷五记述北宋东京汴梁（开封）民俗说："其卖药卖卦，皆具冠带。至于乞丐者，亦有规格。稍似懒惰，众所不容。其士农工商诸行百户衣装，各有本色，不敢越外。谓如香铺裹香人，即顶帽披背；质库掌事，即着皂衫角带不顶帽之类。街市行人，便认得是何色目。"如此，市肆诸行皆有行首依行规、习俗约束本行，"乞丐者"的"规格"亦自有"丐首"管制。宋代文献业已可见"丐首"和乞儿"团头"的记载，证明当时丐帮组织已如市肆工商诸行一样存在着。宋陈襄《州县提纲·常平审结》载："常平义仓，本给鳏寡孤独、疾病不能自存之人，每岁仲冬，合勒里正及丐首括数申县。"相去宋代不远的明冯梦龙编的《古今小说·金玉奴棒打薄情郎》写道：

> 话说故宋绍兴年间，临安虽然是个建都之地、富庶之乡，其中乞丐的依然不少。那丐户中有个为头的，名曰"团头"，管着众丐。众丐叫化得东西来时，团头要收他日头钱。若是雨雪时，没处叫化，团头却熬些稀粥，养活这伙丐户，破衣破袄，也是团头照管。所以这伙丐户，小心低气，服着团头，如奴一般，不敢触犯。

《金玉奴棒打薄情郎》事本，见于明代有关文献。如《西湖游览志余·委巷丛谈》载："宋时，杭丐者之长曰团头，虽富，而丐者之名不除。有一团头，家富，而女甚美，且能诗，心欲嫁士人，人无与为婚者。有士新补太学生，贫甚，无所避，又得妻之资，罗书而读，遂登第，授无为军司户。将妻赴官，常不满于老丐者。"云云。又如《情史·绍兴士人》："绍兴间，有士人，贫不能婚，赘入团头家为婿。团头者，丐户之首也。女甚洁雅，夫妇相得。逾数载，士人应试成名，颇以夫翁为耻，既得官淮上，携妻之任，中流与妻玩月，乘间推坠于水，扬帆而去。"凡此，在显示小说本源的同时，也可证宋代杭州丐帮组织之史实。

据明张瀚《松窗梦语》卷一载，明季北京的盲丐结有"茶会"团体，"会辄数十人"。明徐复祚《一文钱》剧中，写到同一城中有东西南北四门丐头，分为四帮。无独有偶，据载旧时河北正定的丐帮也分四门，即：奉范丹为祖的范家门，奉江南康花子为祖的康家门，奉宋仁宗母后李后娘娘为祖的李家门，奉后康穷秀才高文举为祖的高家门①。其实，帮分多门的现实功利，尽在于维护各团伙的群体利益而成宗派，拉帮结伙。

清季，大抵以县为治，各有管理乞丐的行帮首领即丐首，俗谓"丐头"。一如宋代，实行丐头治丐帮制度。如《清史稿·食货志一》所载："外来流丐，保正督率丐头稽查。"丐头多由黑社会帮会骨干或地痞流氓充任，并且获得官府的认可。20世纪30年代初的一份《上海七百个乞丐的社会调查》所记，便是这种情形："到了清代，乞丐有了一种丐头，大抵是豪强有势的，得到资格，每一地方，由知县委派，分区管理。他对于各区内的乞丐，有绝对的权威。新来的乞丐，必须先报到丐头的地方，替他服役，或是每天津贴多少，或是受重打一顿。假使他能够忍耐，

---

① 李乔《中国行业神崇拜》，中国华侨出版公司1990年版，第454—455页。

就可以在那区内行乞。丐头因为要禁止乞丐沿路求乞的缘故，每月向商店征取丐捐，他就给一印就的红纸，贴在门口，就没有乞丐去求乞了。不过，当他发钱给乞丐的时候，他往往从中取利，并且仍就（旧）放纵乞丐，让他们沿街求乞。所以，丐头不仅不能管束乞丐，反而剥削乞丐。这种丐头因为世代传袭的缘故，所以他们的权威，一直保存到如今，在地方上对于乞丐，仍旧是很有势力的。"① 这种调查结果，也从有关文献中获得印证支持。例如几种告示碑文所载：②

　　道光二年（1822）六月三十日《上海县为禁止流丐成群结党滋扰告示碑》云："嗣后如有前项恶丐成群结党，恃强硬讨，夜不归厂，聚宿车棚，滋扰地方，许该保甲扭禀解县，以凭究办。如丐头故纵容隐，一并重惩，毋违！"（碑原在上海县新庙镇）

　　道光四年（1824）十一月二十五日《上海县为严禁流丐结党盘踞扰累告示碑》云："嗣后如有恶丐结党盘踞，恃强硬讨，乘机肆窃，滋扰地方，许保甲扭禀解县，以凭究办。如丐头故纵容隐，一并重处。"（碑原在上海县新庙镇）

　　道光二十三年（1843）七月二十八日《青浦县永禁流丐勒诈滋扰告示碑》云："嗣后如有丐匪勾结土棍，借端勒诈，以及盘踞抢窃滋扰等项不法者，许即指名禀县，立拿严究详办。倘地保丐头得规徇庇，或经访闻，或被告发，亦即提案究革，决不宽贷！"（碑原在嘉定县安亭镇）

---

① 据《上海碑刻资料选辑》，上海人民出版社1980年版，第440—445页。
② 据《上海碑刻资料选辑》，上海人民出版社1980年版，第440—445页。

　　道光二十五年（1845）《松江府为禁流丐土匪勾结盘踞强索肆窃告示碑（奉宪永禁丐棍碑）》云："嗣后如有丐匪土棍勾结盘踞，以及强索肆窃等不法情事，许即指名禀县，立拿严究详办。该处地保、丐头，仍不时稽查约束，毋任滋扰。倘敢纵容包庇，一经访闻或被告发，并即提案究革，决不宽贷。"（碑原在上海县诸翟镇）

　　同治十二年（1873）十一月二十四日《严禁恶丐结党强索扰累闾里告示碑》云："为此示仰该处居民及地保、丐头人等知悉：自示之后，再有前项恶丐，结党强索，扰累居民，许即拿解有司衙门，严行究办。"（碑原在青浦县）

　　此外，又据同治七年（1868）十月《上海县为庙园基地归各业公所各自承粮告示碑》[①] 载："据庙园各业公所萃秀堂……花神楼等禀称：业等在治生理，各有公所，附建庙园，共计基地三十六亩八分九厘二毫。"末示"花神楼丐头"所应承粮的占地份额面积为"叁分叁厘陆毫"。是知其时上海丐帮已正式与市井诸行一样，在各行会会所聚集的城隍庙建有合法的同业公所。视其公所占地面积，在其二十一个公所中行居第十九位，较铜锡器业和羊肉店业公所所占地面积还居于先。

　　据清顾震涛《吴门表隐》附集载，嘉庆、道光年间，苏州"气头名门甲，城中有三十二股半，分管之，又有太保、徒犯、朱九林等名色，甚陋"。像这般有相应分支组织和丐头的丐帮情况，在清季已十分普遍。徐珂《清稗类钞·乞丐类·丐头》记述

---

　　① 《上海碑刻资料选辑》，上海人民出版社1980年版，第362—364页。

得尤为系统，从中足见概况。

　　各县有管理乞丐之人，曰丐头，非公役而颇类似之。本地之丐，外来之丐，皆为所管理，出一葫芦式之纸，给商店，使揭于门，曰罩门。罩门所在，群丐不至。其文有"一应兄弟不准滋扰"字样，或无文字而仅有符号。（此一纸罩门，实比官府所立禁丐滋扰碑之类威力大许多。）商店既揭此纸，丐见之即望望然而去。盖商店所出之钱，即交丐头，由丐头俵分于诸丐。丐若径索之于商店，可召丐头，由其加以责罚。其于（余）人家，则听丐自乞，间亦有揭罩门者。

　　商店人家或已有罩门，而丐偶有至者，非未入行之丐，即不同类之丐，盖丐头权力之所及，亦自有限制也。

　　丐头之收入有二。一、商店所给诸丐之钱，可提若干。二、年节之赏，庆吊之赏，无论商店、人家均有之。

　　新入行之丐，必以三日所入，悉数献之于丐头，名曰献果。献果愈多者，光彩愈甚，恒尽心竭力，以自顾门面，如官家之考成焉。此后则按彼中定制，抽若干成献于丐头。（其数大略不逾二成）若有死亡、疾病，则由丐头酌量给恤，重者并由同辈分担义务。入行之初，丐头示以规则，并行乞之诀，然亦粗浅庸劣，无一毫进步思想也。

　　乞丐之有丐头，尽人知之，而不知丐头必有杆子以为证，如官吏之印信然。《鸿鸾禧》剧本中，乙云："兄弟才疏学浅，不能当此重任。"甲云："老弟你休谦让，就此拜了杆儿罢。"是其证也。丐头之有杆子，为其统治权之所在，彼中人违反法律，则以此杆惩治之，虽挞死，无怨言。杆不能于至辄携，乃代以旱烟管，故丐头外出，恒有极长极粗之烟管随之。

京师丐头，向分蓝杆子、黄杆子两种。

蓝杆子者，辖治普通之丐；黄杆子者，辖治宗室八旗中之丐也。盖自入关以来，旗人向不事生计，而宗室中亦有游手好闲之徒，余威未杀，市井横行，故其党魁黄杆子一席，必以属之位尊势厚桀骜不驯之王公贝勒，方足以慑服之。所辖均旗人，犹之寻常一族之族长，不足为耻，且资格权力足以雄长其曹，被推之后，虽欲辞而不得也。

旧时丐帮多自称"穷家门"或"穷家行"。《江湖丛谈》载："今日穷家门，称其门为六大支派。即：丁、高、范、郭、齐、阎六姓是也。"各支派也是一大团体，各自奉祀各派行业祖师。旧时河北宁津县（今已改隶山东省）"穷家行"，分为"死捻子"和"活捻子"及"杆上"三大支系。死捻子为穷家行的正宗门，奉范冉为祖，并依乞讨形式分作"花搭子""武搭子"和"叫街"三行，其大首领称"当家"，小头目叫"篓子头"。活捻子为小绺，小偷小摸。杆上是炮手，为红白喜放炮邀赏。宁津穷家行自有隐语行话、行规。在初入穷家行时，要举办"拜杆"仪式。拜杆时必须有师傅、明师、引师三人参加。红朝上、黑在下摆上一个尺抱长的黑红杆，在座的轮流双手抱壶饮酒，给师傅磕头，然后由师傅告知徒弟是多少世，明师、引师及师傅姓名，都属哪一门。通常加入穷家行，要有半年的考验期。① 各地的丐帮，

①《穷家行》，载《近代史资料》第58号，中国社会科学出版社1985年版。

大都有其组织系统。东北丐帮分工明确，名目颇不少，如掌柜的是大筐，以下是落子头、帮落子、扇子、舀子、破头，再即相府、小落子、吃米的、硬杆、软杆，等等。[1]此外，内蒙古包头的"梁山"、黑龙江双城府"乞丐处"等丐帮，亦然。甚至到了今日，丐帮仍是个颇有传统组织规范的复杂社会群体，一个混杂、污秽的反主流社会的群体。[2]

## 第三节　巾门（巫卜星相）

巾门，又作"金门"或"惊门"，是旧时江湖社会对巫卜星相行业的称呼，或谓"巾行"。《江湖通用切口摘要》云："算命、相面、拆字等类，总称曰巾行。"

《东京梦华录》卷五记北宋东京汴梁"民俗"称："其卖药卖卦，皆具冠带。……其士农工商诸行百户衣装，各有本色，不敢越外。"是知当时巫卜星相业已经有了名之为"行"亦即"团行"的同业组织。至南宋，有关临安（今杭州）其行的记载进一步明确。《都城纪胜·诸行》载："市肆谓之行者，因官府科索而得此名，不以其物小大，但合充用者，皆置为行，虽医卜亦有职。医尅择之差，占则与市肆当行同也。"《梦粱录·团行》也载："市肆谓之'团行'者，盖因官府回买而立此名，不以物之大小，皆置为团行，虽医卜工役，亦有差使，则与当行同也。"

北京、四川等地，清代有所谓"三皇会"民间组织，成员主

---

[1]　曹保明《中国东北行帮》，时代文艺出版社1992年版，第149页。

[2]　详参拙著《中国乞丐史》，上海文艺出版社1990年版。

要是盲人巫卜星相业者，因奉祀伏羲、神农和轩辕三帝而得名。
每年农历九月十六日，是三皇会聚会之日：演戏酬神，吸收新会
员，推选新会首，公议会中事项。据清末的一份社会调查得知，
当时北京的盲人三皇会有会员达千人。①

据民国九年（1920）刻本《夏口县志》记载，汉口曾建有两
座"命理公所"，一是光绪十五年（1889）建于安乐巷河街的
"三才书院"，一是次年建于安定巷正堤街的"瞽星公所"。

据柯杨、赵宝玺《甘肃永登县"薛家湾人"的职业及其信仰
习俗——关于"中国的吉卜赛人"的民俗调查》② 这篇民俗调查
介绍：薛家湾村现有九十三户人家，四百五十六口人（1983 年 4
月统计）。主要是柳、刘、高、何四大姓。解放前这里的居民大
多数都习惯于三五家一群连年奔走四方，为人算命卜卦、禳病消
灾，而且风俗习惯也很特殊，与欧洲流浪民族——吉卜赛人有许
多相似之处，可以说是一个极为特殊的民间职业集团。他们几乎
不从事任何副业活动，连吃菜、吃油都需要进城去购买。"薛家
湾人"作为一个地区村落集团性的民间迷信职业集团，所供奉的
神灵、行业祖师，主要是周公、桃花娘娘和无量祖师等。1955 年
以前，该集团素不同外部通婚，以杜绝卜卦技艺外传。而且，长
期以来，他们有一种同迷信职业活动相关的隐语行话——"绍
句"。多少年来，这个由于各种原因陆续迁徙至此，最后因为共
同的职业习俗而集合于一处的特殊的民间迷信职业集团，长期保
持着对外的职业封闭性。

---

① 甘博、步济时《北京社会调查》英文本，1921 年版。此转见彭泽益主编《中
国工商行会史料集》，中华书局 1995 年版，第 124 页。

② 见张紫晨选编《民俗调查与研究》，河北人民出版社 1988 年版，第 84—128 页。

## 第四节　瓜行（武术）

瓜行，一作"挂行"。《江湖通用切口摘要》云："打拳头、跑解马，总称曰瓜子。"

《江湖丛谈》说："'挂'是挂子行，在早年都称为'武术'，俗称为'把式'，又称为'夜叉'行。现今提倡保存国粹，各省市都设立国术馆，唤醒国人，共倡武术，改为'国术'矣。国术的范围是很大阔的。国术的传流，门户的支派，亦是复杂的。好在敝人不是谈国术，是谈江湖艺人的'挂子'行儿。挂子行又分为几种。有'支'、'拉'、'戳'、'点'、'尖'、'腥'等等的挂子。管护院的调侃儿叫'支'，管保镖的叫'拉'，管教场子叫'戳'，管拉场子撂地儿卖艺的叫'点'，又有'尖挂子'，'里腥挂子'两支分别。什么是'尖挂子'呢？据江湖艺人谈，真下过些年功夫与得着名人真传的把式调侃叫'尖挂子'（尖即是真正的意思）。像那打几趟热闹拳的把式，刀枪对战叮当乱响熟套子的把式，只能蒙外行的把式，调侃儿叫作'里腥挂子'（里腥即是假的意思）。又有打'清挂子'的与'挑将汉儿'的分别。什么叫打'清挂子'呢？凡是江湖艺人在各市场里、各庙会里拉场子撂地儿，净指着打把式卖艺挣钱，叫作'清挂子'，如若打把式卖艺的还带卖膏药、卖大力丸的生意，不能算是'清挂子'，那算是'挑将汉'的。"显然，"瓜行"之中存在诸多支系，行中有行，各为行业集团。

至迟于南宋都城临安（今杭州）市井，业已出现了江湖"瓜行"行业团体。《梦粱录·社会》载："武士有射弓踏弩社，皆能攀弓射弩，武艺精熟。射放娴习，方可入此社耳。更有蹴鞠、打球、射水弩社，则非仕宦者为之，盖一等富室郎君，风流子弟，与闲人所习也。"又《武林旧事·社会》也载，"二月八日为桐川张王生辰，震山行宫朝拜极盛，百戏竞集"，其中便有相扑行当的"角抵社"、射弩行当的"锦标社"和使棒行当的"英略社"等"瓜行"竞技表演活动。《武林旧事·诸色伎艺人》中，还载录了诸"瓜行"的著名艺人：如角抵社的王侥大等四十四人，"乔相扑"演员元鱼头等九人，英略社使棒的朱来儿和"乔使棒高三官人"，举重艺人天武张（击石球）、花马儿（掇石墩）等六人，锦标社的"射弩儿"周长等四人。凡此，均属《江湖丛谈》所谓的"清挂子"者流。

江湖"瓜行"靠"尖挂子"（真武功）为职业本钱的，最属传统保安业——镖行。

保镖之"镖"，本字为"标"，其民俗语源出自古代竞舟夺标游艺民俗。《金瓶梅词话》五五回言及的"标行"、六六回中的"标船"，均系采用的本字。今文献中首见"标行"字样，即于是书。[①] 明清各地镖行林立，汇集的从业者大都是江湖武林英才。行中秘传的一部《江湖走镖隐语行话谱》[②]，尽载入行从业所必备的行规、隐语行话和常识性经验。如谱中强调必懂江湖隐语行话（春点）时说："春点学不全，花打是枉然。能送一锭金，不吐半句春。能送十千钱，不把艺来传。传手不传口，投师去访友。要

---

① 详见拙著《民俗语源探解》，载《中国民间文化》1995 年第 1 集，学林出版社 1995 年版。另可参阅拙著《中国镖行——中国保安业史略》，上海三联书店 1996 年版。郭绪印《近代上海帮会史研究谈》，载《社会科学报》（沪）1996 年 9 月 12 日第 529 期第 4 版。

② 见拙著《中国民间隐语行话》一书附录，新华出版社 1991 年版。

会江湖口，走遍天下有朋友。朋友处处多，到处有吃喝。不怕无有钱，到处不为难。七十二春，八十八点，不会为不专，习不通为笨。然眼前的易知，到深奥之中难。会全生意要知江湖话，才能称起江湖班。四大部州，三教九流，八大江湖，校里二行，有一不明是未全。"走镖、护院，各有规矩。一座镖行，既为一个镖师从业供职的职业单位，也是其同业小行会组织机构。

## 第五节　帮会

帮或帮口是业缘、乡缘或其他关系结合而成的、紧密或松散的群体。

帮会，是以业缘、同业乡缘，或生计、信仰等关系组合的紧密型集团组织。中国的近代帮会，是在同业行会组织基础上衍化而来的具有宗教、政治色彩的反主流文化的秘密社会团体。有学者谈道："学术界常有人把会党、帮会、道会、黑社会四者概念混淆。其实它们有密切联系，又有区别。帮会名称起源于明朝时期的商业行帮，多以地缘为基础、互助为纽带，组成地缘兼神缘、业缘的商帮。以后民间下层有共同经济利益、政治要求、文化心态的互助性的秘密结社也称为帮会。民国以来学术界所称的帮会多指清洪两大帮为首的民间下层社会秘密结社，但各地缘、业缘商帮仍被称为帮。特定时空的政治大背景下的帮会才称为会党。"① 尽管个中情况、相互关系均十分错综复杂，以应有的原则

---

① 详见拙著《民俗语源探解》，载《中国民间文化》1995 年第 1 集，学林出版社 1995 年版。另可参阅拙著《中国镖行——中国保安业史略》，上海三联书店 1996年版。郭绪印《近代上海帮会史研究谈》，载《社会科学报》（沪）1996 年 9 月 12 日第 529 期第 4 版。

坐标梳理清楚其源流脉络，对于社会史和处于下层的非主流文化群体的研究、鉴别，都是颇有意义的。

江湖文化崇尚仗义行侠，侠文化意识是中国民间文化的传统性主导精神。相对比较单纯的同业行会而言，江湖社会的帮会更为尚侠。尽管由于社会背景复杂及组成人员的成分混乱等种种因素所致，江湖帮会所尚"侠义"的内涵多有偏离传统甚至扭曲变形，但仍是聚合会员的主导精神支柱。江湖行帮的组织原则、行规原则，尽管往往是宗法性质的，也总是将其所阐释的"侠义"精神作为道德精神规范。因而，江湖帮会总习惯或喜欢以"江湖"为标榜。

明清江湖社会中的丐帮，其原本属于职业乞丐的行帮。丐帮成分混杂，一当其浸染上较浓厚的宗教或政治色彩，便由游民职业行帮转化为江湖帮会，成为秘密社会集团。清嘉庆十年（1805），在江西临川由前轿夫行会"担会"成员王瞎子创立的"边钱会"，成员主要是乞丐和窃贼。类如古代军中使用的虎符，边钱会以半边钱作为会内聚散的联络暗号和凭据，一半为行令，一半为坐令。会中参照前由萧烂脚创立的担会组织形式，会首称头肩或老大，余则递次为二肩、三肩之类，末为"老满"。入会者，乞丐出米一升，窃贼则出一只鸡或一百、二百文钱。每逢农历五月十三、八月十五聚会，"老大乘轿而至，众皆跪迎"，会规也颇为严明。道光八年（1828）贵州成立的"孝义会"，发起人为丐帮的王朴头、罗大武、孙老九等，实也为"边钱会"组织。道、咸以来湖南各地的"红黑会、南北会、串子会、青龙会等，均属此类以丐帮成员为骨干的江湖帮会。就如有的学者所分析的那样："在土地兼并与人口激增压力下，从传统社会组织中挤压出来的游民，不仅利用天地会这样的组织方式在社会夹缝中争取生存，而且创造了丰富多样的各种帮会。"① "清代的乞丐、窃贼帮会名目很多，但其基本特色是相一致的。一般说来，以窃贼为主体的帮会极力避免与强盗相联系，更避免与土匪的联系。职业乞丐往往同时行窃，因此较易转变为贼窃帮会。只有在社会极其动荡的情况下，这些帮会才可能采用武力，转变为强盗、土匪集团。"②

中国近代史上著名的江湖帮会——清（青）帮，是在嘉庆、道光年间京杭大运河漕运行帮组织基础上逐渐衍化而成。漕运水手行帮的势力颇盛，曾一度几乎控制着漕务。《军机处录副奏折》中的各地奏折，向朝廷奏报了许多有关漕运行帮的组织、活动情况。

> 粮船上素来供奉罗祖，护庇风涛。其供奉罗祖之船名老堂船，设有木棍一根，名为神棍，奉祀罗祖之人名老官。凡投充水手，必皈叩罗祖。其教不许人酗酒滋事，违者，老官取水棍责处，不服者送运官责逐，实借以慑服水手。（嘉庆十八年十二月二十五日山东巡抚同兴奏折）③

> 查粮舡雇用水手率多无业之民……甚至有老庵、新庵等名目。其头目则称老管，犹乞丐之有丐头也。至老官之称则凡丁舵水手之年长者彼此相呼，均称某老官，乃指年老之意，非谓头目也。（道光五年七月二十四日江苏巡抚陶澍奏折）

> 嘉白帮钱安六支，翁安一支，总名为老安，每安立会首一名，为七老会。钱安以李明秀为首，陆安以任兆林为首，刘安以在逃之文得为首，八仙安以黄第五为首，严安以席明

---

① 周育民、邵雍《中国帮会史》，上海人民出版社1993年版，第116、122页。
② 周育民、邵雍《中国帮会史》，上海人民出版社1993年版，第116、122页。
③ 以下奏折片断转引自马西沙、韩秉方《中国民间宗教史》，上海人民出版社1992年版，第272—275页。

为首，翁安以王松年为首。……杭三帮老安系吴在明当家，
潘安系郭世正当家。嘉白帮水手归会首管束，杭三帮水手归
当家管束。潘安人多强横，与老安素不相睦。（道光五年九
月二十一日浙江巡抚程含章奏折）

其间，与漕运水手行帮同时的还有"青皮""风客"等名目
的盐枭行帮，两者互相配合、利用。

> 有一种匪徒盘踞码头，专为粮船通线，散销，从中取利，
> 名为青皮。（《两淮盐法志》卷三，道光十一年五月十二日）
> 贩卖私盐之弊在粮船为尤甚，有一种积枭巨棍，名为风
> 客，惯与粮船串通，搭有货物，运至淮扬，托与本地奸徒，
> 令其卖货买盐，予屯水次。待至回空之时，一路装载。其所
> 售之价则风客与丁舵水手三七朋分。粮船贪风客之余利，风
> 客恃粮船为护符。（《漕运则例纂》卷一六《回空夹带》）

至清末，虽许多漕运水手及贩私盐行帮已化为清帮组织，但
也有与之若即若离的仍以旧业为事的行帮。即如陶成章《浙案纪
略》第二章《会党原始》所记："此外另有一派，贩私在苏、松、
常、太、宁、广、杭、嘉、湖之间，即所谓盐枭也。其一切组织
及口号、暗号，咸与洪门异，号称潘门，亦曰潘家，又别称庆
帮。内分三派，一曰主帮，系浙东温、台人。一曰客帮，系皖
北、江北人，又别号巢湖帮，以别于温台帮。凡江南、皖南、浙
西诸府之流氓、光蛋咸属此派。"[1] 实际已属以贩私盐为主要谋生

---

[1] 转引自马西沙、韩秉方《中国民间宗教史》，上海人民出版社1992年版，第306页。

手段兼操其他不法生计的帮会集团，已是具有秘密社会组织性质的江湖帮会。

除以劫掠为事的匪盗集团外，很多江湖帮会都是以一定生计职事为基础或主要联结纽带的，即业缘纽带。这种情况，在宋元已见端倪。例如宋代把持诉讼行当的讼棍帮会"业觜社"，其构成的成员既有贡士、国学士、断罢公吏，亦有宗室、世家子弟和市井无赖，并有专门的行规及隐语行话，如《名公书判清明集》卷一三吴雨严《豪与哗均为民害》所载："以毒攻毒，做贼人谓之'并旗鼓'，厮仆人谓之'并旗帐'，造蛊人谓之'蜈蚣虾蟆蛇'。"至于明代江南苏州、松江等府专以替人报私仇为业的"打行"，也属此类。明侯峒曾《侯忠节公全集·与万明府书》云："打行薮慝，敝邑（嘉定）为甚。小者呼鸡逐犬，大者借交报仇，自四乡以至肘腋间皆是。"有时，"打行"中人也代人受杖挨打，依时价索酬。

晚清曾在广东十分活跃的江相派，是一个以迷信诈财为职业的江湖帮会集团。十五岁时即得江相派"真传"的于城，曾著文详尽地披露了其中内幕。这个集团与当时的洪帮有着十分密切的联系。据介绍[①]：

> 这个集团的分子极为复杂，既有相命生、神棍、庙祝、道士、尼姑、和尚，也有斋婆、"姑婆"（斋堂的女住持）、江湖贩药者、"老千"（骗子）、流氓、喑哑、小偷等等。这

---

① 于城《"江相派"——一个迷信诈财的集团》，原载《文史资料选辑》第 47 辑，文史资料出版社 1964 年版。后收入《近代中国帮会内幕》下卷，群众出版社 1992 年版。

个集团和洪门会有很密切的关系，集团的大多数成员都是洪门会的会员，构成集团核心的头子，即所谓"师爷""大师爷"等必然是洪门会内的大学士、状元、进士等等；但又都必然是所谓得到"师门"真传的大相士、大神棍等。

江相派创始于什么年代，很难考据了。但从他们奉洪门五祖之一的方照舆作开山祖师这一点看来，相信它最早也不过形成于清康熙、雍正年间。据我所知，晚清时期，是这个派系的极盛时代，直至距今四十年左右，这个派系还未衰落。当时的"大师爷"，香港有何立庭、李星南，广州有钟九、陈善祥，上海有傅吉臣、黄焕廷，新加坡有杨海波等；其中何立庭更有"通天教主"之称。而它的成员，也遍布两广各大城市以及上海、汉口、香港、澳门、马来亚、南洋群岛等地。

因为这个派系在旧中国里存在达二百多年之久，而且代代的大师爷们都是有"法"有"术"的大相士、大神棍，他们凭借着"师门"传授下来的"法"和"术"，更运用自己的机诈和组织的力量，不断制造出许多"神迹"来，以欺骗和愚弄广大人民群众，并加固了封建社会"神权""命运"的迷信堡垒。

我的父亲就是这一派系的成员，他做了四十多年的相命先生，在香港、广州、韶关都曾名噪一时。他的招牌叫做"幼而学"，相信今天还有许多老广州会晓得这个名字。我青少年时代，一直跟随他一起过活，而且认识了他许多行家，包括许多大、小师爷。

不晓得打哪时候起，它又和洪门会结合，江相派的成员同时也是洪门会员。据我父亲说，一来他们都是洪门五祖之一的嫡传弟子；二来在旧时代里，如果江相派人物不和洪门会结合，就难免绿林好汉拦劫以及受到"地头蛇"（土霸）的欺凌；三来这批人都是下层知识分子，有文化，有计谋，洪门大哥们也愿意得到他们的帮助。北方江湖黑帮分为八大将，都称作"将"，但南方江湖黑帮只分"将"和"相"……绿林好汉，捞家把头等大哥，在洪门会内称"将"，江相派人物却称为"相"，取"将相和"的意思，也用此来划清文、武行。

至现当代，仍然存在以毒、娼、乞、走私、相命等为生计业缘为主的黑社会性质的江湖帮会，以及匪盗劫骗集团。这种状况，同历史上江湖社会各种帮会的生成与发展轨迹一脉相承。

# 第六章
# 中国行会制度民俗

行会借业缘、地缘、神缘或其他功利性需求形成之后，则需要一系列成文法或不成文法的制度制衡调控内外的各种结构关系，以此来维系组织的存在和实现其组织的功能。

以中国政治传统和文化传统为前提的中国行会的制度民俗，既有鲜明的民族传统特点，又有相应的个性。这些，主要表现于具体的行业祖师崇拜、行业规约、隐语行话、行业标识，以及行业禁忌等制度民俗诸形态事象之中。

有些行业制度民俗产生于行会出现之前，但行会组织的出现往往承袭、强化或发展了这些行业制度民俗事象。有些，则是行会组织产生后形成的制度民俗，如大部分的行业规约都是经行会组织公议订立的。

## 第一节　行业祖师

行业祖师，即行业神或说行业保护神，是具体行业从业者所奉祀的有关本行业创始或关系行业根本利益的神祇。

行业祖师崇拜，是从祖先崇拜衍生而来的传统民间信仰的一种类型，是社会分工出现行业的行业文化产物。

唐段成式《西阳杂俎前集》卷九《盗侠》载："高堂县南有鲜卑城，旧传鲜卑聘燕，停于此矣。城傍有盗跖冢，冢极高大，贼盗尝私祈焉。齐天保（550—559）初，土鼓县令丁永兴，有群贼劫其部内，兴乃密令人冢傍伺之。果有祈祝者，乃执诸县案杀之，自后祀者颇绝。"这是今所见之于文献记载的比较早的行业祖师崇拜。隋唐以来，有关行业祖师崇拜的文献记载渐多。至清，乃如纪昀《阅微草堂笔记·滦阳消夏录四》中所云："百工技艺，各祠一神为祖。倡（即娼）族祀管仲，以女闾三百也。伶人祀唐玄宗，以梨园子弟也。此皆最典。胥吏祀萧何、曹参，木工祀鲁班，此犹有义。至靴工祀孙膑，铁工祀老君之类，则荒诞不可诘矣。长随所祀曰钟三郎，闭门夜奠，讳之甚深，竟不知为何神。曲阜颜介子曰：'必中山狼之转音也。'先姚安公曰：'是不必然，亦不必不然。郢书燕说，固未为无益。'"

这里，选辑历代部分行业祖师简记如下：①

## 工商类行业祖师

木瓦石匠业：鲁班

泥水匠业（广东）：有巢氏

砖瓦业：鲁班；窑神；老君、土地

陶瓷业：火神；土地；范蠡；陶正；尧帝；舜帝；童宾；碗
　　神；华光；伯灵翁；金火圣母；蒋知四；赵慨等，各地
　　不一

---

① 据李乔《中国行业神崇拜》、任骋《中国民间禁忌》、王树林《中国民间画诀》、曹保明《中国东北行帮》、李玉川《江湖行帮趣话》等选辑。

冶炼铸造业：老君；投炉神；鲁班

珐琅业：大禹

制笔业（含笔店）：蒙恬

描金业：关公；火神；玄天上帝；财神

油漆、彩画、雕塑业：吴道子；乳安；王维；孙膑；女娲；
　　三皇；俞伯牙；漆宝；普安

扎彩业：吴道子；鲁班

棚匠业（搭棚）：鲁班；有巢氏；华光

煤炭业：窑神

鞭炮业：祝融；李畋；无敌火炮将军

水旱烟业：诸葛亮；火神；吕洞宾；关帝

皮革业：孙膑；黄飞虎；关公；比干；达摩；白豆儿佛

皮箱业：鲁班

香烛业：关公；九天玄女；黄昆；葛仙；黄梅花

锦匣业：文昌帝君

冥衣业：文昌帝君

弓箭业：黄帝

旋匠：鲁班

圈箩匠：潘椹；顾儒；顾太；顾世；妃禄仙女

网巾业：马皇后

帽绫业：张骞

丝线业：三皇；嫘祖；织女

金线业：葛大真人

栽绒业（毛织等）：毡彩老祖；黄帝

弹花业：黄帝

盐业：蚩尤；管仲；葛洪；张道陵；池神；十二玉女；盐姥；张飞，炎帝；鲁班；土地；梅泽神；詹打鱼，开井娘娘；扶嘉；僧一新，黄罗二氏；颜蕴三；杨伯起

豆豉业：樊少翁

豆腐业：乐毅；孙膑；庞涓；关公；清水仙翁；范旦老祖；淮南先师（刘安、杜康妹）

制糖业：鲁班；老君；赵昂；杜康仙娘；雷祖；土地

制冰糖业：扶桑

蜜饯业：扶桑

糕点业：神农；诸葛亮；灶神；燧人氏；火神；赵公明；关公；马王；雷祖

驮运业：马王爷

渔业（含航运）：天妃；禹王；周宣灵王；姜太公；伏羲；镇江王爷；水府菩萨；褚太尉；尚书；擎公

农业：神农；黄帝；伏羲；后稷；八蜡；青苗神；土谷神；棉花神；虫神；雹神；土地神

果木业：太阳神；园林神仙

采菇业：刘伯温

银钱业：财神；关公；招财童子；老君；秦裕伯

补锅业：女娲；弘忍

铁匠业：火神；尉迟恭；陈辛；老君

金器业（北京）：邱处机

玉器业：邱处机；老君；白衣观音

造纸业（含纸店）：蔡伦；文昌帝君

制墨业：吕洞宾

制砚业：子路

书坊业：文昌帝君；火神（祝融）

刻字业、镌碑业：梓潼帝君；文昌帝君

拓印装裱业：孔子

算盘业：孔子

秤戥业：伏羲、神农、黄帝

制扇业：齐纨

梳篦业：鲁班；赫胥；赫连；张班；陈七子

制针业：刘海（针祖）

制伞业：女娲；鲁班妻（云氏）

编织业：鲁班；张班；刘备；泰山；李光明；荷业仙师

粗纸箬叶业：天曹福主

丝织业：嫘祖；织女；黄道婆；黄帝；三皇；伯余；张衡；
　褚载；七仙女

棉纺业：黄道婆

成衣业：关公；三皇；周武王宫婢

制帽业：三皇；黄帝

靴鞋业：孙膑；黄帝；靴神；达摩

绦带业：哪吒

刺绣业：冬丝娘；华祝神；金川神

酒业：杜康；司马相如；仪狄；葛仙；李白；二郎神；龙
　王；焦革；刘白堕；酒仙童子

茶业：陆羽；唐明皇；卢仝；灶神；斐汶；姚吉

酱园业：酒仙；关帝；醋姑；颜真卿；酱祖；蔡邕

制醋业：杜康

厨师业：彭祖；关公；诸葛亮；易牙；灶君；雷祖大帝；汉
　　宣帝；詹王；梅翁

屠宰业：樊哙；张飞；关羽

火腿业：宗泽

鸭蛋业（武汉）：太乙真人

干果业：关公

酸梅汤业：朱元璋

粮食业：神农；后稷；雷祖；蒋相公

孵化业：张五；尉迟恭；陆相公

阉割业：华佗

兽医业：马师皇

染坊业、颜料业：梅（福）葛（洪）仙翁

冰窖业：窖神

挑水业：井泉龙王；水母娘娘；挑水哥哥；井泉童子

花卉业：十二月花神；花王；百花神；陈维秀

林业、采参业：山神爷；五道神；老把头；土地神

狩猎业：伏羲；射猎师爷；山神；梅山；梢斯；舍卧刻

医药业：伏羲；神农；黄帝；扁鹊；华佗；孙思邈；三韦
　　氏；吕洞宾；李铁拐；眼光娘娘；保生大帝；药王

典当业：财神；关公；火神；号神


## 市井生活服务、娱乐业行业祖师

浴池业：智公老祖

梨园业：老郎神；后唐庄宗；喜神；窦元帅；田元帅；清源

师（二郎神）；唐明皇；田正山（风火院铁板老郎君）；胡亥；庄王；武猖神；九皇神；李龟年；清音童子；鼓板郎君；观音；八百婆婆；三百公公；五大仙；青衣童子；丘老；开音童子；张五眉神；吕洞宾；勾栏女神；勾栏土地；脂粉仙娘；女狐仙；刘赤金母；铁板桥真人仙师；烟花使者

修脚业：志公；达摩；孙膑；罗祖；清风；明月

理发业：罗真人（罗祖）；黄帝；卢天赐

礼茶业：周公；叔孙通

吹鼓手业：孔子；韩湘子；师旷；永乐皇帝

消防业：火神；龙王

接生婆业：子孙娘娘

说书业：孔子；文昌帝君；周庄王；神农；柳敬亭；吴泰伯；魏徵；崔仲达；张果老；邱处机

相声业：东方朔；唐明皇

赌业：地主财神；监赌神乌曹；胡仙

杂技业：吕洞宾；济仙；唐明皇；柳仙；清源妙道真君（蹴鞠）

魔术业：吕洞宾

娼妓业：管仲


## 江湖行帮祖师

乞丐业：范丹（冉）；孔子；朱元璋；伍子胥；郑元和；李铁拐；李后娘娘；康花子；严嵩；老君；窦老

巫师业：马公；五大仙；五猖；宋相；坛神；三郎爷爷

巫医业：黄帝；麻姑

武师业：达摩；关公；华光

占卜业：伏羲；周文王；罗隐；姜太公；麻衣；王善；桃花娘娘

镖行业：伏羲；达摩；岳飞

窃贼业：盗跖；时迁；梭李二氏

# 第二节　行业规约

常言道："国有国法，家有家规，无规矩不成方圆。"行业规约是行会制度民俗的重要组成部分，是行会宗旨、组织原则、从业规则、职业道德、祖师信仰、活动方式、财务管理、会员权利义务以及违规惩罚办法等的具体体现和规范。

历代不同行业的行会组织所制定的行业规约或章程，既符合其行业的具体特点，也反映着一定时代的社会背景。在此，选录部分行业规约，供读者参阅。

### 一、湖南宁乡摊店鱼行行规

四民之中，商居其一。商也者，所以广交涉通有无也。第流传既久，积弊滋生，向非蹈矩循规，以昭画一，其何以防诈伪杜争端乎？溯自道光年设立广盈有嘉二堂，岁庆佑伯侯王龙王大帝圣诞至咸丰八年，估算公项尚属支绌。赖四城值年，轮流掌管生息，努力奉公。适因重修庙宇，设议开捐，酌将盈余赞成美举。所幸源流不竭，算结所存，仍择值年轮掌生息，无奈存积无多，未足垂诸久远，是用会商同志，公买铺屋，收租入公，勉图一篑之进。光绪戊戌夏，四城公议新开门面者，如条捐钱概交值年储蓄，其余各议，均照章程胪列规条，用资遵守，庶几以公济公，渐入佳境。凡我同志，依议而行，隆祭祀以迓神庥，进文明，用饶发达。是则我二堂所厚望者也。于是乎叙。

一议广盈堂系六月初五日庆祝佑伯侯王圣诞，演戏敬神，首事预先铺垫桃面、鼓乐、鞭炮，张灯挂彩，每年会众，备香资戏钱壹百文，与祭者各备酒席并戏钱贰百贰拾文。

一议有嘉堂系九月十七日庆祝龙王大帝，演戏敬神，首事一样虔诚致祭，公议会众每年各出香资钱伍拾文，与祭者，并酒资钱壹百肆拾文。

一议新开门面，公议捐入牌费钱二千四百文入公，旧开门面加记者捐钱一千二百文入公，不取香资戏酒费项，其内如有私弊，公同议罚。

一议牌费自今年元旦日始，值年首事，自应照章按取，俾昭画一，如有徇情遗漏等弊，一经查出，公同议罚，不服禀究。

一议新来挑运及摆设鱼品，土果各货，公议捐钱二千四百文入公，不与香资酒席戏钱其内，不得一名入费，两名挑行，倘有查出，公同向论议罚。

一议在城挑运贸易，除花参不收香资戏费外，其余新鲜腌咸鱼品、鸡鸭蛋只、及鸡鸭、水土果各货，公议每季会众，各帮香资戏钱一百文，如有私弊，公同议罚，不服禀究。

一议船运新鲜腌咸鱼品及荸荠、姜蒜水土果各货，无论多寡轻重，见船出香资钱一百文，倘有隐匿情弊，查出公同议罚，不服禀究。

一议辅户自船所运姜蒜、茡荠、冬笋及水土果各货，任其自售，不与行户相干。

一议自运及客运水土果各货，发同行均议，每石加一分称，因潮毛湿耗故也。倘有增捐情弊，一经查出，公同议罚，不服禀究。

一议店出货均用正十六两秤，斛用靖斛，斗用靖斗，尺用省垣铜尺，如有短少情弊，公同议罚，不服禀究。

一议经理公项并捐入银钱，每年六月初五日，在城隍庙凭众核算，所有余存，概归经管借放生息，移交上保下接，不得私相授受，致滋口实。如有侵蚀情弊，查出公同向论，不服禀究。

一议每年祭祀原以敬神为主，首事整洁衣冠，竭诚照旧办理，与祭会众必先领帖方许赴席，尤当恪守规则，整肃冠裳，毋得徒贪醉饱，亵渎神明，如以酒席丰杀为辞借端滋闹，不顾体面情事，公同议罚，不服禀究。

一议首事照额办祭，公提钱五千文，其戏钱自二十千外归公提出，如有潦草塞责，致昭亵慢，会众尽可投明值年理论议罚，不得借端滋闹，如违禀究。

光绪三十四年　月　日　广盈有嘉堂公订

## 二、湖南湘乡杂货店业永镇堂行规

盖闻大宗商务，各处方镇皆有公规，所以杜弊端而正买卖也。永市自咸同间，我帮先正立有永正堂公会，迄今多年，业歇规败，有名无实。近因人心巧诈，变态愈多，爰公同会议，以图振作，易其名，曰永镇。妥定章程，刊发各店，以垂久远。所有条例，胪列于下：

一是会原为正规而立，必垂久远。所有余赀，任设业者公积公管，公事公用，有亏谅派。然年久而兴停莫卜，其有名已停，而子孙以原牌复业者，不加取捐，否则照新设者捐。如有新设业者，分三等取捐。头等捐花边四员，二等捐花边二员，三等捐花边一员入公，不得妄行增减。

一公办漕砝十六两八钱，比秤八条，每总两条，逢朔日调归公所较准，以规划一，不准假名私钉，如有此弊，查出公同议罚。

一收买桐茶、菜油、宝粉、挂面、鞭炮等货，遵用公秤收买，花生、山粉、山折、黄花、杂粉、百合、原流、初片各色，以公秤九折扣实，不得违议增减。

一带行公同议举，不准出市争接，不准独雇一家，不合议伙。如未经公举者，钻带客货，同行不准受买。如违，罚花边四员入新育婴堂，毋得徇碍。

一带买客商诸色货物，价凭两愿。秤照议秤，公平交易，不得妄行增减。每百斤出受各给钱五十文内，任受主扣钱二十文入公，但防代收漏匿。每带公发京折一个，按次登记，由经管半月照折算收。如代收者有无漏匿，每逢收期亲书"如有漏匿，立遭诛灭"八字于折。

一钱纸理宜干洁，不准受买潮湿。如违，查出将纸归盂兰会，罚花边一员入公，不得徇碍。

一千表纸照公议尺，必须长二尺一寸，宽一尺一寸，价值随时，自来年乙巳六月起，均一体照验收买，不准违议混收。如违，查出将纸充公外，罚花边一员，不得瞻徇。

一算给船户水力，谅水大小。江口起货，照大水算给，厘金照票算给，如有偷漏盗卖，少则赔补，多则除赔补外，公同会镇江首士看赃议罚，花边入新育婴堂，决不瞻徇，不服公同禀究。

一由江口起货到市，抬每百斤给钱二百一十文，担每百斤给钱一百八十文，过一总，每百斤加钱四文，花边兑照换价。如有偷漏，将力扣除，不服公同禀究。

光绪三十年十一月　日　永镇堂贴

## 三、湖南长沙照相业公所条规

一议拍照为光学化学所发明，山川人物赖以传神，自当精益求精，以图进步。现用药水镜片，均须购自外洋，依样葫芦，不加考察，以致利权外溢，无可挽回。亟应竭力研究以塞漏卮，凡城厢内外同人，公议于同业中酌收牌费上会，各款作为公积经费，设立研究公所，以广思益而资联络。

一议凡贸拍照业，均应出具牌费，以作公积，惟生理大小不同，自宜分作三等，以昭公允。如资本二百两以上者，缴牌费钱五串；四百两以上者，缴牌费钱十串；六百两以上者，缴牌费钱十五串。若新开者，以后无论资本多寡，均应缴牌费银十两。如有改牌及顶牌换记，均照新开，一律缴纳牌费。若仅只加记，则缴牌费银五两，均应赴商务总会注册，以杜蒙混而肃行规。

一议凡帮贸拍照诸君，在未立章程以前所有学习此业者，每人缴上会钱二串。有愿学三年者，出备伙食银十两，上会钱一串。如学无年限者，出备伙食学俸银五十两，分作两股，以一股津贴店中伙食，以一股为传授者修金，并出上会钱二串。至省城业此者，多或赋闲，或改业，或出外，除立章程通知外，所有上会经费，暂免缴纳，嗣后如再帮贸此业者，即遵章缴上会二串。至外埠来湘帮贸者，每人应缴上会钱二串文正，以示区别。

一议公积充足，设立研究公所后，同业中人应随时到所，互相研究，徐图制造。如有造成此业物品，得与外洋相颉颃者，公同呈由商务总会试验后，转禀农工商部给予专利年限，以示鼓励。

一议省城各店自设立规章后，拍照应力求精良，价目应归一律，不得浮滥参差。如有前项情弊，一经查出，公同议罚，无任含糊，致于众怒。

一议帮伙进店时议定期限，于俸金簿内注明，如无怠玩店事诸弊，店东无故辞退者，照期赔足帮伙俸金。如帮伙经手未清，期限未满，无故辞生理者，亦应还赔店东长支。须过本店期限，方可另行帮贸，以示钳制。

一议凡女相片，从前视为卖品彼此传观，未免贻玷，嗣后永远禁止。除本人加晒外，有将女相发卖者，一经查出，从重议罚，以肃行规。

一议同行必须恪守规则，倘有犯规之事，一经值年查实，定即声明同行，轻则议罚，重则逐出。如值年稽查徇情不报者，亦照犯规例一同议罚。

一议城厢内外及租界等处，以后开设照相馆，均须一律出具牌费上会。倘有借势压众，不遵规章，公同禀究。

一议择举总管值年，必须老成持重名誉素好者，方可充当。每举总管一人，值年二人，稽查二人，总管三年一举，值年一年一换，稽查每节一换。但逢举换时，将出入银钱，凭众核算，方可交代。倘上手不清，下手不得接理。

一议所定各规，务宜永远恪守，毋得日久玩生，紊乱规模，任意强越，违者议逐。

以上各节统于奉示之日起，一律遵行，如有未尽事宜，随时添入，以便禀请立案。

宣统元年四月十四日　　公立

## 四、湖南安化石木锯泥行鲁班会条规

古有造云梯，作木鸢，其术通神，其名为仙者，曰鲁班，即孟子所云公输子之巧是也。凡属石木锯泥各行手艺，胥以为宗，以其有功于天下后世，允宜俎豆馨香。故前辈于邑西门城内，置买基地，创建鲁班殿，以为操作聚会之所。光绪二十一年毁于火，屡约同人商请修复，苦无余资。今夏重行合议，订立捐簿募修，现已修立铺屋，惟正殿尚未兴工。我同行人等，必须同心合意，踊跃输将，集腋成裘，指日兴复。俟工竣后，迁拨首事，收取铺屋课钱，掌放生息，以奉仙师香灯祀典，并为后来补葺计，庶几得垂久远。而我同行人等讲习其间，精益求精，巧益求巧，皆无愧为班门子弟，则幸甚。惟行内规条，势难迟缓，不得不先为议定，以便遵行，所有各条，开列于后：

一议我等石木锯泥各行手艺，皆须先入鲁班会，方准在各家佣工。如未入会，擅自归帮操作者，公同处罚。

一议石木锯泥各行工价，原有成规，近因时值乏钱，备办器物不易，公议每行照旧加价十文，不准行内擅自准折增减，违者公罚。

一议我等手艺营生各行，既已归行入会，自应一团和气，无论在城在乡，或包工，或点工，或零工，只许由东家主人自行雇请，不得争充谋夺，致伤情面，违者公罚。

一议石木锯泥无论何行，凡来投师者，不准争带，亦不准学习半途另投他师，致前师为其难，后师享其成，劳逸既不均匀，抑复大伤和气，违者公罚。

一议将来迁拨，首事必须公举，不准争充首事，亦须限定一年，轮流充当，毋得久恋鲸吞，违者公罚。

首事夏昌晏等十六人

光绪三十三年五月初七日　公刊

## 五、湖南长沙京刀店行条规

自来百工技艺，各有行规。我等京刀一行，由来久矣。开设店面，承办文武科场，锁钥秋审以及剪割铅弹，差务原自不少。不定章程，无所遵循，临期观望不前，必致违误。是以先辈著有条规，每年各发一纸，俾有率由。自乾隆三十一年续议之后，嘉庆十一年又议，迄今又二十余年矣，日久玩生，不无坏乱。今特集我同人，再为酌议规条，逐一列左：

一每年恭逢师祖瑞诞，虔诚庆祝，值年办理，动用公项钱一十四串五百文，香资帮补，不得侵吞，亦不得浪费，倘有侵吞浪费，以致亏空，移交下手，下手不得领接，必通知同行凭众赔清。如朦交朦领者，一经查出，各罚戏一台。

一神前理宜肃静，禁止赌博滋事，如违罚钱二串文。

一文武科场与秋审锁钥以及剪割铅弹各差务，奉宪着办之人，务宜踊跃领价，分派承办，毋得违误。

一外来客师，本城未会帮作者，新开店面出银八两。

一本处司务未曾登名上行者，新开店面出银二两。

一本处司务已经登名上行者，新开店面出牌费钱二串文，炉面钱一串文整。

一本处司务帮各铺店，店家工价拖欠，司务鸣众理处，如违者罚银五钱。

一本处司务，未曾上名，即出外者，再来本处帮作，出银一两正上名。

一帮作司务，若有此店账目未清，别家留请，必通知此店，承担账目。其账已清，方可兴工，倘不通知而私请者，罚银五钱正。

一本处司务未清店家账目而出外者，归家仍复帮作，前店之支账未清，别家不得留请，如违罚银五钱。

一本处司务不为不多，外来客师公取行钱二百文赠行，店家亦不得留请，如违罚戏一台敬神。

一议带学徒弟者，三年为满，出一进一，公议出备上行钱五串文归公，如违不遵，罚戏一台敬神。

一店家与司务，无论谁辞，惟二笔账目俱要清楚，方可另做生理，如违罚戏一台敬神。

一议嗣后新开店者，必须上隔七家，下隔八家，双户为一，违者禀究。

一值年首士，公项银钱不得侵亏，经管器物，不得损坏，如有侵亏损坏，一经查出，除赔还外，另罚钱八百文。

一外来客师新到帮作者，出钱六串文上行。

一外来客师，本城未曾帮作者，新起炉造作，出银六两正。

一父带子上名钱二串文，若叔带侄兄带弟，仍照带外人一样，如违议罚。

一议外来京刀，内行外行，毋得发售。及登上行者，在外带来货不准出售，如违将货充公，给巡查人钱四百文。

以上酌议各条，公私两便，各宜遵守，毋得参差，庶几无愧先人，抑亦有裨后学，是为议。

乾隆三十一年　月　日　公立

### 六、上海茶业会馆条规

上海为通商之区，百货骈集，甲于省会。而茶业与丝业，尤为弁冕各商。自咸丰五年，在西城半段泾地方，丝茶会各建公所，立规矩、纠愆愿，诚盛举也。嗣于咸丰十年，发逆披猖，上海戒严，借与法国屯兵，久而倾圮。旋即捐助善堂，未经重建。兹查丝商已立会馆，各业公所，亦渐迭兴。盖因年来生意艰难，人心不古，成规日坏，弊窦滋多，况茶业一项，与洋商交易，固应昭其信义，而山客往来，亦当各秉公平。若不设立会馆，剔除积弊，厘整章程，则目下之颓风，将何以挽。兹因周观察、徐雨之正郎、唐景星司马、金郁文中翰、暨诸君子，嘱余编纂茶业会馆规条。爰书数语，以志缘起，如有未尽事宜，还望诸君子筹议参订，以匡不逮尤为幸甚。

同治九年三月朔日　吴兴郁士桢梓甫谨识

谨将现办茶业会馆规条开列于左。计开

一议会馆经费，按箱提厘，公定红茶大箱，每件提银八厘，二五箱每件四厘，一五箱每件二厘。绿茶每箱六厘，以今年新茶为始。现需支用，按照旧岁各栈售出箱额，垫借一半，即向今年茶厘半缴半扣，陆续除归，庶经费既不另捐，而垫借仍向提厘划还，克称平允。

一议会馆银钱进出，公举宝源祥、中和祥两栈，专司其事。凡会馆收进厘金，必须随缴两栈查收，立送银薄，盖用图记为凭。由两栈会同司月，存于当铺钱庄生息，另立往来折，以备稽查。凡会馆应支用款，亦须咨明两栈，会同司月酌量拨发。如遇不涉公项之事，毋得混行开销。会馆司账，当逐款胪列，缮造清册，以便各董事随时查看，年终汇刊征信录，分送各栈。

一议公请郁梓楣先生，总司会馆一切事务，兼办笔墨。又聘请吴树斋先生司账，兼收厘金。

一议选择熟悉外国条例先生一位，预先聘定，以备临时商酌，并非好讼，倘遇洋行不遵通商章程，任意作难，格外取巧，当集会馆公议。先请司月邀同董事二三位，向洋行理论，总以调妥为主，万一不能，有碍茶栈大局，再请外国先生讼理。我业各栈即与该洋行停交，须俟案结，仍复交易。倘有栈家借此机会，以图高价，私相买卖者，察出从重议罚。

一议公请董事十二位，轮流司月，每年拈阄为定，不得推诿。遇有一切斟酌及争论等事，必须帮同秉公理直，一经会馆邀请，务宜依时齐集，不得迟误。倘事已议定，后至者不得再更前议，不到者罚酒四席。

一议凭样售茶，本无私弊。近年客家箱有暗记，蒙栈发样，以致过磅参差，反多争论，而洋行即借为口实，并将一色之茶，一遇番号不一，即强指为货样不符，欲图退盘割价，均非信实通商之道。今因公同具信，通知山内各商，不准再做样箱尾箱，总要一律，不得高下。凡客投栈，无论绿红大小箱茶，任凭栈司随手开箱，以装样罐，毋任客家指使。万一再遇货样参差，公请华洋商齐集，将样箱磅箱倾出，秉公评看，如其真不对样，凭众理论。若系看茶不公，有意吹求，亦当从众酌夺，应用仍用，应退则退，不得任意轩轾，以图割价，庶昭公正。

一议茶箱发至洋行，必须当面点交数目，填明收单，以免过磅缺少，致生争论。去年有人舞弊，当时收单箱额，不肯填明，及至过磅之后，借口缺少箱数，向客勒扣，实属有碍洋商大局。今后总宜当场点交，随向收单填明，并不费事，庶杜弊端。

一议茶箱发至洋行，应即过磅，倘遇洋人不暇，限迟日期，适遭天险，栈家当以收单为凭，惟向洋行是问。

一议成交茶箱，发至洋行过磅之时，洋商须嘱管栈，仔细查看，如有水渍等箱，当即检出，请茶师亲自过目，茶身受伤，准即退回茶客。若箱外稍有水渍，与茶无碍，不得混退。近有管栈借图索贿，滋生弊端，今经茶师看明，免起争论。至于轮船出洋，茶箱受潮，更与栈客无干。

一议茶箱退磅，向例两箱同磅，如果一箱过磅，遇有半磅，即当作算除皮，亦系两个同磅。如果单箱除皮，遇有二五，亦即作算。此属至公，毫无欺弊，若使洋商嫌烦，请照广东之式，用大斤四只，先行较斤两，将茶倾入，竟磅净茶，庶无争论。

一议茶箱捆藤费。通行大箱，每百除银八两，二五每百除银六两。绿茶每百除银六两，均属有盈无绌。大箱每百只需费银五两五钱，尽足开销。近有洋行格外浮开勒扣，当请会馆司月邀同董事向该洋行理论，以归划一。如有栈家背众任扣，察出议罚。

一议茶箱售入洋行，其出洋下河力钱，理合洋行自认，大势皆然。近有洋行勒扣客家，亦当请会馆司月，邀同董事向该洋行理论，以杜枝节。倘有恃力固执，大众不与交易，栈家背众成交，私受扣除，察出议罚。

一议茶楼栈房等费，悉照旧章，毋得增减。倘有格外需索，均投会馆理直。

一议样箱如保原箱，发进洋行，成交之后，或有轻少，不得向栈客补茶。如系已开箱口，发进洋行，当时须邀茶楼，先行磅量数目，以便成交计算。若遇样箱发回，亦当复磅，若少一两磅，不与计较，过多即向茶楼是问。

一议成交茶箱，发到洋行，倘有箱壳破烂等情，必须仍交原栈，自行备板修整，不得由管栈代修，任意开销，徒滋中饱。

一议红茶用金，两湖七钱，江西七钱一分五厘，栈用通事及捆藤费在内。其余上下驳力磅费等项，均属另外开销，悉照旧章，毋得更改。凡我各栈，如有暗贴媚客之弊，察出从重议罚。

一议澧宁漫河之茶，如遇在九江及汉口销售者，栈用照申，概收七钱一分五厘。其余买办用及一切开销，仍照旧另算，各栈皆当遵照一律，毋得自坏规矩。如违者察出重罚。

一议绿茶用金，除去税饷，客家领用水脚者，连通事九七控用；不领水脚者，连通事九七控用。其余各费，均属另外开销。今遵旧章，各栈皆当划一。倘有违议，察出照红茶例议罚，其土庄清栈另议。

一议红茶栈租，公定初到十日不计外。自第十一日起，无论久暂，每大箱收银一钱，每二五箱收银七分，一五箱收银三分，若超规定过年，限概行加倍。总宜各栈一律，毋得徇私减让。如违者察出重罚。

一议绿茶栈租，悉照旧章，毋得更改。倘有徇私舞弊，察出从重议罚。

一议放客水脚多少，由各栈自主。如遇有一客收两栈水脚者，一经查出，须归先放水脚之栈发售。其后放水脚者，本息用金，亦向该客照算，以杜重领水脚之弊，如有徇情，从重议罚。

一议客茶到申，其用水脚，及更欲用垫款等银两者，必须先估该茶时值若干，不得过限。如或用多，该客先当设法找归。若不找归其茶，只限两月为期，经茶董禀官，昭市发售，偿栈银两。倘不敷款，向客追补。该客不得攀价留难，延宕归款。各栈亦宜慎重，毋得滥放。

一议两湖客茶运申，在汉代报关税。其汇兑随时作价，栈客各无吃亏，如代垫税银，及保险水脚等银两者，其折息统照每天五厘计算。因年来银根甚紧，栈家每每暗中受亏，务宜照议，各栈一律，以昭公允。

一议红茶装载轮船，其股份回用，应归茶栈，与客无涉，倘有不遵，准赴会馆邀请司月董事，公同议罚。

一议客茶到申，先用垫款银两者，必须即买堆栈保火险，该客不得违众惜费贻累。如不用垫款，听客自便。遇有不测，与栈无涉。

一议客茶到栈，应交本栈出售。如遇议价过低，欲托别栈比较，必须先向本栈说明。若使价果议高，准贴别栈通事用金，红茶壹钱四分，绿茶七厘，其余仍照栈规算还，本栈任客发售。倘别栈有心勾客，或说假盘，蛊惑客心，或贴用金，暗中勾引，察出从重议罚。

一议开设新栈，公议助会馆公费银一百两，送酒八席，编入堂簿，遇事一体照料。

一议各栈茶箱到申，每月于第一次礼拜日，派人自诣会馆，登记堂薄，以便提厘收充经费。如有以多报少，察出加十倍罚。

一议司帐收厘，当凭行情簿核对，随时收取，毋得疏忽遗漏。如遇与堂薄不符，查出捏报情弊，照罚不贷。

一议会馆乃系办公之所，不准容留过往官长，及一切外客住宿。司事不得挈带家眷，以昭慎重。

今再将办理过磅收银规条开列于后：

启者：茶业生意，与洋商交易，其过磅收银之期，向有规条两款，缮具洋文知单，请各洋商签名，一律照办。近因日久弊生，仍未划一。今特重再整顿，本应仍照旧章，奈为时似觉局促，揆之洋商，实有未便之处，为特公同斟酌，再行展限，载明新规两款。业已备具公启，并新旧规条两款，译印洋文，分送各洋商，查照办理。一面排印华文，分交各茶栈，实贴账房，一律遵行。原属格外通融，倘仍有迟延过磅，及滞付价银之洋行，即由该栈通报会馆，立出知单，关照各茶栈，通知之后，即与该洋行停止交易，概不发样。倘有隐匿不报会馆者，一经察出，罚银一百两，以五十两送与报信者，以五十两充作经费。如既由会馆通知，仍阳奉阴违，私与该行交易者，是有意违规，贪做生意，罚银一千两。此次认真整顿，原为大局起见，各栈宜恪守议规，勿再因循自误，是所厚望。即请书允存照。

光绪　年　月　日　茶业会馆同人公启

## 附录　分送各洋行知启规条

　　启者：茶业生意，与洋商交易，每有迟延过磅，及滞付价银，规矩未能划一，致今茶商吃亏。故西历一千八百九十一年六月二十九号，力加整顿，将定规两款，缮具知单，已蒙各洋商俯允签名，准照办理。数年已来，守议规者固多，间有数家依然迟延，茶商太觉偏枯，近来生意艰难，银根甚紧，各帮茶商，连年亏折甚巨，凡茶落簿签字后，茶商责成茶栈，定须照章过磅收银。倘有迟延，惟茶栈是问。窃思茶栈系代客经手，何担此责任。不得已重为整顿，今年售茶，其过磅收银，若照向章，恐时局太促，于洋商有未便之处。今将公同斟酌，再行展限，另定新规两款。准自本日起，一律照办。原属格外通融，倘仍有迟延过磅，及滞付价银者，只得停止交易。幸勿见怪。为特申诉茶栈苦衷，并将前已签字之新规，及另定之新规，各二款，分列于后。务祈各位洋商俯赐原亮，允照办理，以期同沾利益，不胜盼祷之至。

上海茶业会馆众商公启

西元一千八百九十八年七月三号

# 第三节　行业标识

　　在中国的同业行会组织产生不久的宋代，业已形成了约定俗成的行业标识规范。《东京梦华录·民俗》："其卖药卖卦，皆具冠带。至于乞丐者，亦有规格。稍似懒惰，众所不容。其士农工商诸行百户衣装，各有本色，不敢越外。谓如香铺裹香人，即顶帽披背；质库掌事，即着皂衫角带不顶帽之类。街市行人，便认得是何色目。"北宋京都汴梁如此，南宋都城临安也不例外。《梦粱录·民俗》也载："士农工商诸行百户衣巾装著，皆有等差。香铺人顶帽披背子。质库掌事，裹巾着皂衫角带。街市买卖人，各有服色头巾，各可辨认是何名目人。"

诸行服饰之别，可谓一种行业标识。至于诸行百业的招徕广告，如招幌或招徕响器，则更是具有较强功利性的行业标识。民初以中、俄、英三种文字于哈尔滨出版的《中国工商同业公会》，附录有"中国工商同业公会之营业标幌图式"近百种，将其视为一种显著的行业标识，也即行业广告标识。

这里，选择部分行业的广告标识，作一简要记述①。

**酒店**　酒店业悬酒幌。常见酒幌有四种：一为酒帘，帘如锦旗，红、绿色，表示兼供酒饭，或书有"不知何处是他乡"之类文字；二为酒葫芦幌，悬一红色葫芦模型，下缀红巾，或置葫芦模型于店前；三为酒坛幌，悬铜制酒坛模型，下缀红缨；四为酒壶幌，悬红绿相间色旧式酒壶模型，下缀幌绸、古钱。

**点心铺**　点心铺幌主要有三种：一是四或八块一组的长木字牌幌；二是由糕点、水果模型组成的红、黄、蓝三色的组合模型幌；三是元宵模型幌。

**茶店茶馆**　茶叶店悬挂书有"毛尖"之类茶名的字牌为幌，下缀幌绸；茶馆悬"茶"字布帘或缀幌绸木牌为幌。

**烟店**　烟店烟幌有三种：一为上蓝下白二色长方形木牌幌，

---

① 据拙著《中国招幌》所记，辽宁古籍出版社 1995 年版。

书有"关东烟"之类字样，下缀幌绸；二为上蓝下白字帘，上书烟名，下幌绸；三为铜铁或木制烟叶模型幌，叶柄在上，叶上书字，叶尖缀幌绸。

**粮店**　粮店业幌有三种：一为悬量具斗的模型为幌，下缀幌绸；二是悬镂花雕字木牌，两面书写文字；三是悬米包模型为幌，下缀幌绸。此外，还有的悬倭瓜模型为幌。

**药店**　药店业药幌多种，主要有：木牌书字，冲天坐招，置门首；数块一组的字牌，悬檐下；分两段悬三串药丸模型，下缀鱼形幌坠；膏药模型幌，上下两端各为半贴对应，下缀鱼或葫芦形幌坠；悬草药模型为幌。

**服装店**　门首悬一书有"批发新衣"等字样的中式上衣为幌。

**鞋袜店**　鞋袜店幌主要形式有：一为悬绘有靴鞋图案兼书文字的牌幌；二为悬一串木头鞋底实物，下缀幌绸；三为悬一只老布袜平面模型，下缀幌绸，多见于老袜铺。

**钱庄**　悬一串制钱模型，上饰帽形幌冠，下缀幌绸；同时，另悬包角的长方朱牌，牌上镶嵌宝银模型，并书"兑换银两""钱庄"等文字。

**典当**　典当业招幌有多种，主要是：书写"当"字的帘、牌幌，因经营规模、当期差别而书"按""押"之类字样，象征幌，在幌杆龙头横木（幌架）下悬一串名为"纱桶"的制钱模型，下缀幌绸。

诸如此类，不一而足。

此外，除坐商广告标识而外，行商也有其各行的流动广告标识，如小炉匠、剃头挑子的工具用品即为其特定的招幌，又有江湖郎中所扛的文字布招之类，皆然。除视觉形象的行业广告标识外，还有听觉的标识，如清佚名《韵鹤轩杂著》卷上所记："百工杂技，荷担上街，每持器作声，各有记号。修脚者所摇折叠凳，曰'对君坐'；剃头担所持响铁，曰'唤头'；医家所摇铜铁圈，曰'虎撑'；星家所敲小铜锣，曰'报君知'；磨镜者所持铁片，曰'惊闺'；锡匠所持铁器，曰'闹街'；卖油者所鸣小锣，曰'厨房晓'；卖食者所敲小木梆，曰'击馋'；卖闺房杂货者所摇，曰'唤娇娘'；卖耍货者所持，曰'引孩儿'。"等等。至于市肆诸行的叫卖吆喝、说唱招徕，也无不是一种行业广告标识。

## 第四节　隐语行话

隐语行话，即秘密语，又径谓之"行话"。其之所以有"行话"之说，即在于其行业之别、行业特点。如果诸行百业都合用一种隐语行话，也就失去了其存在的意义。即或某些联系较多的行业之间存在某些通用的行话内容，也存在更多相互有别的隐语行话。即如清佚名《江湖通用切口摘要》所云，"今所记皆各道相通用者，至于各行各道另有隐切口，乃避同类而用，隐中又隐，愈变愈诡矣，其类既多，其语可知也"。唐代已持此说，如宋曾慥《类说》引唐佚名（元澄?）《秦京杂记》云："长安市人语各不同，有葫芦语、镞子语、纽语、练语、三摺语，通名市语。"对此，唐韦述《两京新记》的"长安西市"条所云，"市署前，有大衣行，杂糅货卖之所，讹言反说，不可解识"，可为辅证。清文康《儿女英雄传》一七回述及杠房"行话"："只听他说怎样的'安耐磨儿'、'打底盘儿'、'拴腰拦儿'、'撕象鼻子'、'坐卧牛子'，一口的抬杠行话。"

　　行业性、群体性，是隐语行话的一个重要的基本特征。因而，俗谓隐语行话为"行话"，系就其行业群体特征而言。

　　这里，选辑工商、市井及江湖诸行隐语行话数十余种。从中可不难见其"行业特点"之一斑。

## 一、工匠类

**木匠：**

斧子：百宝斤头　　　　　　铁锤：送动

锯：洒子　　　　　　　　　钉子：钻子

刨子：光子　　　　　　　　敲钉：吃

起纹线用的刨子：起心　　　造房：顶天

起圆线用的刨子：削角　　　做门：穿墙

大刨子：角木蛟　　　　　　做窗：开风洞

小刨子：马五　　　　　　　桌子：四脚撑

墨斗：提炉　　　　　　　　椅子：反背

墨线：必正　　　　　　　　凳子：垫身

墨帚：打横　　　　　　　　不正：飘

鲁班尺：较量　　　　　　　翻个：打章

凿子：出壳　　　　　　　　木匠：甲乙生。

**铁匠：**

熔炉：红摆　　　　　　　　煤屑：落红

铁锤：千挞　　　　　　　　风箱：抽风

砧子：硬汉　　　　　　　　火焰：吃硬

铁夹子：钳红　　　　　　　剪刀：两开交

煤炭：养红料　　　　　　　钢：九炼头

铁匠：扇红。

## 铜匠：

铜匠挑子：响担　　　　　刮刀：亮片子

锤子：道长　　　　　　　风箱：抽手

锉刀：挞平　　　　　　　风炉：火瘤

剪刀：叉儿　　　　　　　熔锅：摊斗

函药刀：挽老　　　　　　煤炭：乌骨

铁凳：方印　　　　　　　铜匠：响黄邱。

划圆尺：起纹

## 锡匠：

铁架：象鼻　　　　　　　酒壶：踏瘪

锤子：虎头　　　　　　　锡盒镶镜子：手照

地平板：蝴蝶板　　　　　锡盘：事件

叉刀：老鼠　　　　　　　锡瓶：大肚

火炉：狮子头　　　　　　锅：蒸万

剪刀：仙鹤嘴　　　　　　胭脂盒：脂铀

蜡烛台：耀台　　　　　　烛台的总称：同钉

壶结子：摇的　　　　　　茶壶的总称：双环

拭头碗：香缸　　　　　　锡匠：易邱。

泡花碗：仰天

## 银匠：

锤子：珑璁　　　　　　　扇子：摇

剪刀：时双　　　　　　　风炉：相公

熔银锅：熟底　　　　　　　函药：送彩

铁杆：雀尾　　　　　　　　银匠：利琴邱。

木槌：哑锤

## 石匠：

铁锤：刘天子　　　　　　　界石：明清

铁凿：光嘴　　　　　　　　碑记：追远

铁杆：浑条　　　　　　　　石级：将插

墨线：弹正方　　　　　　　河岸：登步

工具篮子：提盒　　　　　　石撑：外套

石板：平方　　　　　　　　石栏杆：十二

石块：毛刺　　　　　　　　石狮：大开口

石基础：登桩　　　　　　　石翁仲：硬心肠

墓碑：不忘　　　　　　　　石匠：琢璞通。

## 竹匠：

毛竹：青龙　　　　　　　　畚斗：龙头

刀：青锋　　　　　　　　　饭罩：满天

锯：百脚　　　　　　　　　笋：坐头

钻子：刻孔　　　　　　　　扫帚：光堂

刨子：削光　　　　　　　　慢做：定盘

晒谷垫：放翻　　　　　　　快做：杀关

格筛：万人眼　　　　　　　看：潮

笾筛：千人眼　　　　　　　老妇：破襄衣

斗篮：台上　　　　　　　　男主人：内家

女主人：杀横　　　　　　　吃酒：盘山

吃饭：扒山　　　　　　　　工资：穿头

吃茶：慢山　　　　　　　　竹匠：捉青龙。

## 琢玉匠：

琢玉架：作凳　　　　　　　玉簪：横交

石沙：搭手　　　　　　　　镶戒玉：大砂

取坯子：作锦　　　　　　　玉指约：围指

做小件：打小车　　　　　　玉耳环：半月

做大件：打大车　　　　　　妇女头部饰品：出头

帽块：小星　　　　　　　　琢玉匠人：采石通。

## 锡箔匠：

锡：定支　　　　　　　　　铁砧：地平

打锡：挨老　　　　　　　　衬锡纸：清水纸

铁片：大卜　　　　　　　　浇锡器：阴络

铁锤：天打锤　　　　　　　锡箔匠：打尺六。

## 金箔匠：

榔头：碰衬　　　　　　　　破碎：漂头

铁砧：衬方　　　　　　　　切金箔：击棋盘

剪好的金子：锭子　　　　　切金箔刀：斜锋

外包纸：包皮　　　　　　　挑金箔用的竹签：横挑

打金箔：排　　　　　　　　金箔匠人：扁庚通。

金箔：叶子

**成衣匠：**

尺子：草石　　　　　　　　　二：饶记

粉袋：福根道来　　　　　　　三：烧者

洋线团：遥箭道乱　　　　　　四：素之

马褂：挂号　　　　　　　　　五：鹤根

长衫：廷张烧哉　　　　　　　六：落笃

短衫：刀乱烧哉　　　　　　　七：徐

斜条：饶记烧　　　　　　　　八：博氏

结头：前饶　　　　　　　　　九：觉尤

袍子：包身　　　　　　　　　十：拆

一：欲记　　　　　　　　　　成衣匠：单线通。

**泥水匠：**

荡泥刀：拖平　　　　　　　　开窗：做龙门

切砖刀（瓦刀）：齐头　　　　开天窗：通天光

拭泥帚：拭漂　　　　　　　　瓦片：翘饼

盛石灰容器（桶）：聚宝盆　　砖：土著

梯子：步步高　　　　　　　　石灰：白石

砌墙：实拆　　　　　　　　　黄泥：十一

盖瓦房：出山　　　　　　　　方砖：地平

做檐溜：理瓦头　　　　　　　泥水匠：土伦。

粉刷墙头：使白

**箍桶匠：**

竹篾：团龙　　　　　　　　　剖竹：劈地龙

箍桶担子：合瓜瓣　　　　　　　水桶：手汲

斧子：劈开　　　　　　　　　　马子：老三老四

凿子：买路　　　　　　　　　　脚盆：万里流

锯子：百口　　　　　　　　　　锅盖：平锅

棍刨：浑削子　　　　　　　　　粪桶：昆伸

刨子：削子　　　　　　　　　　粪斗：摇头

大盘子：托手　　　　　　　　　箍桶匠：斗落踢瓜。

木桶：圆件头

**染布匠：**

染工：查青邱　　　　　　　　　绞布杆：长箫

染绸绫工匠：场头　　　　　　　浸布缸：酸口缸

印花布工人：搭药　　　　　　　香槽：香头

染大布工人：大行邱　　　　　　石灰：白盐

染小布工人：小行邱　　　　　　水：三点头

染布的地灶：地龙　　　　　　　火：二点头。

理布凳子：瘦马

**制帽匠：**

剪刀：裂帛　　　　　　　　　　搭浆刀：括刀

熨斗：烙铁　　　　　　　　　　纸模：放头

浆糊：搭连　　　　　　　　　　帽里衬布：红衬

帽块：楦头　　　　　　　　　　纱帽的藤里子：托风

针：穿问子　　　　　　　　　　制帽匠：水线通。

线：细条

## 二、商业类

**丝经业：**

| | |
|---|---|
| 丝：为为 | 薪水：人奉儿 |
| 细丝：为上好儿 | 多：迷 |
| 粗丝：为肥者 | 少：岂 |
| 买主：为板阁儿 | 好：尖 |
| 信人言儿 | 歹：乔 |
| 放账：大办 | 善：脚高 |
| 丝上所缚之线：枝头 | 恶：凶平 |
| 扎线的绳：郎头 | 穷：黄连 |
| 丝上无绳：枯罗 | 富：麦边 |
| 接乡丝：跳船头 | 吃：卡 |
| 来路货：原途 | 说：中山 |
| 招徕主顾：打路头 | 骂：马途 |
| 丝中扎暗绳：几 | 笑：迷花 |
| 无：漫失 | 哭：着水笑 |
| 知道：条较 | 空虚：冇子 |
| 好：丁括 | 殷实：足子 |
| 不好：撇点 | 有：灼儿斗 |
| 主人：点王儿 | 无：近却 |
| 客人：盖各儿 | 增添：三十三 |
| 伙计：二点儿 | 减少：一一 |
| 学生：护法韦 | 房屋：顶宫儿 |
| 烧饭司务：起课脑 | 店中柜：木裙 |

秤：横儿

轻：上浮

重：下沉

银洋：磨口

小银元：磨芯

铜钱：内空

丝包袋：祖宗

缚丝绳：伏软

丁姓：攒脚子

汪姓：狗叫青

潘姓：三反儿

孟姓：困青

施姓：好儿青

许姓：言午儿

朱姓：拱头子

王姓：焦青

冯姓：角马

杨姓：木易儿

沈姓：挂牌儿

蒋姓：划消青

赵姓：走小儿

钱姓：向青儿

孙姓：子丝儿

张姓：凿壁

方姓：测规

陶姓：猿偷

金姓：却大

宋姓：冠木

戴姓：十八儿

吴姓：搭青

周姓：圈吉儿

李姓：木儿

一：汪提

二：宝儿

三：纳儿

四：萧字

五：马儿

六：木儿

七：才儿

八：古儿

九：成儿

十：药花

十一：田汪

二十二：重求

三十三：重尺

四十四：重晓

五十五：重丁

六十六：重木

七十七：重才

八十八：重古

九十九：重成　　　　　千：汪疋

百：文关　　　　　　　万：汪糙。

**绸缎铺：**

罗纺：平头　　　　　　现钱：王见之

纺绸：四开　　　　　　木钱：人干

绉纱：桃玉　　　　　　利钱：二千八

花缎：闪面　　　　　　钞票：蜜浮儿

素缎：平面　　　　　　老年人：老希儿

尺：横子　　　　　　　极好：协吊

剪刀：叉开　　　　　　坏：神敢

有斑点：金钱豹　　　　好：吊色

留心：五月半　　　　　小：学细

防备：方面大耳　　　　大：查摆

掉换：围口　　　　　　姑娘：斗儿

素色：不睬　　　　　　男人：把儿

颜色差些：包字头　　　女人：灵成儿

黄色：绝好　　　　　　一：夏

绿色：竹叶　　　　　　二：料

黑色：悲墨　　　　　　三：推

青色：雨后天　　　　　四：钱

加：用劲说　　　　　　五：文

减：二成　　　　　　　六：头

赊欠：盖人　　　　　　七：病

不欠：至亲好友　　　　八：花

　　九：礼　　　　　　　　　　无：漫。

　　十：瘩

## 衣庄：

| | |
|---|---|
| 皮袍：遮风 | 斗篷：披氅 |
| 大衣：外套 | 一：口 |
| 短衫：贴身 | 二：月 |
| 长衫：光身 | 三：太 |
| 裙子：围腰 | 四：土 |
| 马褂：对合 | 五：白 |
| 马甲：护心 | 六：田 |
| 袍：压风 | 七：秋 |
| 汗巾：长飘 | 八：三 |
| 裤子：对交 | 九：鱼 |
| 套裤：脱裆 | 十：无。 |

## 南货业：

| | |
|---|---|
| 胶丁（瓜子）：扁口 | 碎冰糖：满屑 |
| 豆腐皮：白衣 | 黑枣：黑皱皮 |
| 白糖：满口 | 桂圆：龙睛 |
| 洋长生果：大炮 | 南瓜籽：小相公 |
| 本地产长生果：长龙 | 向日葵籽：水火生 |
| 砂糖：泉水 | 茴香：莽草 |
| 红糖：台青 | 花椒：如桐子 |
| 冰糖：满块 | 胡桃：硬壳 |

香芹：盖子　　　　　　毛竹笋干：毛尾

木耳：云头　　　　　　一：吉

金针菜：黄引子　　　　二：如

蜜枣：琥珀　　　　　　三：甘

榛子：小铁丸　　　　　四：利

栗子：民战　　　　　　五：古

梅干：穷秀才　　　　　六：竹

青豆：绿珠　　　　　　七：兴

松子：仙食　　　　　　八：法

芡实：珍珠　　　　　　九：有

白扁豆：晶丸　　　　　十：王。

水笋：羊角

## 山货业：

竹笋：钻天　　　　　　青梅：秀才

马鞭笋：地蛇　　　　　李子：天青子

干笋：蛇干　　　　　　筐：兜

冬笋：泥尖　　　　　　行主：六头子

竹杆：青龙　　　　　　山里商客：鹿儿

竹梢：虎啸　　　　　　枇杷：黄袍加身

杂木：倭子　　　　　　刀：扁豆

茶叶：青果子　　　　　着钩：湾老

桃子：双合　　　　　　竹杠：天平秤

樱桃：引鸟含　　　　　绳索：软蛇。

**古董业：**

鼎、爵：三分　　　　　　花卉画：彩描

花瓶：长颈　　　　　　　字轴：耀壁

围屏：蔽风　　　　　　　盘、盆：洒开

碗：亲口　　　　　　　　唾壶：仰承

床：暮登　　　　　　　　佛：清福

水晶：傲客　　　　　　　玉器：山根

笼：约住　　　　　　　　笔洗：大口

古铜镜：双圆　　　　　　砚：食墨

灯：聚蚰膏　　　　　　　一：由

香炉：宝鸭　　　　　　　二：中

脚炉：见藻　　　　　　　三：人

茶壶：吞口　　　　　　　四：工

红缨：披红　　　　　　　五：大

顶子：钻天　　　　　　　六：王

朝珠：悬胸　　　　　　　七：主

翎子：松毛　　　　　　　八：井

补缀：方绣　　　　　　　九：羊

墨画山水：青描　　　　　十：非。

**米店：**

糙米：戳皂　　　　　　　升斗：向上

白米：劈头　　　　　　　秤：独龙

罗籼：平头　　　　　　　在售出过罢升斗的米中窃

糯米：软谷、阴花　　　　　取：剃头

往米中搀湿壳作假：上色  三：撑

往米中搀砖粉：拌色  四：边

顾客：仙郎  五：母

米袋：车儿  六：既

洋钿：花边  七：许

铜钱：方心  八：烘

一：只  九：欠

二：祥  十：阿。

## 三、金融业类

**钱庄业：**

洋钿：花边  铜洋钿：硬黄货

双毫角子：四开  铅洋钿：硬青货

小角子：八开  铜元：直儿

挖贴水：括洋水  铜钱：内方

钞票：软边  洋钿质次：叉边铛。

**典当业：**

袍子：挡风  耳挖：扒泥

马夹：穿心  手约：圈指

裤子：叉开  耳环：垂耳

狐、貂皮衣：大毛  蜡烛台：浮图

羊皮衣：小毛  香炉：中供

长衫：幌子  桌子：四平

簪子：压发  椅子：安身

金刚钻：耀光　　　　　　帽子：遮头

珠子：圆子　　　　　　　古画：彩牌子

手镯：金刚箍　　　　　　古书：墨牌子

银子：软货龙　　　　　　宝石：云根

金子：硬货龙　　　　　　灯：高照。

鞋子：踢土


## 四、生活服务行业类

**理发业：**

剃头：扫青、邱山　　　　吃酒席：对火

修面：光盘子　　　　　　顾客：老交

修眉：排八字　　　　　　剃头担子：平子

修胡须：沙赖子　　　　　剃头刀：青子

扒耳：扳井　　　　　　　磨剃刀布：起锋

修额角：开光　　　　　　面盆：月亮

敲背：洒点子　　　　　　手巾：来子

提痧筋：拔龙筋　　　　　肥皂：发滑

提膀子：扯断藕　　　　　开水：温津

耳朵：井　　　　　　　　凳子：摆身子

生活清爽：净　　　　　　靠凳：高梁子

快：千些　　　　　　　　水：津子

慢：漂些　　　　　　　　火：三光

吃饭：见山　　　　　　　炭：乌金子

吃肉：老天　　　　　　　水瓢：津吊

篦子：土扒　　　　　　　火筷子：三光千子

大梳子：通勤　　　　　　辫绳：茄线

小梳子：光丝　　　　　　磨刀石：起快

围颈布：遮短毛　　　　　镜子：过相

扁担：天平称（秤）　　　假发：冒头丝。

**剔脚业：**

剔脚：画皮　　　　　　　手巾：交儿

剔脚刀：批子　　　　　　剔脚趾：画五圣

灯：借光　　　　　　　　剔脚掌：画山水

凳子：托股　　　　　　　蜡烛：蜡条。

磨刀皮子：抱批子

**浴池业：**

浴池：打黄子　　　　　　枕：并头

池塘：大汤　　　　　　　茶杯：苦罄子

池岸：横塘　　　　　　　筹子：卖路

盆池：小汤　　　　　　　剔脚匠：打皮码子

手巾：缆子　　　　　　　理发匠：扫青码子

面盆：满月　　　　　　　搓背匠：打龙身

肥皂：起泡　　　　　　　冲开水：埭一埭

苦水：茶　　　　　　　　仆役：跑横汤

茶壶：苦兜子　　　　　　沸水：漂汤

床：横身　　　　　　　　湿水：平汤。

**旅店业：**

床：尺八

棉被：天牌

褥子：地牌

帐子：四柱套

枕：头架

椅子：戗身

桌子：朝天

溺器：陪夜

洗脸水：光盘汤

吃饭：打尖山

各方客人：江湖

初出江湖者：卯生

惯走江湖者：老相

官职客人：纱帽生

行商客人：通生

戏曲艺人：吼生

和尚：廿三

道士：廿一

师姑：廿四

道姑：水廿三

妓女：马上诉

窃贼：小老鼠。

**礼茶业：**

掌礼：边唱

行礼：弯腰

吹打：鸣亮

奏乐：吹响

举行礼仪之厅：华堂

掌礼者：万腔

茶担：扇担

新郎：新贵人

新妇：新天人

媒人：酸头

喜娘：挡直头

亲长家属：上辈

拜天地：弯对腰

吹鼓手：鸣佗

鸣（吹鼓手）扇（茶担）苑（掌礼）合称：三竹档

和尚：削光

道士：钻工

灯彩：亮光

彩棚：天帐。

棺材：糊老

结算账目：圈吉

马车：四轮子

喜事：红摆伦

丧事：白摆伦

吹喇叭：鸣老

敲鼓：键老

打钹：打兔带

吃饭：翻山

吃酒：过海

年轻男尸：博人怜

老年尸：了账

进棺：入木

进轿：升位

贺客：红蝇子

吊客：青蝇子。

**收生婆业：**

产妇：锁母

羊水（胞浆）：报喜

腹痛：挂喜

临盆：才喜

婴儿：头子

男婴：多头

女婴：添头

死：归原

脐带：长命

剪刀：交胶

草纸：垫子

富人家：高枕头

温饱人家：低枕头

穷苦人家：草枕头

收生钱：拆红。

**荐头婆业：**

久于为佣者：老山货

新作佣人者：新山货

使女：摆式

房中佣妇：细摆

乳母：显山通

小丫头：剪角

雇主（主人）：点大

女主人：女点大

儿童：宝扎

小主人：小点大

荐头钱：卖脚。

## 饭店业（含面馆、点心铺）：

| | |
|---|---|
| 筷子：篙子、千子 | 鱼头面：取水 |
| 酱油：黑水 | 过水面：下接 |
| 头碗饭：阳春 | 头尾面：名件 |
| 第二碗饭：添头 | 鳝丝面：拖泥 |
| 第三碗饭：分头 | 蛋炒饭：荒荣 |
| 糖粥：封口 | 辣油：红油 |
| 酒：酗头 | 辣椒末：辣灰 |
| 汤包：球子 | 桌子：桥头 |
| 烧卖：紧口 | 鸡肉面：高叫 |
| 糕：上升 | 光面：阳春 |
| 饺子：对合 | 凳子：桥梁 |
| 饼：月亮 | 手巾：净面 |
| 面：千条 | 白粥：稀老 |
| 馒头：汽块 | 赤豆粥：赤老稀 |
| 小圆子：粒子 | 绿豆粥：绿老稀 |
| 汤团：满口 | 豆腐皮：香平 |
| 馄饨：皱皮 | 菜：青头 |
| 京团：松黄 | 蛋：两头光 |
| 米粉：白索 | 黄豆芽：斧头。 |

## 茶担夫业：

| | |
|---|---|
| 茶担：扇担 | 茶：扇 |

茶叶：扇叶　　　　　　蜡烛台：塌脚

吃茶：求扇　　　　　　散席：舒大

茶炉：生口　　　　　　洋钿：帛子

茶碗：扇窑炉　　　　　角子（币）：恶根

酒：浆头　　　　　　　铜元：围本

酒杯：浆斗　　　　　　铜钱：红滕焰

麻油：滑老　　　　　　结账：围大鬏

醋：酸头　　　　　　　一：料丁

炭：火骨　　　　　　　二：利丁

吃饭：求汉　　　　　　三：财帛

饭碗：饭窑炉　　　　　四：苏丁

小菜：阿和酿　　　　　五：风流

竹筷：毛树　　　　　　六：晓丁

骨筷：骨沙　　　　　　七：青时

手巾：手沙　　　　　　八：托大

匙：调羹　　　　　　　九：湾丁

桌帏：羽大　　　　　　十：成色。

椅罩：靠大

## 人力车业：

人力车夫：代四角　　　生意：歪伦

告班：点销　　　　　　招揽生意：寻身子

接班拉车：挨诸葛　　　号衣：行褂子

车主：本身　　　　　　车身：兜子

顾客：苦身　　　　　　车杠：拉手

门帘：挡风　　　　　　　　灯笼：撑亮

打气：撑圈　　　　　　　　强索车价：打头盆

修车：捉正　　　　　　　　收徒：传后。

车灯：照路

## 蹴鞠（宋代圆社锦语）：

一：孤、解数　　　　　　　吃饭：入气

二：对、勘赚　　　　　　　言语：胕声

三：春、转花枝　　　　　　声气：达气

四：宣、火下　　　　　　　不中：膜串

五：马、小出尖　　　　　　巾帽：朝天

六：蓝、大出尖　　　　　　长高：侵云

七：星、落花流水　　　　　妇人：表

八：卦、斗底　　　　　　　叫唤：喝啰

九：远、花心　　　　　　　干事：补踢

十：收、全场　　　　　　　牙：绵脚

吃食：添气　　　　　　　　退随：顺行

中酒：宿气　　　　　　　　颠倒：逆了

相争：夹气　　　　　　　　失礼：穿场

无钱：单胕　　　　　　　　表：水

耳：听拐　　　　　　　　　无房：入网

有钱：夹胕　　　　　　　　得：上手

靴鞋：拐搭　　　　　　　　不得：下手

阳物：葱管　　　　　　　　行动：折皮

阴物：字口　　　　　　　　毒行：大泰

饥了：细褪

醉了：足脉

酒：水脉

村：五角

来：入步

去：臁辞

肯：受论

无用：糟表

衣：网儿

杂：涨水

瞎：嵌角

白：粉皮

黑：撞烟

死：踢脱

手：虎掌

眼：旋道

坐：掌脖

坐入：插脚

脚：刀马

浴：滚

好：圆

歪：不正

上盖：上网

性起：出恶

使女：用表

军人：攒老

老妇：苍老

丝环：锁腰

吃茶：打奠

娼妓：水表

老官人：孤老

使人：贡八

坐地：敦杀

猪肉：者粗

少女：嗟表

村妇：五角表

多人：云厚

场儿：盘子

远去：白打

后：稍拐

不好：歪

羊肉：球粗

牛肉：斗粗

鹅鸭：浮粗

请人：打唤

骂人：冲撞

鼻：仙桥

口：粉盒儿

手：玉栏杆

肚子：数珠

卯：胞头 　　　　　晚：蹴鞠梢

伞：聚网 　　　　　无人：云散

书信：鸾字 　　　　有钱：夹胞

早：花市 　　　　　茶钱：莫闲

午：花阴 　　　　　了毕：乌龙摆尾。

## 娼妓业（明代金陵六院市语）：

扫兴：有望不成 　　　笑：嘻溜

无言静坐：出视 　　　恼：攘抢

齐整：扩充 　　　　　脸：枪

好：现 　　　　　　　嘴：啜

讨：设 　　　　　　　擦粉：摸枪

唱：咽 　　　　　　　肉香：高广

超：打 　　　　　　　出恭：洒酥

嗟：小 　　　　　　　骂：杂嗽

垂头：歇宿 　　　　　丑：怀五

冷淡：秋意 　　　　　粉头：课头

说谎：空头 　　　　　乐人：来果

败兴：杀风景 　　　　鸨儿：抱老

头：撒楼 　　　　　　小娃子：顶老

鼻：凶骨 　　　　　　酒客：列丈

手：爪老 　　　　　　老者：采发系

牙：齿老 　　　　　　少者：剪列血

耳：听聆 　　　　　　夹：瞎眼

脚：撒道 　　　　　　绳儿：蛮子

矮壮：门墩　　　　　　　铜钱：匾儿

长大：困水　　　　　　　汗巾：模攘

用茶：讪老　　　　　　　胡说：扯淡

酒：海　　　　　　　　　偷：弄把戏

肉：直线　　　　　　　　大：郎兜

鸡：咬翅　　　　　　　　滥嫖：高二

鱼：河戏　　　　　　　　行经：红官人

衣服：袍杖　　　　　　　绢子：陈妈妈

帽子：张顶　　　　　　　有客妨占：顶土

簪子：插老　　　　　　　粉头攒龟：打弦。

银子：杏树

## 烟馆（燕子窝）：

鸦片烟馆：燕子窝　　　　烟枪：火龙

女烟鬼：爿芙客　　　　　烟兜：龙头

男烟客：片夫子　　　　　烟钳：长狭通

年轻烟客：毛色　　　　　钻烟泡：凿道

年老烟客：老杆子　　　　未煎过的烟土：发磨特

年轻女烟客：爿毛色　　　已煎过的烟膏：水电石

年轻男烟客：片毛色　　　烟泡：干电

吸而无瘾者：飘仙芝　　　吸烟：装电

不吸烟者：远白滑　　　　烟瘾发作：停阿磨

烟具：靠雅子　　　　　　过足烟瘾：磨足

烟灯：长明　　　　　　　烟土皮：副客

烟千：尖篱子　　　　　　笼头水：杨枝

笼头灰：副糟　　　　　　购买：开同眼

烟铺：引雅达　　　　　　煎烟：造兆法。


## 五、江湖社会类

### 镖行（江湖走镖隐语行话谱）：

走镖者遇事先要开口，先喊小号"哈武"二字。看见房上有人，喊"哈武，云片马撒着，哈武哈哈武我"。看见胡同有人，喊"哈武，袖里"。往东看，喊"哈武，倒念麻"。往西看，喊"哈武，窃念麻"。往南看，喊"哈武，阳念麻"。往北看，喊"哈武，墨念麻"。见砖窑，喊"哈武，孤堆宣屋麻"。见土坯，喊"哈武，古排麻"。见庙院墙，喊"哈武，孤群麻"。见道沟子，喊"哈武，桶子里麻"。路旁一死人，喊"哈武，梁子麻"。车后有人，喊"哈武，扫倚麻"。如有好人，喊"哈武，乌雅跟帮一溜溜乏了，哈哈武我"。见了歹人，喊"哈武，雁子麻撒着，哈武哈哈武我"。

赶会：神凑　　　　　　儿女：铃铛

下乡：摩杆　　　　　　和尚：化把

男人：孙氏　　　　　　道士：直把、亘把

女子：果氏　　　　　　秀才：挥卷

阴天：茶棚　　　　　　窑姐：射果

下雨：摆金　　　　　　先生：师老

富人：火家　　　　　　相面：平金

贫人：水家　　　　　　算卦：明金

父母：尊老　　　　　　差人：英子

睡觉：闷密                    井：龙宫宣子

点灯：明星                    褂子：四块瓦

告状：朝古                    要钱：盉处

看：对盘子                    分钱：均处

闷子：亭子                    茶壶：宣赁子。

## 巫卜星相：

算命、相面、拆字等类，总称曰巾行。

文王课：圆头                  庙内：阴地

六壬课：六黑                  屋子：阳地

批张算命：八黑                不开口相面：哑巾

测字：小黑                    站在墙边门首相面：抢巾

隔夜算命：代子巾              用副相者：寻风

街鸟算命：追子巾、省巾        在地上测字：砚地

量手算命：草巾、量巾          在台上测字：桥梁

敲铁板算命：湾巾              串茶馆测字：踏青

弹弦子算命：柳条巾            写蛤蜊测字：蜊黑

拉胡琴算命：夹丝巾            板上墨画测字：混饭

相面：斩盘                    板上蓝画测字：蓝板。

在庙里或赁屋算命：挂张

## 江湖郎中：

台上设药瓶治病：四平          地上摆药：占谷

台上设药瓶而又锉药卖：        捐上布招牌摇虎撑走街：

　捻子                      　推包

虎撑（串铃）：推子

卖膏药而以铁椎自打作广
　　告：边汉

卖膏药用刀自己割臂作广
　　告：青子图

卖橡皮纸夹膏药：龙宫图

卖膏药索香不收钱：香工

专门走乡下自称戏曲艺人
　　为人治病：收包

摆草药：草汉

卖吊虫丸以竹竿悬吊虫作
　　为广告：狼包

以病人呕吐物作广告卖吊
　　虫丸：倒毛水

卖参三七：根根子

打弹子卖膏药者：弹弓图

治毒疮卖春药：软帐

卖药糖：甜头

敲戏锣卖药糖：超包

铧药入糖现煎现卖：铧木
　　甜头

空松的药糖：铺货捻地

将药糖预先做成条状现锯
　　现卖：小包甜头

先变戏法而后卖药：聚麻

卖药：皮行小包

用火炉烧铁条画符：三
　　光鞭

能说病因而画符治病者：
　　叉李子

走乡间送符：劈斧头。

## 丐帮：

讨饭：挂汉、碎山

瘫叫化：披街党

伪称落难行乞：搭相、沐猴

书写情由行乞：磨街党

带妇女行乞：观音党

戴孝行乞：丧门党

作揖求乞：丢圈党

哭诉求乞：诉冤党

托神求乞：童子党

持手本行乞：古相

耍蛇行乞：扯溜

耍猴行乞：耍老子

讨钱：钉把

不识好歹：小蜡灯

美人：擦白　　　　　　　　　伪称逃难遇灾：寻伴子

挖眼：借照　　　　　　　　　假作生病：描黄

伪称夫亡或妻丧：打单子　　　假充哑人：画指。

伪称访亲不遇：脱轴头

## 江湖社会通用：

天：乾宫　　　　　　　　　　头：搔麻子

风：斗色子　　　　　　　　　手：托罩

雾：满天子　　　　　　　　　脚：金刚子

父：日宫　　　　　　　　　　乳：球子

母：月宫　　　　　　　　　　商人：朝阳生

下雨：摆干　　　　　　　　　读书人：笔管生

先生：元良　　　　　　　　　赌徒：栾巴生

徒弟：徒恳　　　　　　　　　富人：火生

人：生死　　　　　　　　　　乞丐：流巴生

兄：上　　　　　　　　　　　马夹：穿心子

弟：下　　　　　　　　　　　长衫棉袍：大篷子

子：欠　　　　　　　　　　　帽子：顶工

夫：官生　　　　　　　　　　鞋：踢土；铁头子

妻：才字头　　　　　　　　　布：板头子

妇人：大兴　　　　　　　　　袜子：千统子

少女：花子　　　　　　　　　裤子：叉儿

老妇：苍才　　　　　　　　　短衫：霍血

无：谷念　　　　　　　　　　刀：青子

有：海　　　　　　　　　　　烟囱：熏筒子

米：念稀子

被子：归帐

逃走：亮工

灯：亮子

住：杜

客寓：琴头

人家：窑赏

房子：阳地

庙宇：阴地

饭：汉

房钱：窑巴

金：黄恳子

银：白恳子

钱：详子

洋钱：琴工

借：统

说话：叹。

## 杂技行：

卖拳头：边爪子

拳头：五内

一敌二人拳：毫品

手指：五奴

卖东西：挑思息

来：热

去：凉

借：昔

讨：探

刀枪相对：好亢

以色相引人：假王龙

走钢丝：大线

戏缸：滚仗口

观众多：烘拢

收场：卷场

唱小调：吐软冈

马：高头子

缰：牵头

骑马奔跑：放

鞍子：元宝

挑：孤担

以身卧鞍：摊红

倒挂马腹：卷荒

抖钱：打滚

输：伤子

赢：上手

猴：老儿

狗：叭子

羊：双角

鞭子：提引

变戏法：错大

请仙：钻黑鬼

画符：错虎头

高：崔峻

低：浅

小：尖

大：太式

烧符：火奏

五鬼：五阴差

表演吞剑吃蛋戏法：对包
　李子

吞剑：吃青锋

吃蛋：吃球子

鼻孔出火：火烧中堂

将人团作一团：苦子

快：马前

慢：马后

布围：软塘

笑：完凯

哭：流珠

在茶馆变戏法：海李子

台后的布篷：遮法

包袱：遮人眼

喝彩声：千响。

# 附　录
## 净发须知

# 《净发须知》雅俗轩点校整理本

《永乐大典》卷之一四一二十五　四霁　剃　剃法

【说明】段落为整理后编次，但次序依旧点校之校注随文标示，语词注释置于页下脚注。

## 《净发须知》上卷

罗真人活计，陈七子家风。

### 净发处士大阐城子论

梳云为活计，削月作生涯。非夸学识精专，自得神仙快乐。优游闲散，坐间皆明月清风；辣浪疏狂，歌处总阳春白雪。参禅学道，和曲填诗。手艺独擅无双，至当归为第一。瑗梳掠鬓，横新月之弯弯；宝刃整容，讶寒霜而肃肃。会整红颜不老，能梳绿鬓长春。整顿粉容，眉赛三春绿柳。削开粉面，脸如二月红桃。缴龙耳，摘①龙须，曾对君王施妙手。圆僧顶，落僧发，尝经佛子整慈容。这工夫，通圣通凡；问来历，有宗有祖。世尊释氏，度阿难乃摩顶之初，仙圣罗公传七子，乃发端之次。后学者莫不是神仙弟子，做作处果然道行家风。人物不凡，风流倬相，利颊怜牙难比，并锦心绣口不寻常。白曲吟诗，曾在勾栏为活计。追欢买笑，每游烟粉度生涯。攀陪公子王孙，穿无限花衢柳陌；管

---

① 原作"□［摘］"字形，径改作"摘"。下同。

伴佳人美女，撰几多明月清风。肩搭红巾，艳色照人金闪烁；指
弹清镊，响声入耳玉玲珑。道人口授，直从洞里离神仙。七子亲
传，常在丛中消日月。生涯安分，不理是和非；光景磋跎，休争
人共我。休加妄动，落得清闲。粉面剃时，使娇美更添娇美。木
梳掠处，教精神又爽［奕？］精神。使钱都使倬家钱，每常撒馒；
游者共游浮浪者，总是知音。结托相知，攀陪行院，遇买茶使一
片唇枪舌剑。逢知识用满面春风，辨得欺跷，有些能解，参侍得
来总是老郎师父。招邀出去，每同神首排头，深学浅淘。见识到
社家行径，逢场作戏，几番去问道参禅。动使把头，都管道篆
推，第一。工夫结尾，珠声清耳羡无双，皮制镊钗袋称如意。更
连十件，各有异名。照子二尊，闪烁团圆秋月皎。镊儿三位，玲
珑清彻晚蛩吟。四加荡石取锋铛，五是帮皮锋粉瓦，六数古须盛
水，七添眉子威严。八有蜂腰，更称燕尾。［帮榜］九般□［镴］
子①，并号黄龙。木梳撩乱爽精神，宜该第十。凤笔豁惶消息好，
排过五双。道自仙传，到处总一般称号。艺从师得，传来有几样
安排。髻发绾梳，巧妙敢施真手段，鬓毫□［镴］摘，轻奇果有
好工夫。士贵门应副有功，僧道院供需无失。古人有言达者为先，
他时等待金马门，指日降颁丹凤诏。

## 动使出处

**问云**：刀是甚人置？**答云**：释迦如来置。

**问云**：摘是甚人置？**答云**：孙膑先生置。

---

① □［镴］子，□［镴］刀，去耳毛的工具之一。元代《朴通事谚解》写作
"铰刀"："将那铰刀、斡耳捎［消］息来，掏一掏耳朵。"常见之另种去耳毛的工具
为"缴"（生丝线）。如下文《缴线诗》所谓"两指交加拈一线"之"缴"。

　　**问云**：照子甚人置？**答云**：玄宗皇帝置。

　　**问云**：木梳甚人置？**答云**：月宫嫦娥置。请得鲁班亲手整，留在世间解青丝。

　　**问云**：发禄夹排甚人置？**答云**：判龙将军置。

　　**问云**：手巾甚人置？**答云**：龙女置。把龙须织成。

　　**问云**：水盂甚人置？**答云**：东海龙王置。

　　**问云**：剪刀甚人置？**答云**：须弥王置。

　　**问云**：竹篦甚人置？**答云**：叶靖先生置。

　　**问云**：□［镟］子甚人置？**答云**：劝觅先生置。

　　**问云**：耳撞甚人置？**答云**：珠矶小娘置。

　　**问云**：滴水甚人置？**答云**：判龙将军置。

　　**问云**：磨石甚人置？**答云**：悬壶先生置。

　　**问云**：镝是甚人置？**答云**：陈七子置。

　　**问云**：夹板甚人置？**答云**：胡提先生置。

　　**又问**：刀为小青，□［镟］为书子，手巾为都□［掴］，木梳为缘聚，水琖为珠龙，剪刀为卧虎。滴水为滑龙。竹篦为净耳，为玲珑，又为开。石为双头，又为见降。夹板为玄座。

## 问刀镊

　　**问云**：你道面有几路刀？**答云**：剃面有三路刀，由在人能排布。

　　**问云**：那为天门？那为地户？剃面那里是面？**答云**：男女左右鬓，却为开天门。项下却为闭地户。眼下三分是剃面。

　　**问云**：仙刀十二般，后来三十六福子。为敢问师父刀从何落？**答云**：太阳起，太阴落。

问云：你刀有几路上？几路下？几路翻？几路覆？答云：我使刀时有三路上，四路下，两路翻，四路覆。

问云：几路直？几路横？答云：六路直，六路横。

问云：共有几路刀？答云：六六三十六路刀。

问云：几路正？几路快？答云：六路正，四路快。

问云：眼下三分，各做甚么样刀？答云：眼下三分名做三寸刀。

问云：额上八路，名做甚么刀？答云：额上八路，名做八仙聚会刀。

问云：眼下掠刀，名做甚么刀？答云：名做仙人归洞刀。

问云：面上四路上，四路下，名做甚么刀？答云：名做流星刀。

问云：耳珠上名做甚么刀？答云：名做朝天刀。

问云：耳叶上名做甚么刀？答云：名做仙人下山刀。

问云：覆剃名做甚么刀？答云：名做仙人巡山刀。

问云：耳后名做甚么刀？答云：名做关门刀。

问云：耳内名做甚么刀？答云：名做八蜂游岩刀。

问云：刀是甚人置？铁是甚人裁？答云：刀是释迦佛灵山会上剃十代弟子得刀一柄，剃落青丝发，弟子今传在世，万古流传。南山置炉，北山出铁，火炼成钢，匠人把在手中，磨炼如霜。

问云：要知刀镊出处何年起？答云：五伤二年七月十三日，共释迦佛往灵山会上说法之时，因此剌火得刀一柄。在玄宗手内。

问云：镊刀因何有三口刀？因何有两刃？一半在拳，一半在手，分四时有声。镊子有几名，镊子当来甚人置？甚人收得送玄宗？答云：铁是元阳殿出，无极世尊收，李广元来会，盘古仙人送玄宗。

**问云**：刀有三角敢出那上？刀镊有三口，那为第一？镜有四面，那为第一？**答云**：刀有三角。镜为第二。镜有四面，日月第一。

**问云**：靠甚为师？甚为父？**答云**：以水为师，石为父。水石相逢，乃为师父。

**问云**：水从那里来？石从那里得？**答云**：石是海内将军传出，浮水岩前出，本师罗隐亲收得，奉劝当行休要秘，此是神仙指教得。

### 行院应答

**问云**：几时离家？**答云**：除了当行，都是离家。

**问云**：今日要行那里路？**答云**：卯时出门，酉时相随。日月走东西，三十六行游遍了。将身随我本师归，不觉中途逢着你。言声叫道我是谁，或则姓罗，或则姓李，来问因由便说向你。诗云：罗真住江东，七岁学艺通。丙戌年中起，刀镊动玄宗。日日好游街市上，朝朝常绕郭城中。今日先辈来问我，此人便是我先翁。

**问云**：几人同行？**答云**：有三人同行。

**问云**：是双行单行？**答云**：双行。

**问云**：人口重？**答云**：只成七八分里。

**问云**：不成七八分外？**又问云**：船行步行？**答云**：船行西半。

**问云**：门里师门外师。**答云**：卖子成父争。

**问云**：拜甚为师？**答云**：水石为师。

**问云**：水深几丈？石重几斤？**答云**：水无丈尺，石无斤两。

**问云**：刀有几刃？**答云**：刀有两刃。

问云：何为两刃？ **答云**：阴阳两刃。

问云：刀有几眼？ **答云**：刀有三眼。

问云：何为三眼？ **答云**：一为刀眼，二为凤眼，三为佛眼。

问云：刀有几快？ **答云**：刀有三快。

问云：刀何为三快？ **答云**：刀快，手快，眼快。

问云：刀有几不剃？ **答云**：你醉不剃，我醉不剃，晚了不剃。

问云：开眼磨刀？ **答云**：闭眼磨刀。

问云：师父把刀几年？ **诗答**：若问把刀得几年，磨却江南几片砖，使尽黄河多少水，走尽江湖不记年。

问云：师长那里来？ **答云**：荷花山上来。

问云：何为荷花山上来？ **诗答**：荷花悠悠绕水头，自小为人学剃头；三岁哥哥也剃面，四岁哥哥也剃头。

问云：师长那里去？ **诗答**：白云去了紫云来，方有神仙降下来。身着挑包手把镊，口里喃喃叫道哉。也会烧丹并炼药，神仙刀镊去游街。

## 问铒①子源流

问云：铒子那里响？ **答云**：有名到处响。

问云：铒子那里鸣？ **答云**：到州州里鸣，到县县里鸣。

问云：铒子几不打？ **答云**：镊子三不打。

问云：如何三不打？ **答云**：第一过本行面前不打，第二过神庙前不打，第三过桥不打。

---

① 全书之"铒"字，疑均系"镊"字之写误。

问云：如何不打？答云：过本行店前礼数不专不敢打，过神庙前恐惊鬼神不敢打，过桥恐惊吓海龙王不敢打。

问云：镊子有几般名？答云：镊子有十七名。

问云：如何有十七名？答云：一名镊子，二名唤头，三名锡器，四名闹街，五名咀子，六名螺蛳头，七名杖鼓头，八名马鞭节，九名净瓶儿，十名宝座，十一名玉丁，十二名如意头，十三名剑迹，十四名剑尾，十五名孩儿肚。

问云：如何只有十五名？更有二名？答云：师长道时我也道，一名□□，二名元宗，三名忌讳未敢说。

问云：铒子有几口？答云：铒子有三口。

问云：如何有三口？答云：一名皇帝剑口，二名龙口，三名虎口。

人问诗：响镊玲珑百事新，朝朝日日见真情。不知响镊何人置？相烦师长说源因。诗答：响镊声高处处新，行尽诸州见尽人。昔日三皇并五帝，如今传度几千春。

## 小行程问答

问云：十二件本事，那个为上？那个为下？答云：撩箭为上，帮皮为下。

问云：撩箭有诗？答云：有诗四句：半鸟半白两头尖，生在深林呈献身。闲时插在青草里，急速拿来顶上分。

问云：帮皮有诗？答云：有诗四句：说道帮皮软如绵，帮起金刀整少年。祖师说下人不识，生在青龙左胁边。

问云：十二件本事，那个打头？那个打尾？答云：磨石打头，镊子打底，水打尾。

　　**问云**：开眼磨刀？闭眼磨刀？**答云**：闭眼磨刀。

　　**问云**：拜甚人为师？甚人为父？**答云**：磨石为师，水为父。

　　**问云**：刀子有几分快？**答云**：刀子有十二分快。

　　**问云**：如何为十二快？**答云**：人有三分快，口有三分快，手有三分快，刀子有三分快，共十二分快。

　　**问云**：你刀子有几角？几层？几眼？**答云**：刀子三角，两层，两眼两刃。

　　**问云**：且问你崖高几丈？地阔几方？**答云**：崖高无丈数，地阔无有方。

　　**问云**：且问你肯隔那里剃面？**答云**：肯隔须弥山剃面。

　　**问云**：剃面有几路刀？**答云**：剃面有三十六路刀。

　　**问云**：快分三十六路刀？**答云**：六路上，六路下，六路横，六路直，六路翻，六路覆，六六三十六路剃面。

　　**问云**：□〔镦〕耳有几负？有几泊有几定？**答云**：□〔镦〕耳么还有两负，须用三光两定，耳用两员。一眼光，二外光，三耳光，一脚定，二手定。

　　**问云**：你祖师陈七子，罗真人当在衢州，亲度得一人姓甚？**答云**：祖师陈七子，罗真人当在衢州，亲度得一人姓李，名为处士，流传后代，遍行天下，梳剃为活。诗曰：三尺栏盘①搭左肩，天下云游是散仙。

　　有人问我攻何艺，会整红颜悦少年。**又云**：一要惺惺伶俐，二要眉目分明，三要口谈舌辩，四要出言尊至，五要经师稍学，六行院皆喜，七识得本事，八明智信行，九手段周圆，十轻梳细剃。

———————

　　①　"栏盘"，全书除此处外，均写作"拦盘"。

## 大行程诗话

四海闲游十二春，今朝方可遇行亲。未说本事并手艺，且说行程出入因。住居城郭，长在街坊。不学买卖营生，只靠罗陈手艺。非为夸逞门庭，又学剃面为生计，不是虚言。曾得老郎指教，自小伏事家门，士宦通闲。剃面时刀不乱剃，梳头后篦不乱行。真个是篦处无纤毫漏落，拂梳即不虚花，有分数样角，有数名，有二正面角，须要团圆角，娥梨搭角。又名网罗角，名数无尽期。且说剃眉多样，掉刀眉，鲍老眉，柳叶眉，新月眉，八字眉，都分两下。能令玉女添娇，会使苍颜不老。剃刀手中使时，隔拂第耳时，一似风卷露，一条铜筋点眼成凉，解使聪人听事，只凭取出耳中钉，全可篦除头上垢。渍言薄艺随身手，作轻微曾得□［原即空缺无字以示尊敬］皇玉宣诏。

**诗曰：**自小经师学剃头，师父今日问踪由。先学磨刀后打镊，十分精细往他州。能剃僧头并罗汉，会剃胎发与胡须。剃眉八字分柳叶，掉刀鲍老最为娇。

**诗曰：**黑云聚散白云开，一朵仙花空里来。今日得违师长面，请当小弟一杯茶。

**又诗答：**茶留三岛客，汤待五湖宾。都是罗家子，何须问元因。学艺学罗真，从师艺本专。曾师陈七子，今是五千年。饥则食松柏，闲来会八仙。优游三岛客，独棹五湖烟。本艺传来是八仙，通流今古几千年。休道世间无敌手，且容师父问源流。

**问云：**茶分几枝？茶分几叶？茶有几名？住在何方？甚人得吃这仙茶？**答云：**茶分数［"数"，原文作"几"，显误，径改］枝，茶分数叶，枝枝生叶，叶叶生花。住在蓬莱，仙人留下。天子接来，行院得吃。

问诗曰：师长到此好行游，不知行到那军州？住在甚州并那县？有甚明师到此来？**答诗**：南州走遍北州游，三千里外也曾游。七千草镇留踪迹，无过刀铒最风流。

问诗：因甚出来学剃头？刀铒传来得几秋？你拜甚人为师父？甚人与你置行头？**答诗**：晚进当行不识羞，俺自学来知几秋。曾拜神仙为师父，罗真与我置行头。

问诗：你今行来到此间，未知高下不盛尊。敢请你门归茶座，十二动使把来看。**答诗**：行尽天涯并海岸，只把行头为侣伴。来到贵州来恭参，动使何须与你看。

**又答诗**：自小元来学剃头，撞见村人问因由。相你只是卖柴汉，恰似弹琴对水牛。

**问动使诗曰**：我问处士三五言，十二动使那为尊？照头元是甚人置？拦盘元是甚人安？甚人为你揩磨洗？甚人安排在那边？本师元是甚人做？祖师元是甚人传？

**答诗**：有劳处士三五言，要将本事说根源。照头元是李靖铸，拦盘元是我师安。众人与我揩磨洗，万古流传在世间。

**又问诗**：处士回头我问你，每日何处作经纪？拜得甚人为师父？四海之中不见你。

**问云**：头戴甚人天？脚踏甚人地？背靠甚人山？口吃何方水？手持甚物？座下甚底？

**答云**：头戴阿修罗天，脚踏盘古仙人地。背靠乾巽之山，口吃五方之水。手持蔚云物，座下有五角毒蛇。为你言说，子细断处。

**问云**：要知刀镊出处，不知何年起艺？**答云**：五伤二年七月十三日在灵山会上说法，因此置刀一柄。

问云：刀是甚人置？铁是甚人裁？答云：刀是释边佛在灵山会上说法之时，置下刀一柄，今古流传，南山置炉，北山出铁，火炼成钢，置处士手中，磨炼如霜。

镊钗诗：三尺牛皮作镊钗，仙人留下有名来。都管动使十二件，从头一一与君排。

刀诗：一柄宝刀刃如霜仙人分付与本行。借问造时是宝铁，巧匠锻炼使纯钢。

手巾诗：四尺龙须作手巾，将来拂掠待贤宾。此布不是非凡布，天真刹女赠罗真。

□［镢］刀诗：□［镢］刀方说刃如霜，转转如风实不常。铁插试将街市去，官人那个不传扬。

消息诗：耳作蝉鸣似有琴，身无气脉不通风。妙手精玄轻一镊，教人快乐自玲珑。

木梳诗：木为梳子世间稀，上界婆婆第一枝，嫦娥却将来整发，五色云光散紫微。

十二件动使总诗：皮总钔钗为第一，摘子玲珑第二般。盘里取刀第三［"三"，原文作"二"，显误，径改］件，镜子名为第四般，堪将粉石为第五，掩水后鬓第六般，第七名为金□［镢］子，把剪交加第八般，牛皮帮皮为第九，解乱木梳第十般，十一名为凤凰尾，耳内将来十二般。

又诗：都总钔钗为第一，弹家水刷第二般。玲珑钔子第三件，背后取刀第四般，第五呼为金钔子，第六住在岩崖山，日月粉瓦为第七，解乱呼为第八般，两刃交加第九件，金□［镢］名为第十般，十一声声凤凰忍，十二蝉鸣耳内安。

## 排十二件动使诗

**钽钗第一**：钽钗初置自罗真，四海排来第一人。元是轩辕亲妙手，其中浪刻应时辰。

**镜第二**：团团似月绝纤尘，士女才拈便现身。问我风光游四海，知人肥瘦白红颜。

**钽子第三**：打钽奇巧自丙丁，玲珑巧样合精神。才方打动几般响，到处闻声便识名。

**刀第四**：柄按四寸刀三角，利耀风霜色带金。惜岑修眉成耀相，人贪美貌爱相寻。

**水盂第五**：水盂当日出波心，贮得沉檀水便香。付与溪人皆得用，乌峰石畔遇龙王。

**梳第六**：梳子当初使得他，或使娑婆与象牙。付与世人通理发，流传仙客作生涯。

**篦第七**：丝缠竹齿最绸缪，解上娇娥贵士头。理发成丝能去垢，得人清爽爱取留。

**磨石第八**：生在岩崖石洞边，得来此片自神仙。可磨宝剑诸般刃，起利明光到处传。

**剪子第九**：蜂腰燕尾用时开，弯弯曲曲巧身材。莫言剪断青丝发，红锦绫罗也会裁。

**□［镊］第十**：金眼银身如鹤觜，入耳衔传旋旋归。会使凡人听聪远，更能轻手巧心机。

**撩乱第十一**：或使银牙作此般，绸缪巧利十分全。从他乱发都能解，快活人头插两边。

**消息第十二**：形如箭撞似鹤毛，细软由能入耳曹。响镊相依似蝉噪，得人清爽意惶惶。

**问铒钗答诗：**四片龙皮作铒钗，十二仙人里面排。道还问我吾宗祖，元是罗真置下来。

**鹧鸪天：**铒钗起致自罗真，七子初传本姓陈。仙艺不凡奇手段，道篓结束把头名。双六伴，若珠珍，个中色色有来因。若能会得真消息，便是江湖物外人。

**又：**始自罗真所置时，铒钗如意用犀皮。两边搭飒承当得，二六条料任便披。堪造作，妙施为，轻轻拈起百般宜。有人识得机关透，名姓从教四海驰。

**问盏子出处诗：**略问师长三两句，盏子元来甚么树。那个神仙置下来，里面藏得甚家事。

**答诗：**盏子元使黄杨树，鲁般仙人亲手做。本是罗真置下来，十二散仙里面住。**又诗答：**说着盏子是黄杨，鲁般做得两头方。本是罗真亲置下，十二神仙里面藏。

**又问诗：**拦盘元是甚人置？水刷元是甚人穿？盏子元当有几层？几位神仙里面安？

**答诗：**拦盘元是罗真置，水刷元是鲁般穿。盏子元当有四层，十二神仙里面安。

**问云：**按甚经典？**答云：**却按四时八节，十二时辰。作箱有三名：一名作箱，二名药箱，三名经箱。**诗曰：**月里婆婆树，蟾宫第一枝。狂风吹落地，鲁般作箱儿。**又诗：**作得箱儿四角方，十二神仙里面藏。内中常有拦盘镜，罗汉借与作威光。

**说道篮：**一名道篮，二名药篮，三名胡礼篮。**诗曰：**天竺将来作道篮，仙人都来里面藏。曾在云山赴仙会，众人丛里整容光。**又诗：**吕公卖墨竺篮儿，陈公处士借几时。留与世人皆得用，不是行院怎敢携。

**鹧鸪天：**都管箬篮本道，三千世界总包承。竹丝巧织翔龙凤，刀镶光寒凛雪冰。时样好，古今兴，神仙能解罕人能。持来厘市拘拦①过，处士先生作辈明。

**说镜：**说此镜，得人怕，闪烁光明照天下。似月团圆不曾昏，十二星辰按背下。或时收，或时挂，照见颜容长不谢。不因洞宾赐我时，怎得在此门前挂。

**鹧鸪天：**好把青铜铸泻全，团团秋月皎当天，收藏宝匣遮尘俗，每向妆台辨丑妍。会破后，又重圆，乐昌公主好团圆。佳人拂拭当娇面，巧尽娥眉鬓掠蝉。

**问镜诗：**三十余年海上游，路逢知己但相求。尊兄闲事休相问，照子元是甚人留。

**答诗：**一把菱花古镜青，整容相貌一齐新。明师指教非凡有，起取当初吕洞宾。

**问诗：**此物元来一片铜，钩镕出自巧良工。药来磨出如秋月，照见人颜总一同。

**答诗：**或有方形或有圆，神仙铸造古今传。光明赛过中秋月，照出蓬莱洞里仙。

**刀石诗：**住在岩崖碧水波，君王曾把剑来磨。饶君剃落青丝发，无我为头怎奈何。

**□〔镊〕子诗：**说着□〔镊〕子甚堪夸，书筒引出小椒花。

---

① "拘拦"，当作"勾栏"。如宋周密《武林旧事·瓦子勾栏》："外又有勾栏甚多……或有路歧不入勾栏者，只在耍闹宽阔之处做场者，谓之'打野呵'，此又艺之次者。"又宋章渊《稿简赘笔·河市乐》："河中在处临河者皆曰河市，如今之艺人于市肆作场谓之打野泊，皆谓不着所，今人谓之打野呵。"

是人莫道些儿铁，刀镊门中便用他。

**镊子诗**：山川取土炼炉成，打镊之时按丙丁。金木水时泥用土，五指弹动一枝鸣。

**又诗**：一把镊子白如银，高士将来手上轮。师长今日来问我，弹动上有凤凰鸣。

**说镊子**：镊子潇洒，身材玲珑。格范金花镂错别，翻腾时样巧工夫。银叶阑腰，是哲匠良工真手段。双股样银清且洁，一张口是合还开。制自妙工，用由巧匠。手中绕撚，悠扬声绕碧霄空。指上谩弹，滴钉韵和清叮耳。街方过处，把来做响底招牌。鬓须芟时，便是少年容貌。鼻毫轻摘，眼睫相关，这夥儿莫道无功有好处，便教曾褥仙家所置。本来推在第三宫，行院得知，直要把为头筭件。

**鹧鸪天**：镊子当来自□[撚]工，唤头异号玉玲珑。芟须改老重年少，声韵教人豁听聪。推位坐第三宫，个中别是一家风。每随访道江湖客，响出招牌有大功。钮子元来却有名，有功有角有数声。昔日罗真曾教我，五湖四海尽知名。

**问云**：敢问先生五湖在那里？四海在何方？

**答云**：沧沧四海，身挂五湖，刀镊为生，从游天下。上至巴河，下至平海。日守江头，月守江尾。**又诗**：造化炉中打炼成，敲时便作几般声。是人借问真端的，此镊从来十七名。一名镊子，二名唤头，三名闹街，四名锡器。五名弹子。六名螺蛳旋。七名杖鼓腰，八名马鞭节。九名净瓶，十名玉丁，十一名宝座，十二名如意头。十三名剑脊，十四名剑尾，十五名铁里。**问云**：道有十七般名，如何只有十五名？**答云**：师长道时我也道。

**又问镊子**：问镊子有几般名？**答云**：有五般名。**问云**：因何有五般名？**答云**：一名闹市，二名净街，三名销镊，四名唤头，五名元宗。解一名闹市，为之引倬，二名净街，为之镊子响，三名销镊，为之整容。四名唤头，为之措发，五名元宗，为之开祖。

**问弹镊诗**：不觉听闻镊子声，问君镊有几般名？弹时莫向蟾宫路，月里姮嫦娥侧耳听。

**粉石诗**：两片团团似月圆，仙人留下巧人传。铁中秀气都揩尽，逢刃须还定起先。

**又**：生在岩崖石洞波，龙王曾把角来磨。饶君会剃青丝发，无我之时怎奈何。

□〔镞〕**刀诗**：一把□〔镞〕刀白如银，铜作眼睛铁作身。他随动口去争战，且归耳内作蝉鸣。

□〔镞〕**耳鹧鸪天**：一用□〔镞〕子刃如锋。二用匙头不见踪，第三挑瘼须还笔，四用鹳鹐取教通。观里面，了然空，真珠撞子顿其中。轻轻敲作蝉声响，六般消息耳内攻。

□〔镞〕**刀诗**：七子曾将此艺传，白云深处遇神仙。自从□〔镞〕了淳王耳，留在人间不记年。□〔镞〕子一把曲如弓，几度将来在耳中。昨夜三更寻不见，元来东海斩蛟龙。

**耳笕诗**：三分兔毫在尾头，入人耳内闹啾啾。至老不长三寸短，皱眉缩眼是风流。

**撞子**：撞子元来不惹风，归时无迹去无踪。未入耳时休闹事，入耳雷鸣一阵风。

**问发刀处**：久闻师长高难比，因何得到吾这里。莫怪我门先怪问，剃面发刀何处起**答诗**：师长休说高难比，四海云游到这里；呈从盘古分天地，剃面发刀太阳起。

**解乱撩箭诗**：半乌半白两头尖，生在山中野豕肩，高士拈来为动使，与人掠鬓发平分。

**鹳觜诗：** 鹳觜先时铁作身，红炉打出两边平。道还问我吾宗祖，会作蝉声耳内鸣。

**消息诗：** 凤凰落了一枝鬃，高士取来在手中。此个神仙藏妙用，为人净耳见闻听。

**水刷诗：** 说此刷时按北方，高士曾把紫毫装。上接五湖并四海，恰似九龙吐珠光。

**木梳诗：** 吾今说此木梳儿，元是娑婆宝木枝。姮娥掠上鬓边发，而今正是妆束时。

**缴①线诗：** 两指交加拈一线，我师将来缴粉面。是人莫道为儿戏，刀镊门中第一件。

**粉石诗：** 粉石团团似月容，将来磨石费良工。试挑手上轻轻用，帮得金刀刀似锋。

**收手巾诗：** 七尺龙须作手巾，是谁叫你去拦人。手巾落地千千眼，有眼何曾识好人。

**又诗：** 一条白龙渡江南，口衔明月照四方。路上逢人皆不识，将来扯破又何妨。

**剃和尚头祝香：** 此一瓣香，价重如山。人多不识，信乎拈来。一文不直，今承当某院。某人沙弥剃头受戒，金炉才□〔爇〕，宝阁俱临。仰答皇恩，上资佛荫。禅院云集，望作证明。**诗云：** □〔爇〕起炉中戒定香，消除烦恼得清凉。丛林独有真檀香，永在空门志法王。

---

① 缴：生丝线或生丝绳。如《列仙传·赤将子舆》："时时于市中卖缴，亦谓之缴父云"之"缴"，《孟子·告子》"思援弓缴而射之"之"缴"。此处所言"缴线"，本此，具体则指"□〔镊〕耳"所用之"缴线"。

　　**脱帽鹧鸪天**：昔日谁将皂染纱，林宗制造富生涯。谪仙露顶推唐李，菊景登高醉孟嘉。时节至，帽休遮，重新换出戴僧迦，自今脱俗离尘垢，莫问桃花与李花。

　　**又诗**：青纱帽子称风流，几度明窗取裹头。从此今朝除去却，一齐分付我门收。昔日毗卢去出家，投师拜佛作生涯。当场剃落青丝发，永镇龙宫念法华。几年冠带俗人身，今日缘何得出尘。顶上放光从此始，去除乌帽礼金身。

　　**剪发鹧鸪天**：剪发须当举话头，受之父母甚人留。归僧脱俗门徒异，敬佛辞亲释教求。分八卦，又依周，结缠小髻有来由。从教坎位金刀剪，次第祥云顶上游。

　　**又诗**：金刀剪发手须轻，剪出南山一圣僧。玉印在身无价宝，身边法重鬼神钦。一剪天地和合，二剪父母生天，三剪自家知慧，四剪本师慈贤，五剪断除烦恼，六剪法轮常转，七剪饱学参禅。

　　**水诗**：源远流而长，不可得而测。一口吸尽，西江此水从何得。九龙吐出浴金身，留得□〔麼〕到今日。

　　**搭巾洗诗**：水母降魔明觉巾，木叉手里借来亲，殷勤搭在田衣上，去尽凡间一点尘。检点都来一丈长，志公尺子莫能量。宽衫窄袖都收了，快使淋头一勺汤。

　　**洗头鹧鸪天**：滟滟金盆细浪花，九龙此日降恩波。八功德水蠲尘垢，大众丛中灌齿牙。除热恼蜜波罗，昏蒙荡涤萨摩诃。顶头透彻清凉境，洗出圆光在刹那。

　　**再搭巾鹧鸪天**：织女天仙掷世间，龙须造作透机关。金梭掷出花纹巧，玉指裁移剪股攀。遮爱欲隔嚣顽，披来不染六尘环。管教时节当圆顶，愿师衣紫赴朝班。衣，去声〔案：原注如此〕。

　　**过刀诗**：宝刀一柄按香台，处士将来未敢开。度与本师亲手剃，现出毗卢本相来。

**度刀鹧鸪天：**梵字祥烟蔼栋鳌，升堂狮子吼金高。传来袖出维摩手，付度冰清智慧刀。拈起处任持操，五方谨按此时遭。东西南北无遮障，圆顶光中放玉毫。

**使刀诗：**一把宝刀挂金台，高士将来便敢开。两畔神人齐拱手，妙法堂前剃如来。一把金刀按香台，未出流传不敢开。大觉世尊留净发，此刀曾剃阿难来。

**圈顶鹧鸪天：**抖擞凡尘脱俗居，果然拂拭不留余。佛缘有分趋时节，业障无根悉划锄。牢把捉，莫踌躇，性天澄净妙如如。一轮明月当天皎，脑后圆光烁太虚。

**又鹧鸪天：**割发辞亲不记年，要明划草大因缘。亲逢卢老机缘熟，米白经筛在眼前。灯续焰，焰相联，顶上圆光烁大千。烦恼根苗俱削尽，一毫孔现一金仙。

**剃面诗：**几年学道与参禅，今日方登佛海船。父母在堂如玉惜，菩提心印岂能传。宝刀一敛刷寒烟，曾刷明师五祖禅。十指拈来光皎洁，几番成就善人缘。一把宝刀光闪烁，行尽天涯并海角。剃了灵山五百僧，禅机透悟皈正觉。

**更衣诗：**自从佛地升仙地，脱却凡衣挂圣衣。礙嵸黑云风扫散，青天皎洁一蟾辉。

**祝语：**伏愿吾师披剃之后，皇恩新受，谢知三界圆成。衣钵初传，便教一生自在。削发被缁，洗心种行功德，至今日之间觉悟。向此时之内，弃更俗貌而作僧徒。幻化人身以为法体，成诸法事以断禅宗。永除烦恼丛中，不问贪嗔境内。不蚕衣自获，无穷之福，行佛法常修有积之功。眼前但执释迦，妄外行归罗汉。祝愿以完，吟仪和毕。赞附一言，请施三拜。初拜谢恩：当今

□〔原即空缺无字以示尊敬〕皇帝圣寿万岁。二拜祝文武清和，边尘肃泰。三拜祈祷太平，万民乐业。某人兹者伏愿新戒，新恩祝发。事以周貟〔员〕，大众证明，共惟赞叹。

**道者剪发诗：** 焚香秉烛告金仙，天眼遥观天耳闻。要识头陀亲面目，看齐眉处且圆全。

**末后祝语：** 五祖六祖现金身，皆是栽松舂米人。个里因缘因不昧，流通宗派永钦承。头陀道者腹心圆，烦恼根苗要出尘。尽情剪断蓬松发，连果圆成福果新。

**剃行者诗：** 自从烦恼和根采，好看新除顶相圆。释迦弟子都成佛，燃灯祝愿早名传。

**使刀诗：** 手把金刀耀日光，净头处士到僧堂，轻轻拂下青丝发，二六神王镇十方。

**使水诗：** 此水元来一点泉，遇方成象又还圆。今朝洗罢新恩顶，浪作波涛入洞天。

**使手巾诗：** 是个龙须不是麻，或青或白一团花，搭在沙弥肩背上，恐怕湿水污裴装。

## 《净发须知》中卷

艺在人头上，名扬众耳中。

**剃胎入门诗：** 殷勤今日到高门，鹊唤庭间分外欢。剃掠人来何以献，先将参榜上尊官。

**抱儿出诗：** 君家积善产英孩，不比寻常小秀才。且请孺人亲抱出，胜如孔释送将来。

**又诗：** 锦帐抱出一婴孩，轻轻移步下阶来。不知是男还是女，将来必是两贤材。是男到大为卿相，是女神通菩萨才。手巾定抱娘孙子，急卒天工降下来。

**使手巾：**七尺龙须作手巾，今朝搭放小儿身。此布不是非凡布，将来遮却绝埃尘。

**水诗：**九龙吐出水清冷，曾浴当来释迦身。把向神童头上洗，管教四季永长清。一把金刀未展开，一专等待剃婴孩。传语府堂诸贵眷，请将香水洗头来。一洗朱发不老，二洗绿鬓长春。三洗长大冠带，四洗孝顺双亲。五洗寿如彭祖，六洗福海弥深。七洗为官作相，八洗光显门庭。九洗聪明智慧，十洗掌上珍珠。

**祝刀语：**一剃东方甲乙木，智慧聪明添福禄。二剃南方丙丁火，多撒犀钱并玉果。三剃西方庚辛金，子孙枝叶转敷荣。四剃北方壬癸水，掌上明珠圆莫比。五剃中央戊己土，广买田庄光父母。

**使刀诗：**一把金刀按宝台，处士将来手内开。昨日灵山剃弟子，今朝又剃一婴孩。来谒金门柱石人，真珠帘卷玉楼春。好孩儿遇风流子，轻动金刀落发新。胎发落在手中安，双亲收向画堂前。起家贵子由兹得，富贵荣华五福全。一剃聪明智慧，二剃绿发常青。三剃日见长大，四剃孝顺双亲。五剃东斗五宿星君主宰，六剃南斗六宿星君长生。七剃北斗七宿星君注禄，八剃周天二十八宿星君注权。九剃九经诸史精通，十剃他日为官位至公卿宰相。

**祝香：**未剃先用。时当春景夏景。宝香一住，祝华堂胎月三旬。今已当某艺拈刀镊，约有钉金手，净瑶盆巾披锦段，宝刀拈来轻削就，按金水木火土之发丝收处好珍藏，镇南北东西中之位，略奉三联之杜句，敢祈他日之荣昌。

**又鹧鸪天：**岳读钟英席上珍，满堂喜气蔼如春。佳祥已协熊罴梦，抱送归从孔释亲。胎月满，展花巾，宝刀轻削发胎新。伏犀贵骨非凡表，长作皇朝宰辅臣。

**又诗**：焚起金炉百宝香，愿君福禄纳千样。儿孙此日除胎发，富贵双全寿命长。一捻香，儿童剃后寿延长。二捻香，双亲福寿在高堂。三捻香，聪明智慧习文章。四捻香，从此君家得盛昌。五捻香，满堂金玉富田庄。

**剃头毕念诗**：剃头喜事已云周，恰似狮儿抱绣球。三月桃花两边长，阳春绿柳拂眉头。

**圆胎发诗**：胎发轻揉旋结圆，银针采线把来穿。团圆日月形无二，照耀光明福禄全。

**抹信门**：今朝贵子使朱砂，天下鬼神都怕他。父母亲恩身长大，田庄百万寿荣华。龙王头上一朱砂，今日将来头上搽。一切邪神皆怕惧，恰如锦上再添花。

**觅利市**：此日儿孙剃胎头，花箱利市不须愁。有人借问何处去，孟良门下剃头来。发落金刀衮一圆，分明认作掌珠看。荣看紫诰金花贵，利市花红乞重颁。

**致语**：伏愿剃头之后，易为看养，利益爹娘。堂上高明，大作起家之子。多招兄弟，寿命延长。祝愿有三：聪明第一，只此云周，伏惟欢庆。

**问行院诗**：待诏回头我问你，你在何州作经纪？你拜甚人为师父？四海之中不见你。

**答诗**：今日无事出街游，偶遇村人问踪由。我有踪由向你说，恰似弹琴对水牛。

**问诗**：老鼠江边走，虾蟆井里浮。试将明月照，空作剃头人。

**答诗**：云山过了千千万，踏遍天涯数百州。到处不将金玉去，只凭梳剃度春秋。

**志公诗**：志公仙子名志真，姓马亦身在体宁。自在仙宫多快乐，刀镊为师事至今。

**罗真诗**：罗真实字作志全，此是仙踪实可传。人道本师谁得法，吾今学得是因缘。

**陈七子诗**：陈七先生名志坚，受学金刀事大贤。吕公也是神仙客，同行四畔不记年。紫云岩洞事谁言，传下凡间数百年。罗真传与陈七子，凡间教得万万千。

**使铒子诗**：说是铒子不堪夸，引动五湖四海家。吾师今日来借问，礼乐为尊且吃茶。

**问唤头出处**：师长适来借问唤头出处。小生博览，略知铒子根源。钟离造出唤头儿，陈七子得来途路使。

须摘一名钗捧唤头儿，行路过桥行院门前终不响。铒子口，手中口，随身口。分明带得走，途中口岸头。市井头，街坊头，真个任从游戏耍，才方敲动，端然做得百般声。手里拈来，真个堪为十样使，或作金鸡报晓，或作龙凤娇声，或作黄莺调舌，或作孔雀弹经，或作蝉声摇曳，或作鹦鹉报鸣。引出佳人美女，整出容貌稀奇。引出僧人落发，剃了恰似菩提。引出小儿来剃，端如弥勒下生。仙贤留下唤头儿，小子把来游戏使。诸路刀话霸师长须知。更不多言，只此回复。

**又问云**：刀路唤头，有问有答。事有根原，学父学师。方知出处。**答云**：昔日罗真使刀前贤度陈七子方传在世上，凡人尽是仙贤事迹。太阳第一，六路朝天。太阴第二，四般落地。金刀开顶，恰如仙子下蓬莱。玉手开唇，相似琼仙归洞府，展开绣模，头角相貌稀奇。倒卷珠帘，真个颜容迥别，分开两路。鼻中使得几般刀，宜看后来耳内分明刀数。吕公归洞，铁拐寻岩，饿虎奔村，更有黄龙摆尾。凤凰展翼，燕子归巢。眼中刀路是清凉，眉上刀来真可羡。乌鸦落地，剃出绿鬟长青。白鹭泊林，整开朱颜不老，尽是前贤起置。后学施呈，诸般刀路尽熟。各照古贤刀数路开端，自古流传至今。师长须知，只此是话。

## 本行外行

**普问三嗒：**荷师长买茶，若论得来小弟先当买茶之时，须当买与朝山拜岳，背案二十七路，社头卖与小弟，何足之道。十人打底，九人未下。师长是有名底社祖，略买草茶，还唐家礼数，不敢多言，只此回复。

**问买茶根源：**荷蒙师长买茶，光荫小弟。若论买茶礼数，须知茶钱出处。生在何山？几枝几叶？何人摘得？何人将来？子细说来。

**答诗：**圣人天子赐此茶，真个蒙山初发芽。如是殿前赐一盏，恰如仙药好丹砂。云题仙女曾置茶，石轮碾出早春芽，瓯中妆出祥云朵，盏里浮开二月花。朵朵元来生七叶，二月春风发此芽。夙世因缘今得遇，尊师略坐领杯茶。

**案下茶碗：**万万年香火在上，正赛社头。在山未赛神首，正带花神首。副带花神首，社评知客先生案下合干人等，普通三嗒，小弟在末之间，浪玷三寸宝铁，擅入先生教门。盖为浪迹途旅之间，近探恭奉先生恭背香火，抄题利物不与，一时斗胆，不得不来。案下拈一炷草香。次荷诸位朝山拜岳。老人先生带协无不知感，候在赛朝香火。又得早晚二时趋侍，欲待更提两句。有劳清听，只此是话。

**普同三嗒参侍本行：**上覆师长在上，小弟在末。一双贱足，擅踏部封马足之下，又无人引进。一时胆壮，不及具榜参侍。或有缘法，十朝八日，早晚二时，别当上谢。具参榜。适来仪礼有失，具榜擅造阶墀，万乞台恕。

**接案茶：**万万年香火在上，万万年贵地在上。前赛神首，带花神首。正赛神首，七首端公。诸位知识，掌教先生。各各在上，南北两山。老爷叔伯，本行外行在上。小学生在末之间，幼年不近父母掌教。浪玷三寸宝铁，擅入先生门庭。在于部封之下，闻及府地神首。满赛清风明月，小弟一双贱足，到于金案之前。各还心愿，平安荷得诸位神首。先生带协无不知感，适来荷得神首，颁赐江杯，难以当礼。何劳消受，又荷先生买其明茶，提得好话，难以当克。下山之时，敬当拜谢。本欲之间，用得两句下来。还唐家礼数，按七子家风。又见先生提破贱言，古人道班门休献斧，老将识兵机，小学生言语浅短，幸乞台恕。

## 《净发须知》下卷

纵有良田万顷，不如薄艺随身。

**走途中：**晚生身在他乡，总是途旅之客。艺虽各局，皆为筏上之人。共惟先生久游途旅，惯走江湖，三山两岳占无双，行院丛中推第一。明同日月高而不危，久愿识荆，无缘得见。兹因天幸得拜台光，承剔耳开聪，便是拨云见日。论着买茶之礼，班门不敢戏斧。略持数句，少报重言。得蒙带挟，晚辈岂不受恩。又承持挚，他日见行院，把来做夸谈之本。人过留名，雁过留声。把师长台衔，便请师称说。言语不敢多喋，尚容请教。只此是话。

**大元新话：**普通一喏。上覆诸位师长在上，小弟在末之间。

按唐家礼数，陈七子家风，三岁孩儿，谁不理会得。皆是古言先语，古人言雷声之下。布鼓难鸣，按大元体例，世图改变，别有数名。还有一答头，二答头，三答头，一字额，大开门，花钵蕉，大圆额，小圆额，银锭打索绾角儿，打辫绾角儿。三川钵浪，七川钵浪，川着练槌儿。还那个打头，那个打底？花钵蕉打头，七川钵浪打底。大开门打头，三川钵浪打底。小圆额打头，打索儿绾角儿打底。银锭样儿打头，打辫儿打底，一字额打头，练槌儿打底。

**泊墟市**：人烟稠密，市井繁华。聚皇都于碧玉盘中，簇市井在画堂帐里。一年四季，动多少客旅经求。十日两墟，百万贯钱。买卖门面铺席，家家务本赛公平。酒肆茶坊，日日招商图旺相。真个众中得数，分明四远传扬。眼前总是富豪家，天下彰名花锦地。

**泊州府**：萍踪浪迹，况在江湖。披星戴月，时人错认。作征夫全靠□〔孬〕儿薄艺，今日幸瞻贵府，胜似小皇都。最好追游处，柳陌共花衙地繁华。人慷慨，景难图。骈阗鼓乐，四时歌舞，庆欢娱真个地灵人杰。又且酒平肉贱，富贵恤贫徒，端的人间少，分明别地无。对孙吴休讲兵书战策，对孔孟休讲经史文谈。此乃是班门戏斧。浅短之间，尚容请教。

**出途茶碗**：高名达士，先生在上。小弟在末之间，玷辱"镊青"二字。浪走江湖，擅入师长教门。此日到于座下，甚有冲撞。一来无人引进，二来衣衫蓝缕。一双贱足，擅入贵地，甚有得罪。以望师长看"镊青"二字之面，莫责小人之过。论要买其明茶，伏事师长更提数句，有劳清听。或有到处不到处，万望师长一条锦被都遮。更不敢多喋。只此是话。

**案前茶碗**：普同三喏。万万年香火在上，万万年贵府在上。

七色端公前赛神首。正赛神首在上，本行、外行爷父叔伯、高名达士先生在上，案前亲执先生在上，小学生在末之间，近年间参学诸位先生教门，论则有玷门庭。在于旅，况近年间闻及福地一境，正赛清风明月。教门奈缘浅短，无缘瞻仰。此日贱步到于金案之下，答还一炉平安心愿。一则恭惟神首，前往它方，多多抄题上筹利物，周圆不易。二则来拜见诸位掌教先生倚赖，诸人福力协带，还其心愿，下山敬当拜谢。本合欲待更提两句，恐劳清听，浅短之间，幸乞台恕。

**寻常茶碗对主人家**：未敢对本行先生提话，少座片时，别有取复。上复诸人在上，手作人在末之间。久闻主人开馆不易，小手作人无缘趋侍。今则擅踏贵地马足之下，荷得主人收留盛馆安下，无不知感。适来荷蒙主人指开眉眼，得见本行先生。如云开见日，本合要买一杯草茶，答还主人礼数。恐劳本行先生久坐不当稳便，少坐片时，略借主人威福，对本行先生乱谈数句，言到语不到，幸乞台恕。

**答还茶话**：上复高名达士先生在上，小弟在末。此日到于座下起居，荷蒙尊师赐酒，无不知感，难以当克。别当拜谢，只此是话。

**久闻未相见茶话**：即日恭惟老先生法候起居动止多福，久闻大名掌教先生，无缘拜见，不及瞻仰。到我乡里则云有失迎迓，尚望台恕。到他乡里则云。此日小弟擅到贵地，不及具榜参见，甚得其罪。某晚进或有是不是处，万望山藏海纳，片云望先生都盖。

**下程茶碗**：启复师长在上，小弟在末之间。幼年家门有幸，浪玷三寸宝铁在旅，况旋撰二时衣饭，居常闻先生大誉，无缘瞻仰，比者云开见日，得见台颜，欢喜无限，一时残步到于贵境，不取旨挥。甚得其罪，可望师长看镮青二字，小弟在于部封之下，住得三朝两日，十朝半月，自当谨切伏事。目今浅短，切望恕罪。

**小行程：**夫刀镮者，乃神仙之术，号曰罗真先生。居在人世，善能梳剃，曾蒙献宗宣诏，整顿龙颜。龙颜大悦，踢与金玉真珠，不敢拜受，退辞阶下。再往天宫献宗求教乞度一人为弟子，罗真答曰：观文武两班，看无人可度，只有我王殿下有一人，呼为陈七子，乃是神仙之骨。诗曰：山藏实宝红鸾聚，水里明珠岸草芳。树下有根枝叶旺，泥中有宝土须黄。

**买茶提话：**上复尊师老人在上，常闻尊师大名，无缘请见，今荷蒙尊师云临光访，幸乞台恕。小人在末，难以受此。晚生别无效芹，略有三杯淡酒，非为待贤之礼，聊以准茶，盘前冷落空疏，无物可献。亦望尊师莫为见责，小人适来非是买茶提话，乱谈数句，还我尊师礼数。或有言到语不到，说中话不中，先生休为检点。先生在于小人寒舍，三朝两日，别有明茶伏事，幸望尊师一见如故。只此是话，亦望笑留。

**行院到我家相见提话：**有劳尊师贵步到来，有失迎接。常闻师父端公老人广游江湖，小人无缘得见，今日天有之幸，得遇师父老人。小人夙世有缘，无不知感。

**到不相识行院家相见提话：**即日恭惟高士先生，尊候动止多福。揖。久闻名誉，无由瞻仰，此日贱足冲撞云步之前，得睹尊颜，天与之幸。揖。本当致备榜子参拜，念小弟在于旅，况书写不办，敢蒙一见如故。

**相识久不相见提话：**即日恭惟高士先生，尊候动止多福。揖。自别尊长则云尊颜，平交则云丰姿。倏忽已经数载许久，常切瞻仰。揖。但小末缘分浅薄，区区无由再会，今日得睹尊颜丰姿，实是天幸。是有不是，敢望一条锦被都遮，特赐阔略。揖。

**买茶提话**：四海驰名高士先生，末艺小人不敢逐一摽名，普同三喏，喏喏喏喏。今来小弟贱足，冲突诸位高士。云步之前，部封之下。参拜不及，甚是得罪。敢蒙尊想，揖。敬当备榜子前来参见。念小弟在于途旅之间。纸笔不专，想高士先生不以此怪责，重蒙觑当。小弟略有一杯淡酒准茶，有劳诸位高士，云步久驻，得罪至甚。返蒙诸位高士置杯礼数相待，受恩无不知感。本合略持数句还唐家礼数，念是晚进小生，十字九舀，不敢提话。班门不敢弄斧，淡言笑语不按陈七子家风，切恐傍人所晒污沾人耳。耻辱行情，言多阻步。只此是话，伏望山藏海纳，片云都遮，喏。

**下程茶碗**：师长先生在上，小弟在末之间。居常在于山市，闻及师长清德，无缘瞻仰，今者一时贱步到于贵市，不取旨挥，甚是得罪。望先生乃看"镊青"二字携带小人在于贵市，住得十朝半月，周年半载。早晚二时，自当别有听教。欲待更提数句，古人言行河而把水，对夫子难言，施甚礼乐，浅短之间，幸乞台恕。喏取覆师长先生在上，小弟在末之间。行情买杯淡茶，还唐家礼数，按陈七子家风，恐有提不到处，望赐一手兜笼，只此是话。喏。某自幼年间，有失大人训诲，望赐不外浅陋之恭，敢托四海高人为福，甚是得罪：已自不专，幸望至人不责。行院还礼则云。此来重蒙诸位先生法步到于敝店还礼难以受赐，欲待更提四句，言不按典，非君子之所谈。浅短之间，幸乞台恕。

**回茶碗**：回茶用。普同三喏。重承贵礼。既不先施，极荷启发愚蒙，不可有来无往，古云谓之俊禽先发，鸟死鸳鹢后飞。兹承教诲，受惠已多。略持数句，拙讷有余假如先生有高谈阔艺，博古闻今，途旅中间。尚容请教，只此是话。

主要参考书目

1. 二十四史，中华书局校点本。

2. ［宋］李昉等编《太平广记》，中华书局 1981 年版。

3. ［宋］孟元老著，邓之诚注《东京梦华录注》，中华书局 1982 年版。

4. ［宋］耐得翁《都城纪胜》，中国商业出版社 1982 年版（凡五种合订本）。

5. ［宋］佚名《西湖老人繁胜录》，中国商业出版社 1982 年版（凡五种合订本）。

6. ［宋］吴自牧《梦粱录》，浙江人民出版社 1980 年版。

7. ［宋］周密《武林旧事》，西湖书社 1981 年版。

8. 《房山石经题记汇编》，北京图书馆金石组、中国佛教图书文物馆石经组编书目，文献出版社 1987 年版。

9. ［日］仁井田陞《唐令拾遗》，长春出版社 1989 年版。

10. ［明］沈榜《宛署杂记》，北京古籍出版社 1983 年版。

11. 谢国桢《明代社会经济史料选编》，福建人民出版社 1980 年版。

12. 张海鹏、王廷元主编《明清徽商资料选编》，黄山书社

1985年版。

13. 傅衣凌《明清时代商人及商业资本》，人民出版社1956年版。

14. 李华《明清以来北京工商会馆碑刻选编》，文物出版社1980年版。

15. 上海博物馆图书资料室编《上海碑刻资料选编》，上海人民出版社1980年版。

16. 韩国磐《隋唐五代史纲》，人民出版社1979年版。

17. 孔经纬《简明中国经济史》，吉林大学出版社1986年版。

18. 渠侠《宋代经济史》，上海人民出版社1988年版。

19. 王仲荦《隋唐五代史》，上海人民出版社1988年版。

20. 张博泉《金代经济史略》，辽宁人民出版社1981年版。

21. 李幹《元代社会经济史稿》，湖北人民出版社1985年。

22. 童书业《中国手工业商业发展史》，齐鲁书社1981年版。

23. ［日］加藤繁《中国经济史考证》卷一，台湾：华世出版社1981年版。

24. 胡如雷《中国封建社会形态研究》，生活·读书·新知三联书店1979年版。

25. 王孝通《中国商业史》，商务印书馆1936年版。

26. 傅筑夫《中国经济史论丛》，三联书店1980年版。

27. 尚秉和《历代社会风俗事物考》，商务印书馆（长沙）1939年版。

28. 瞿宣颖《中国社会史料丛钞》，商务印书馆1937年版。

29. 蔡美彪等《中国通史》（第十册），人民出版社1992年版。

30. 傅崇矩《成都通览》，巴蜀书社1987年版。

31. 张海鹏、张海瀛主编《中国十大商帮》，黄山书社 1993 年版。

32. 彭泽益主编《中国工商行会史料集》，中华书局 1995 年版。

33. 汤用彤等《旧都文物略》，书目文献出版社 1986 年版。

34.《中国同业公会》，阿维那里乌斯东省文物研究会 1928 年版。

35.［日］寺田隆信《山西商人研究》，山西人民出版社 1986 年版。

36. 刘娟等选编《北京经济史资料》，北京燕山出版社 1990 年版。

37. 杨法运、赵筠秋主编《北京经济史话》，北京出版社 1984 年版。

38.《北京往事谈》，北京出版社 1988 年版。

39.《辽宁工商》（《辽宁文史资料》第 26 辑），辽宁人民出版社 1989 年版。

40. 虞和平《商会与中国早期现代化》，上海人民出版社 1993 年版。

41. 王日根《乡土之链——明清会馆与社会变迁》，天津人民出版社 1996 年版。

42. 汤锦程《北京的会馆》，中国轻工业出版社 1994 年版。

43. 任半塘《唐戏弄》，上海古籍出版社 1984 年版。

44. 胡士莹《话本小说概论》，中华书局 1980 年版。

45. 曹保明《中国东北行帮》，时代文艺出版社 1992 年版。

46. 蔡少卿《中国秘密社会》，浙江人民出版社 1989 年版。

47. 云游客《江湖丛谈》，北平时言报社 1936 年版。

48. 徐珂《清稗类钞》，中华书局 1984—1986 年版。

49. 陈宝良《中国的社与会》，浙江人民出版社 1996 年版。

50. 马西沙、韩秉方《中国民间宗教史》，上海人民出版社 1992 年版。

51. ［美］欧大年《中国民间宗教教派研究》，上海古籍出版社 1993 年版。

52. 濮文起《中国民间秘密宗教》，浙江人民出版社 1991 年版。

53. 卫大法师《中国帮会》，重庆说文社 1946 年版。

54. 金老佛《九流三教江湖秘密规矩》，上海大通书社 1937 年版。

55. 河北文史资料编辑部编《近代中国帮会内幕》，群众出版社 1992 年版。

56. ［日］仁井田陞《北京工商基尔特资料集》，日本东京大学东洋文化研究所东洋文献中心刊行委员会 1975—1983 年版。

57. 安介生《山西票商》，福建人民出版社 1994 年版。

58. 王磊《徽州朝奉》，福建人民出版社 1994 年版。

59. 鲁威《市井文化》，辽宁教育出版社 1993 年版。

60. 李海生《草莽文化》，辽宁教育出版社 1993 年版。

61. 李乔《中国行业神崇拜》，中国华侨出版公司 1990 年版。

62. 夏林根《旧上海三百六十行》，华东师大出版社 1989 年版。

63. 王树林《中国民间画诀》，上海人民美术出版社 1982 年版。

64. 邱国珍《景德镇瓷俗》，江西高校出版社 1994 年版。

65. 张振华、赵志伟《传统中国商人的贾道透视》，海天出版社 1993 年版。

66. 杨荫深《事物掌故丛谈》，世界书局 1945 年版。

67. 陈汝衡《宋代说书史》，上海文艺出版社 1979 年版。

68. 顾学颉《元明杂剧》，上海古籍出版社 1979 年版。

69. 张紫晨《民俗调查与研究》，河北人民出版社 1988 年版。

70. 马紫晨《河南曲艺史论文集》，中州古籍出版社 1996 年版。

71. 易水寒《中国江湖揭秘》，社会科学文献出版社 1993 年版。

72. 李玉川《江湖行帮趣话》，北京出版社 1995 年版。

73. 山曼等《山东民俗》，山东友谊书社 1988 年版。

74. 孙国群《旧上海娼妓秘史》，河南人民出版社 1988 年版。

75. 郭绪印《近代上海帮会史研究谈》，《社会科学报》1996 年 9 月 12 日版。

76. 《穷家行》，《近代史资料》第 58 号中国社会科学出版社 1985 年版。

77. 毛鸣峰《旧社会沙市的行帮组织与工商关系》，《湖北文史资料》第三辑（工商经济专辑）1987 年。

78. 郑正《抗战期间成立的湖北省商联会》，同上。

79. 胡光明《论早期天津商会的性质与作用》，《近代史研究》1986 年第四期。

80. 谢炜南《广州中医团体史话》，《广州文史资料》（选辑）第 23 辑 1981 年。

81. 曲彦斌《试论中国江湖文化》，《中国民间文化》1993 年第四集学林出版社 1993 年版。

82. 曲彦斌《隐语行话的传承与行帮群体》,《百科知识》1991 年第 1 期。

83. 曲彦斌《中国乞丐史》,上海文艺出版社 1990 年版。

84. 曲彦斌《中国民间秘密语》,上海三联书店 1990 年版。

85. 曲彦斌《中国典当史》,上海文艺出版社 1993 年版。

86. 曲彦斌《中国招幌》,辽宁古籍出版社 1994 年版。

87. 曲彦斌《中国镖行——中国保安业史略》,上海三联书店 1996 年版。